ワークで学ぶ

TAKEO Kazuko + ITO Gen
竹尾和子
井藤元 ・編

School Counseling for Teachers

学校カウンセリング

ナカニシヤ出版

は じ め に

　本書は『ワークで学ぶ』シリーズの第5弾となります。このシリーズは、将来教師になりたいと考えている人のためのテキストとして出版されてきました。本書もまた、将来教師になる人たちが、学校カウンセリングについてよりよい学びができるよう、編者と執筆者がさまざまな工夫をこらしてつくった一冊です。

　本書の特徴を一言で表すならば、それは「問い」です。最近の学校教育の場をみると、日々、児童・生徒と接している教師1人ひとりが教育について「問い」を発することが少なくなっているように思われます。しかし、「問い」があるからこそ、教育の新しい可能性と「よさ」がうまれるのです。また、そういう「問い」こそ、日々、直に児童・生徒にかかわっている教師1人ひとりから発せられることに意味があると思うのです。

　本書の目次をご覧ください。どの章のタイトルも「問い」の形になっています。本書が学校カウンセリングのいかなるテーマについて「問い」を発しているか、以下に簡単に紹介しましょう。

　まずは、そもそも学校カウンセリングとは何なのかということに関することがらです。具体的には、学校カウンセリングそのもののあり方（第1章）やそこでの教師に求められるカウンセリング・マインド（第15章）、チームとしての支援とケア（第7章）、支援体制における養護教諭の知られざる役割（第8章）です。また、第1章では、学校カウンセリングの範疇として、開発的カウンセリング、予防的カウンセリング、治療的カウンセリングが紹介されていますが、自立（第2章）や学級での人間関係（第3章）、進学（第11章）、異文化接触（第12章）、そして、不登校（第6章）は、この三つのカウンセリングにおいて援助の主要な対象となるテーマです。最近では、児童・生徒の家庭支援が学校に期待されつつありますが、それと関連して、教師の保護者理解や支援（第7章、第13章）のあり方も問われるようになりました。以上の児童・生徒やその家庭への支援において、心理学で培われた心理療法の有効性はいうまでもないことですが、とりわけ、学校で教師が使える実際的な心理療法が本書では扱われ

i

ています（第16章、第17章、第18章）。一方、学校教育場面の一部でもある、部活（第4章）やPTAは、昨今、メディアでもそのあり方が盛んに議論されるようになり、教師もまたこれらの問題にますます直面していくことになるでしょう。最後に、本書では、学校カウンセリングの哲学、あるいは、生徒や教育への向き合い方自体にかかわる本質的なテーマも扱います。レジリエンス（第5章）、居場所（第10章）、実践的理解と支援のあり方（第9章）などです。以上、簡単な紹介であり、各章の内容はこれだけにとどまるものではないことも申し添えておきます。

　これらの各テーマについて、執筆者が自身のバックグランドを背景に「問い」を投げかけ、それへの答えを模索し提示する。それこそが本書の最大の特徴であり、魅力であるといえます。また、これほどに多岐にわたるテーマについて「問い」を発することができたのは、本書の執筆者が、心理学と教育学という二つの学問領域における研究者や実践家であることにより、それもまた、本書の魅力の一つになっています。

　常識や通念を揺るがすような各章の「問い」から、どのような可能性が拓けるか。また、読者の皆さんだったら、これらの「問い」にどのような答えを見いだすか。ぜひ、そんなことを思いめぐらしながら読んでいただきたいと思います。

　そして、各章で用意された「ワーク」の数々は、執筆者から読者に宛てた「問い」ともいえます。これらの「問い」に、自分なりに、あるいは、共に学ぶ仲間と共同して、答えを見つけてみてください。教師になれば、日々、実に多様な個性をもつ児童・生徒、その生徒がかかえる生きづらさと、それを取り巻く人々や状況の個別性に直面し、日々、模索することになるでしょう。そのような教師としての道に役立つ学びが、これらの「ワーク」にはきっとあります。

　筆者は、特別な支援を要する児童・生徒の保護者、その心のひだに接するたびに、当事者の生きづらさは、児童・生徒自身がもつハンディキャップだけでなく、それに周囲の人々がどのようにかかわっているかに大きくよることを痛感します。将来、皆さんが、学校カウンセリングの担い手として、そして、手本として、多くの人々によい影響を与えてくれることを願いつつ、この書をお

届けします。

　ナカニシヤ出版の酒井敏行さんの第5弾への後押しと、細部にわたる丁寧な作業に支えられて、この本を世に出すことができました。また、各章の生き生きとしたイラストは月代あつとさんによるものです。この場を借りて御礼申し上げます。

編者を代表して　竹尾和子

目　　次

はじめに　*i*

第1章　学校はカウンセリングの場になるのか？
カウンセリングと学校と授業の関係 ——————————— 3

第2章　独りきりでは独り立ちできない？
「大人になること」を支えるモノと人々 ——————— 19

第3章　彼女はいつも陰キャラなのか？
スクールカーストをめぐる問題 ————————————— 33

第4章　部活って何のためにあるの？
慣習を自覚することからみえてくること ——————— 48

第5章　「弱さ」は克服しなくてはならないのだろうか？
いま求められるレジリエンス ————————————— 62

第6章　学校には必ず行かなくちゃいけないの？
不登校という生き方の臨床心理学 —————————— 76

第7章　その母の訴えに、担任はどう対応すればよかったのか？
チーム学校とケアの思想 ——————————————— 90

v

第 8 章 「養護教諭」が行う教育相談とは何だろうか？
「健康相談」にみる学校におけるその仕事の役割 —————— 103

第 9 章 子どもを実践的に理解するってどういうこと？
学校における暴力のエピソードを手がかりとして —————— 117

第 10 章 あるがままの自分をゆるせるってどういうこと？
ある定時制高校の生徒たちの身体性にみられる居場所感と自己肯定感
—————— 130

第 11 章 高校中退に至る前に高校教師にできることは何か？
高校中退の問題と予防プログラムについて考える —————— 145

第 12 章 文化的に多様化する子どもたちに教師はどのように対応 するか？
外国人児童生徒への支援・対応 —————— 159

第 13 章 親になるための発達をどう支援するか？
学校が担う親育ち支援 —————— 176

第 14 章 PTA とは何か？
家庭と学校をつなぐ巨大組織 PTA を可視化する —————— 190

第 15 章 なぜ教師にカウンセリング・マインドが必要なの？
学びのための、マインドフルな、他者との存在の仕方 —————— 205

第 16 章 「いまここ」の体験を言葉にするとは？
体験を表現し理解するフォーカシング・プロセス —————— 220

目　　次

第 17 章　あなたの悩みの原因はたんなる「思い込み」かもしれない？
　　　　　　論理療法で悩みを解消する ──────────────── 235

第 18 章　「個人」の「問題」にとらわれないカウンセリングとは？
　　　　　　ものの見方・かかわり方の工夫 ────────────── 251

人名索引　　265
事項索引　　265

vii

ワークで学ぶ学校カウンセリング

◎イラスト＝月代あつと

第1章
学校はカウンセリングの場になるのか？
カウンセリングと学校と授業の関係

1．授業がカウンセリングの場？

　筆者にとっていまも思い出すたびに穏やかな心持ちになる授業がある。川崎里恵先生と中学3年生による、額田王の和歌「君待つと　吾が恋をれば　わが宿の　すだれ動かし　秋の風ふく」の鑑賞の授業である[1]。この授業は、全校およそ850人の大規模校で、この授業に参加している生徒が入学した2001年には不登校の生徒が全校で38名いた中学校での2003年度の実践である。校長のリードのもと、2001年度から授業を学校生活の中核におく改革を進め、2003年度には不登校の生徒も全校で6名程度になったという[2]。この授業を見て、筆者は、学校生活をとおして子どもたちが変容していくことを実感した。
　カウンセリングがテーマなのに授業の紹介から始まり、驚かれたかもしれない。カウンセリングと授業をどうとらえるかということから始めよう。

学校カウンセリングとは
　学校カウンセリングは、カウンセリングという言葉から、教師やスクール・カウンセラーが相談室の中で、悩みや問題を抱えて学校不適応を起こしている子どもを対象に行う治療的な相談だという印象をもつかもしれない。しかし、1990年ごろには、治療的な相談に限定しない学校カウンセリングという考え方が生まれていた。身体発達の面では、発達加速現象により思春期が前倒しにされて延び（言い換えれば児童期が短縮して）、思春期の子どもたちの対人関係の発達を支えることが学校教育の課題となることが指摘され[3]、学問的には近藤邦夫による「学校臨床心理学」の立ち上げがあった[4]。近藤は、従来の心理臨床活動は、①問題を抱えた子どもを対象に、②心理臨床家が主たる援

助者となって、③その個人が生活する場とは離れた場で、④問題が発生したあとに治療的介入を行う「病理−治療モデル」であったと整理した。それにたいして、①子どもの問題を、子どもと教師・学級・学校との関係を問題として、②教師が中心になり、親や心理臨床家などの専門家と協力しながら、③その子どもの生活の場であり、子どもの成長を図る教育の場である学校の中で、④問題が発生し重篤化する前に予防的に介入し、危機に適切に対処する自我の成長を促す援助を行うことに焦点を当てる**学校臨床心理学**を提唱した。子どもの心身の発達を保証するうえで、問題が顕在化したあとに対処する「病理論」に加え、予防と成長を視野に入れた「**成長論**」で援助方法を考える必要性を指摘したのである。

　学校臨床心理学成立の背景には、臨床のとらえ方の変化があった。臨床というと「臨床医学」や「臨床心理学」が元来の意味であり、個人の身体的、精神的な病をベッド・サイドで治療にあたることを指す。つまり、「臨床」はベッド・サイドの訳であったが、1990年頃から臨床は場（フィールド）ととらえられるようになった。人は、環境（他者、社会、文化、自然）との複雑な相互作用を重ねて変化し続ける。個人が抱える問題を、家族や学校といった、その個人が生活する場との関係でとらえ直し、家族や学校の他のメンバーにも働きかけて問題解決を図る「**関係論**」的見方が注目されるようになったのだ。

　今日、文部科学省の定義でも[5]、学校カウンセリングには、**問題解決的カウンセリング**と呼ぶ治療的相談だけでなく、問題が発生しそうな児童生徒に予防的に働きかけ、本人が主体的に自らの力で解決できるよう支援する**予防的カウンセリング**、すべての児童生徒を対象とし、教科学習や特別活動、総合的な学習など、学校生活全体をとおして、児童生徒の成長を促進する**開発的カウンセリング**を含めた三つの援助段階があるとされている。学校カウンセリングは、授業を中心にした日常の学校生活をとおして、特定の個別の子どもの理解や援助を行い、多様な子ども集団の理解や援助とあわせて、全人格的な子どもの発達の援助を継続的に行っていくことである。

多様な知能を育てる場としての授業

　このように学校カウンセリングを定義されても、授業を軸とする学校生活と

カウンセリングは異なるというイメージは拭えないかもしれない。ガードナー（Gardner, H.）は、『心のフレーム』（*Frames of Mind*）で心を七つの知能からとらえる考え方を示した[6]。子安増生は、七つの知能を図1-1のように表している[7]。多重知能理論にもとづくと、授業は言語能力や論

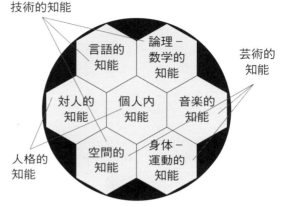

図1-1　多重知能理論
出所）子安増生『幼児期の他者理解の発達——心のモジュール説による心理学的検討』京都大学出版会、1999年、18頁を一部改変。

理数学的能力などを育てるいとなみであり、カウンセリングは対人的知能（他者の心の理解、共感性、協調性など）や個人内知能（感情を含めて自分を理解する能力）といった人格的知能を支えるいとなみだと思われるかもしれない。だが、ヘックマン（Heckman, J. J.）の研究が示すように[8]、人格的知能を育てることは生涯発達に影響するし、知識や技術といった認知的能力も、人格的知能の支えがあってこそ伸張する。この人格的知能の発達を支えるのは、学校では安心して過ごせる学級である。その学級でいとなまれる授業は、対象世界・他者・自己との対話であるという教育学者の佐藤学の三位一体論にも示されるように[9]、文化財や他者との相互作用をとおして、知識や技能だけでなく、人格的知能の発達を促す場になる。授業にカウンセリングの機能も求められるのだ。

　本章では、予防的および開発的カウンセリングに焦点を当て、どのような学級、授業経験が子どもの発達を支える場になるのかを考えてみたい。

2．学級づくりをとおした学校カウンセリング

発達障害の子どものいる学級づくり

　学級づくりの事例から[10]、援助ニーズのある子どもの問題行動を予防し、

学級の中での成長を支えていくかかわりを考えてみよう[11]。

　隆夫は、中学入学時にはアスペルガー症候群の疑いがあると診断されていた。1年時の様子は、普段は静かだが、苦手なことがあると「なんで僕だけできないんだ」と、いらだつことがあった。移動教室の途中で、扉を閉められたといっては戸のガラスを割るなど、他の生徒ともたびたびトラブルを起こし、「殺したるしなー」と叫びながら、走り回っていたこともあった。

ワーク1-1

1年時の隆夫の様子を見ていて、2年で隆夫と同じクラスになるとわかったとき、あなたが生徒ならどのように感じるだろうか。隆夫は、学校生活をどのように感じているだろうか。各自の感じ方をシェアし、新学期4月の教室の雰囲気を想像してみよう。そして、あなたが教師ならどのように学級づくりを始めるか、考えてみよう。

---

①学級びらきで学級の目標や規範を示す

　中学2年の隆夫の学級担任となったのは中川だった。中川は、まずアスペルガー症候群という障がいについて学習した。そのうえで、4月の学級びらきで、ボールとバケツを子どもたちに提示し、「ボールは、どこから見ても球である。バケツは、前から見ると逆さ台形、上や下から見ると円である。さて、君たちが仲間を見るときの見方はどちらのほうがよいだろうか」と問いかける。子どもたちの間で、「裏表のないボール」という発言が支持されるなか、中川は「私は、バケツ派だ」と言う。戸惑う子どもたちに、中川は「いま君たちが見ているクラスの仲間は、一面であってすべてではない。だから、表から見たり裏から見たりして、仲間のほんとうの姿を丸ごとわかるようになってほしい」と語った。

第1章　学校はカウンセリングの場になるのか？

　学級の始まりに、学級の「目標」と「規範」を教師が示すことは多い。周り
の人間関係に敏感になる中学生にとって、学級という集まりが何のためにあり、
自分がそこで何を求められているのかがはっきりすることで、安心して立ち振
る舞うことができるようになると考えられる。このとき、中川は、「目標」や
「規範」を教師の権威で押し付けるのではなく、身近にある物を使って子ども
に問いかけ、自分の願いを子どもに語る工夫をしている。

　②かかわりの機会を増やし、かかわり方を学ぶ　　　学級の始まりには班編成
を行うことも多い。中川は、居場所をつくりにくい子どものことを心にかけな
がら班編成を行おうとした。中川は、班編成の前に「一緒の班になりたい人」
を子どもたちに書かせている。中川が子どもたちの人間関係を知る手がかりに
するとともに、隆夫とのパイプになれる子ども（当面の居場所になれる子ど
も）を見つけるためである。また、4月は、休み時間には、中川が教室のロッ
カーの上に寝転んで過ごした。動かずにどっしりと寝転んでいる中川は、新学
期で、学級の人間関係に不安や緊張を抱えている子どもたちの**アタッチメント**
の対象になっていたといえないだろうか。アタッチメントは、イギリスの精神
医学者**ボウルビィ**（Bowlby, J.）によって提唱された概念で、なんらかの危機に
接して、恐れや不安などを経験したとき、誰か特定の人にくっつきたいと願い、
現にくっつく行動の傾向のことである[12]。アタッチメントは、乳幼児期の発
達に重要とされてきたが、近年では、児童期や思春期の発達でも注目されてい
る[13]。積極的に人にかかわることができない子どもたちが中川に近づき、触
れたりしながら、人へのかかわり方を学んでいく。中川は、クラスの生徒たち
の、誰かとつながって居場所をつくり安心感を得たいという交流欲求の充足を
図っていくのである。

　年度当初、隆夫がトラブルを起こしたとき、中川は、子どもたちの関係を読
み取り、隆夫と子どもたちが話せる関係をつくろうとしていく。たとえば、隣
のクラスの淳也と隆夫の間でトラブルが起こったとき、中川は、直前まで隆夫
と遊んでいた雄太に話を聞く。すると、雄太が自分にくっついてきた隆夫に
「ヘンタイ」と言ったことがわかる。では、なぜ雄太ではなく淳也にキレたの
か隆夫に聞く。すると、1年のとき、ヘンタイと隆夫に言ってきたのが淳也
だったことがわかる。それを確認して、雄太が隆夫と淳也に謝り、隆夫も淳也

に謝る。中川は、経緯を学級の子どもたちに話し、隆夫がキレるのには訳があることを伝える。学級の子どもたちは、隆夫を誤解していたと感じ始める。このような機会をとおして、隆夫は、中川や周りの友達が自分のことを理解し認めてくれる体験をする。隆夫は、承認欲求を充たすことで**自己肯定感**を得ていくのである（この問題については第10章もあわせて参照）。このあと、中川は、隆夫と、同じ班の2人の子どもを呼び、隆夫がキレそうになったときの対処方法を一緒に考え、「隆夫はキレそうになったとき、深呼吸を3回する。2人は、3回深呼吸しろと隆夫に伝える。それでも収束しないときには先生を呼ぶ」ことにする。中川は、子どもたちで感情を制御できるように導くのだが、中川が基地・避難所として控えていることを伝えることも忘れていない。

　③かかわる仕組みをつくる――学級で共同できる場づくり　　隆夫も、周りの理解を得て支えてもらうだけでなく、自分が周りの人々に影響を及ぼすことができると実感できれば（影響力欲求の充足）、**自己効力感**を高めることができるだろう。また、援助ニーズを抱えながら通学している子どもは隆夫1人ではない。中川は、家族の問題を抱える子どもたち、いじめなど友人との人間関係で不安を抱える子どもたちにも心を配りながら、学級全体で取り組める場をつくりたいと考える。隆夫という個に焦点を当てた援助から学級という集団づくりへと展開させていくのである。そこで、文化祭を活用することを考え、学級委員二人と、全員が参加でき、グループで教えあいが生まれやすい活動を企画し、学級総会で圧倒的支持を得て太鼓に取り組むことになる。隆夫も含めて援助が必要な生徒たちもグループの自主練習に参加できるように促し、その結果、最優秀賞を受賞した。

かかわりのなかで発達を支援する教師

　中川の実践を振り返ってみよう。隆夫について、入学当時の職員会議でアスペルガー症候群の疑いがあると伝えられた。その**アセスメント**をふまえて中川は学級づくりを開始した。学級づくりの初期に、中川は、1人ひとりが安心して過ごせる教室をつくろうとした（安心・安全の欲求）。続いて中川は、隆夫が、交流欲求、承認欲求、影響力欲求といった**社会的欲求**を一つずつ充足できるように工夫し、隆夫が学級や学校に不適応を起こすことを予防した。隆夫が

トラブルを起こしたときには、その感情の聞き役になるとともに、他の子どもたちへの語り部となり、感情が崩れそうになったときに我慢する方法を隆夫とともに考えるなど、中川は**感情のコーチング**をした。一連の対応のなかで、隆夫の言動にどう対応するか、教師は毎回鋭く問われる。うまく対応できないと暴力的行為が拡大するというぎりぎりの状況のなかで、中川の瞬間的な判断と対応の積み重ねがあったといえる。

　中川は、隆夫への予防的な援助・指導（**予防的カウンセリング**）を学級の全生徒の成長を促す援助・指導（**開発的カウンセリング**）へとつなげている。この実践の背景に、中川の教育観、人間観がある。それがうかがえるのは、「「彼〔隆夫；筆者註〕を "アスペルガー症候群" だと名付けて、子どもたちと彼との交わりを重視せず、関係機関に任せたほうがよい」という風潮に流されてはいけない」という中川の語りである[14]。援助ニーズのある子どもの早期発見や問題解決のヒントを、専門家によるアセスメントやカウンセリングなどの心理的な知見やアプローチに求めることは有用である。しかし、学級で困難を抱えている子どもは 1 人ではない。特定の生徒へのまなざしの厳しさ（たとえば関係機関に任せて排除すること）は、他の多くの子どもの不安を生み、そのことで実は多くの子どもの信頼も裏切ることになる。学校の教師には、学校生活のなかで、個別の子どもへの理解と多様な子ども集団への理解をあわせて、指導を創り出していくことが求められる。中川の事例でいえば、中川の生徒への接し方をとおして、「1 人も排除しない」という中川の人間観が生徒たちに伝わり、生徒の間に互いを支えあう関係が生まれていったといえよう。

---- ワーク1−2 ----

予防的・開発的カウンセリングの特徴を問題解決的カウンセリング（相談室での治療的カウンセリング）と比較して考えてみよう。

3．授業づくりをとおした学校カウンセリング

　次に、本章の冒頭で紹介した中学校を事例に、学校づくりと授業づくりの取り組みを紹介しよう。

生徒の話を聴くということ

　問題を抱える中学校には、服装の乱れをみせる生徒や、授業中に寝ている生徒、授業に入らず校舎内外を徘徊する生徒がいる。空き時間の教師は、彼らについてまわり、トラブルの防止や事後処理に追われ、授業準備もままならない。そんな多忙ななか、1クラス40人近い生徒を抱えていると、教師は能率や効率を優先せざるをえなくなり、権威で押さえつける生活指導を行いがちになる。しかし、そのような教師の指示や統制に対して、脇道にそれた生徒たちは公然と反抗して、なんら解決しない。ひととおり指導を受け入れている者のなかにも、がまんして「普通の子」をしている生徒もいて、教師の指導を冷ややかにみていることも少なくない。

　佐藤雅彰校長は、着任してまもなく、授業を受けずに教室の外にいる生徒に声をかけ、話を聴いていく。「どうせ高校に行かないから勉強しなくていい」と語る生徒や、「小学校からやり直したい」と、学習につまずき始めた時期を振り返り後悔している生徒、授業を真面目に受けない理由について「つまらない」「やってもわからない」と答える生徒の声を聴き、高校入試の影響や教師主導型の授業による問題があると省察する。同時に、2001年当時、子どもの主体的な学びや総合的な学習の推進と、変わらない高校入試の間で、学力観が揺れていた。そのなかで教師も揺れながら、他の教師と連携をとれずにいると、佐藤校長は教師の置かれている状況も省察する。そして、佐藤校長は、「学びの共同体としての学校づくり」を掲げる。佐藤校長が生徒に話を聴くというとき、個々の子どもの語りから、子どもの問題を、子どもと教師や学級や学校との関係の問題として理解していく。そして、佐藤校長は、授業をとおして子どもの問題の予防や成長の促進を図ろうとする。そのとき、教育学者の佐藤学がスーパーバイザーとして、佐藤校長や教師に学校づくり・授業づくりの**コンサル**

テーションを行う。教師が外部の教育専門家から援助を受けるのである[15]。

「万葉集」の授業

　前述の川崎も学級担任として、国語教師として実践を重ねてきた。「万葉集」の授業は、板書された和歌を生徒がプリントに書き写し、音読をして、恋の歌であることを感じ、言葉の確認をして、額田王と君の関係を想像して小グループで考えを交流し、クラスで共有していく。協同学習で全員が和歌の鑑賞に入るベースをつくるのだが、互いの多様な発想を楽しむ笑い声が絶えない。

　そのあと川崎は、自宅から持参したすだれを見せて、「「すだれ動かし　秋の風ふく」のあと、額田王は一言、何と言ったでしょう」と問いかける。これは、この授業の主発問だった。このとき、柔らかな身体と声で授業を進めていた川崎の表情と身体が一瞬変化し、緊張を高めたと筆者は感じた。その次の瞬間である。ある男子生徒が「先生、額田王が動かしたんじゃないの？」と元気に発言した。この男子生徒は、川崎によると、これまでにもさまざまな配慮や指導を行ってきた生徒だとのことだったが、この一言で川崎の表情が和らぎ、緊張が解けたようだった。それは教室にも伝わり、生徒たちは、それまでと同じように、さまざまな考えを率直に、その子らしい表現で語り、交流した。男女隣同士で顔を寄せ合いながら聴き合う様子もみられた。「秋の風」から、落胆する額田王を想像する生徒が多いなかで、待ち人を想う清々しい気持ちと読む生徒もいる。川崎は、土屋文明の解釈を紹介して、生徒の読みと照らしていく。最後にもう一度、歌全体に戻り、君の訪れを待つ額田王の心を曲線で表現することを試み、「一瞬のシャッターチャンス、素敵だね」と川崎が喩えて終わった。

― ワーク1−3 ―

不登校の生徒が40人弱いる事態から、不登校の生徒が少なくなっていく過程で、学校に何が生まれ、何が生徒を学校に引き寄せたのか。事例から考えてみよう。

子どもの成長を支える授業づくりと、課題

　この授業では、問題を抱えていると思われる子どもの存在や、学力差があることを感じさせず、ほとんどの生徒が授業に参加し、発言し、発言を互いに味わい、和歌を鑑賞していた。今日、子どもを授業に向かわせるのが簡単ではないといわれるが、何が子どもたちを授業に向かわせたのか。

　一つには、学校全体で進めた授業改革があった。それに加えて、川崎は、当該の子どもたちの興味と関心といった情意面の理解から授業を考案している。第一に、「3年生の体育祭、文化祭といい感じで終えて、いい雰囲気で授業ができている時だったから、この和歌を一緒に味わおうと思って行った授業だった」と川崎が語るように、この子どもたちにふさわしい題材を選択する、川崎の子ども理解がある。第二に、川崎の教材研究である。授業構成や発問に加えて、川崎は、直前の文化祭の合唱コンクールでの歌声を評して校長が使った「言霊」という言葉から、言霊の信仰があった万葉集の和歌を題材に選んだという。それを授業の導入で子どもたちに語っている。「授業は子どもの生活と教材との統一」ということが実践されている。第三に、授業は、主発問のあとの男子生徒の発言のように、わからないことを率直に言える学級風土のなかで進められている。子どもは、自分の発言を認められ、自分の力を発揮する機会を与えられ、同時に自分の未知の世界を知り、さらに他者との新たな交流の経験を与えられる。その積み重ねが子どもたちを癒し、安心して自分たちで学びを進め、学びあうように成長を促すのではないだろうか。

　このように、ほぼすべての生徒が授業に参加するようになってもなお、川崎は、まだ配慮が必要な子どもがいると語る。成長という光には影がある。子どもの発達を学校という集団で援助するとき、その学校で促進される学校の方針（理念）は、それに適応しづらい生徒（成長の影）を生む。学校に通う生徒全員の成長と回復を視野に入れて教育方略や援助方略を探る学校カウンセリングの難しい点である。この課題に教師はどう対応できるだろうか。

4．子ども理解のカンファレンスによる教育実践の創造

福井雅英の平和教育実践

　福井雅英の「**子ども理解のカンファレンス**」を軸とした教育実践を紹介しよう。子ども理解のカンファレンスは、子どもの示す具体的な事実から出発し、その言動の背景と、そこに込められたメッセージを、その子の生活世界に分け入って共同で読み解き、課題を把握して指導の方向とさしあたりの手立てを考えあおうとする試み[16]である。

　福井は、暴力と校舎破壊などの「荒れ」の克服という課題を抱える「教育困難校」といわれる中学校で、子ども理解のカンファレンスを行った。そのなかで、修学旅行先の長崎で「生徒自身の主体的な活動で平和学習に取り組む」方向が打ち出された。そして同僚と修学旅行の見直しに着手し、平和を核にした総合学習の結節点として修学旅行を位置づけ、生徒の自主学習を織り上げていった[17]。生徒の主体的な学びを創り出すために、生徒が事前学習をもとに班別に学習・見学コースを設定する自由行動を行うこととした。見学先やコースの調査、決定の過程で、生徒同士の議論はさけられず、そのことが生徒らの調査資料の読み方の切実性を高めた。また、被爆者の語りを聞く集会では、被爆者の前で自分たちの学習内容を発表し交流することにした。被爆者との相互交流は、生徒たちの学習意欲を刺激した。事前学習の一環として、各教科で平和をテーマにした授業が盛り込まれ、教科横断的な総合学習となった。教師は『平和学習副読本』を作成するなど、各教科の連携が深まり、教師にとって同僚の実践を知る機会となった。次第に授業を抜け出す生徒がいるという荒れた状態が改善されていった。なかでも、音楽の授業は大きく変化したという。テーマ学習が進むにつれ、生徒らは声を出して歌うようになり、被爆の語り部に伝えたい気持ちが共有されていくにつれ、歌声が変わっていったという。

子どもを主体にする実践

　福井の実践の特徴は、第一に、社会的視点と発達的視点からの子ども理解にある。福井は、子ども理解というとき、子どもの困難の背景に、学校教育の課

題のみならず、社会の課題をみる。福井は家庭訪問をとおして、荒れを示す子どもの生活の困難をみ、その背後には親の暮らしの困難があることをみ、その困難は、多くの場合、地域のなかの家族の孤立と結びついていることをみる。そして子どもの心に「絶望と孤立」があるのではと想像する。福井は、子どもの生活の理解から、**社会関係資本**（家庭、地域、学校での、子どもたちと周囲との「つながり」）の影響[18]を洞察しているといえる。さらに、これは、いじめや不登校などの不安を抱える子ども、問題を顕在化させていない多くの子どもにも働いている共通の問題でもあるととらえる。こうした状況に切り込んで子どもの発達を支援することは、1対1で話を聴くカウンセリングの導入だけでは解決できない社会の課題でもあると福井は考えるのである。

　社会的視点をふまえて、福井は、逸脱や荒れなどの不適応を示す子どもにたいして、まず適応を促すのではなく、不適応とみえる子どもの言動のなかに、現実への違和感の表明や支配的な価値観への異議が含まれていると理解し、それを成長発達への肯定的なエネルギーにできる教育実践を目指す。平和学習に即していえば、被爆者の語りをとおして自分の生き方を自己点検し、日常的な暴力的な環境自体を問い直し、連帯の学習が生まれることを目指すのである。学校教育は、既存の価値体系への適応に向かわせる圧力をともなうときがあるが、福井は、子どもたち自身の置かれている状況が個人的な問題として生じたのではなく、社会的な問題でもあることを子どもたち自身が理解し受けとめ、その現状にかかわっていく活動の場を整えることで、子どもを主体にしようとしたのである。同様の実践として、アメリカ合衆国の新米教師グルーウェルの実践（フリーダム・ライターズ）もある[19]。

　第二に、福井は、教師が中心となって実践を創り出すことを重視する。教師が互いの知見を共有して実践し、子どもたちの成長の事実を確かめていく子ども理解のカンファレンスは、競争と管理が進む学校において、教師にとって、教師自身の危機を予防し、優れた実践の意義を共有して相互の力量を高めていくカウン

図1-2　『フリーダム・ライターズ』
出所）エリン・グルーウェルとフリーダムライターズ『フリーダムライターズ』田中奈津子訳、講談社。2007年。

第1章　学校はカウンセリングの場になるのか？

セリングの場にもなるのではないだろうか。

┌─── ワーク1−4 ──────────────────────────
│ コンサルテーションによる授業づくり（3節）とカンファレンスによる授業づく
│ り（4節）を比較して、それぞれの特徴を考えてみよう。
│ ....
│ ....
│ ....
└──────────────────────────────────────

5．学校カウンセリングの視点から学校を問い直す

　本章では、学校生活のなかで行う学校カウンセリングについて紹介した。学校という場がすべての子どもにやさしい場所になる、学校がカウンセリングの場になると伝えることが本章の意図ではない。戸惑いや迷いを抱きながらも学校で学ぼうとする子どもたちと、その子どもたちを前に学校と教師のあり方を見つめ実践した教師たちの歩みを、学校カウンセリングの視点から再照射し、子どもの発達援助の原理を探ること、あるいは教育実践を高める手がかりを得ようとする試みであった。本章の事例から、未来の教育実践への手がかりになることとして、太鼓や和歌、合唱などが子どもたちをつなぐ題材になっていたことが挙げられる。先に紹介したガードナーの多重知能理論に照らすと、芸術的知能への注目が浮かび上がってくる。

　近年の脳神経科学によって、思春期は、身体だけでなく脳も大きく変化する時であることがわかってきた。思春期は、強い感情を喚起させる大脳辺縁系が発達するが、それを抑制する前頭前野は未成熟であるというギャップが生じる時期であり、複雑な現代社会のなかで、対人関係や、自分自身の心への適応を不安定にさせると考えられている[20]。すべての子どもを対象に、全人格的な発達援助を行うことの重要性と期待は高まっている。不適応や精神疾患などの子どもを対象とする問題解決的カウンセリングも含め、学校カウンセリングの視点から学校教育を問い直すことは、新しい教師像、教育像を探究することに通じるのではないだろうか。本書を読み進めるなかで、本章で紹介した事例を

15

想い出し、見つめ直してほしい。

注

（1）　川崎里恵「万葉集の授業」東海国語教育を学ぶ会（主催）第6回授業づくり・学校づくりセミナー　実践発表資料、2004年。

（2）　佐藤雅彰・佐藤学『公立中学校の挑戦——授業を変える学校が変わる』ぎょうせい、2003年、4頁。

（3）　保坂亨「子どもの心理発達と学校臨床」近藤邦夫・岡村達也・保坂亨編『子どもの成長 教師の成長』東京大学出版会、2000年。

（4）　近藤邦夫『教師と子どもの関係づくり——学校の臨床心理学』東京大学出版会、1994年。

（5）　文部科学省　スクールカウンセリング http://www.mext.go.jp/a_menu/shotou/clarinet/002/003/010/009.htm、2003年。

（6）　Gardner, H., *Frames of Mind: The Theory of Multiple Intelligences*, NY: Basic Books, 1983.

（7）　子安増生『幼児期の他者理解の発達——心のモジュール説による心理学的検討』京都大学出版会、1999年。

（8）　Heckman, J. J., *Giving kids a fair chance*, MA: MIT Press, 2013.（古草秀子訳『幼児教育の経済学』東洋経済新報社、2015年）

（9）　佐藤学『学びの快楽——ダイアローグへ』世織書房、1999年。

（10）　中川拓也「アスペルガー症候群の隆夫とともに——居場所をつくりにくい子どもたちと集団づくり」大和久勝編著『困った子は困っている子——発達障害の子どもと学級・学校づくり』クリエイツかもがわ、2006年、110–136頁。

（11）　学級づくりについては、神山貴弥「学級経営」栗原慎二編著『マルチレベルアプローチ——だれもが行きたくなる学校づくり』ほんの森出版、2017年、32–37頁を参考にした。

（12）　Bowlby, J., *Attachment and loss. Vol. 1-3*. New York: Basic Books, 1969, 1971, 1973.（黒田実郎他訳『母子関係の理論　全3巻』岩崎学術出版、1976、1976、1981年）

（13）　中尾達馬「児童期・青年期・成人期のアタッチメント」『発達』vol.39（153）ミネルヴァ書房、2018年、36–41頁。

（14）　中川、前掲論文、135–136頁。

（15）　佐藤雅彰・佐藤学、前掲書、1-4頁、30–40頁。

（16）　福井雅英『子ども理解のカンファレンス──育ちを支える現場の臨床教育学』かもがわ出版、2009 年、205 頁。

（17）　福井雅英「特別活動と教師の共同性」折出健二編『教師教育テキストシリーズ──特別活動』学文社、2008 年、141–152 頁。

（18）　志水宏吉『「つながり格差」が学力格差を生む』亜紀書房、2014 年。

（19）　The Freedom Writers & Gruwell, E., *The Freedom Writers Diary: How a Teacher and 150 Teens Used Writing to Change Themselves and the World Around Them*, Broadway, 1999.（田中奈津子訳『フリーダム・ライターズ』講談社、2007 年）。

（20）　明和政子「ヒトの脳と心の発達メカニズムを科学的に解き明かす」『発達』vol.38（149）ミネルヴァ書房、2017 年、95–101 頁。

【読書案内】
①大和久勝編著『困った子は困っている子──発達障害の子どもと学級・学校づくり』クリエイツかもがわ、2011 年。
　『ワークで学ぶ教職概論』（ナカニシヤ出版）第 16 章で紹介されている。発達障害の子どもが、子どもたちのなかで学び育つ様子が描かれている。
②保坂亨『いま、思春期を問い直す──グレーゾーンにたつ子どもたち』東京大学出版会、2010 年。
　近・現代に起こった急激な環境変化のなかで生じてきた、思春期の身体、脳、心の発達の変化をとらえ、発達援助の方法が提案されている。

参考文献
Bowlby, J., *Attachment and loss. Vol. 1–3*. New York: Basic Books, 1969, 1971, 1973.（黒田実郎他訳『母子関係の理論　全 3 巻』岩崎学術出版、1976、1976、1981 年）
福井雅英『子ども理解のカンファレンス──育ちを支える現場の臨床教育学』かもがわ出版、2009 年。
　　　　「特別活動と教師の共同性」折出健二編『教師教育テキストシリーズ──特別活動』学文社、2008 年。
Gardner, H., *Frames of Mind: The Theory of Multiple Intelligences*, NY: Basic Books, 1983.
Heckman, J. J., *Giving kids a fair chance*, MA: MIT Press, 2013.（古草秀子訳『幼児教育の経済学』東洋経済新報社、2015 年）
保坂亨「子どもの心理発達と学校臨床」近藤邦夫・岡村達也・保坂亨編『子どもの成長　教師の成長』東京大学出版会、2000 年。

川崎里恵「万葉集の授業」東海国語教育を学ぶ会主催第6回授業づくり・学校づくりセミナー　実践発表資料、2004年。

近藤邦夫『教師と子どもの関係づくり──学校の臨床心理学』東京大学出版会、1994年。

神山貴弥「学級経営」栗原慎二編著『マルチレベルアプローチ──だれもが行きたくなる学校づくり』ほんの森出版、2017年。

子安増生『幼児期の他者理解の発達──心のモジュール説による心理学的検討』京都大学出版会、1999年。

文部科学省　スクールカウンセリング http://www.mext.go.jp/a_menu/shotou/clarinet/002/003/010/009.htm、2003年。

明和政子「ヒトの脳と心の発達メカニズムを科学的に解き明かす」『発達』vol.38（149）ミネルヴァ書房、2017年。

中川拓也「アスペルガー症候群の隆夫とともに──居場所をつくりにくい子どもたちと集団づくり」大和久勝編著『困った子は困っている子　発達障害の子どもと学級・学校づくり』クリエイツかもがわ、2006年。

中尾達馬「児童期・青年期・成人期のアタッチメント」『発達』vol.39（153）ミネルヴァ書房、2018年。

佐藤学『学びの快楽──ダイアローグへ』世織書房、1999年。

佐藤雅彰・佐藤学『公立中学校の挑戦──授業を変える学校が変わる』ぎょうせい、2003年。

志水宏吉『「つながり格差」が学力格差を生む』亜紀書房、2014年。

The Freedom Writers & Gruwell, E., *The Freedom Writers Diary: How a Teacher and 150 Teens Used Writing to Change Themselves and the World Around Them*, Broadway, 1999.（田中奈津子訳『フリーダム・ライターズ』講談社、2007年）

（羽野ゆつ子）

第2章
独りきりでは独り立ちできない？
「大人になること」を支えるモノと人々

1．「大人になること」と教師の役割

　思春期から青年期にかけての子どもたちは、精神と身体の両方にかかわる、たいへんな変化に見舞われている。現実と理想の隔たりに思い悩み、大きな不安や深い葛藤に襲われることも多いこの時期は、あたかも「大人になる」ための修行あるいは試練のようだ。思春期に家出や不登校などの「問題」が増えるとしても、子どもたちの直面している変化の大きさを思えば、無理のないことだと思われてくる。われわれは教師として、この大転換の最中にいる子どもたちといかに向きあうべきであり、また、いかに彼／彼女らが「大人になること」を支えることができるのだろうか。

　本章の課題は、映画『魔女の宅急便』からいくつかのシーンを読み解くことにより、この問題に答えるための観点を探求することにある。以下の各節においては、本作の主人公キキを取り巻く「モノ」と「人々」に注目することにより、これらがいかに彼女の自立を支え導いているのかを、説き明かしていくことにしたい。これにより、子どもたちが「大人になる」ことを支える教師の役割についても、重要な示唆が得られるはずである。

2．大人になるための儀式

　「あたし決めたの。今夜にするわね！」──13歳のキキは、一人前の魔女になるため、修行の旅に出かける。宮崎駿の脚本・監督による映画『魔女の宅急便』の冒頭シーン。荷支度を終えたキキは、母親からもらったホウキにまたがり、両親や、友人、近隣の人々に見送られて、満月の浮かぶ夜空へと飛びたっ

ていく。黒づくめの洋服に大きな赤いリボンをつけて、ちょっぴりナマイキな黒猫のジジを連れて、父親にもらったラジオをぶらさげて。魔女として認められるための、長い修行の始まりである[1]。

　誕生、成年、結婚、引退など、人生の次の段階へと進むための転機となる儀礼のことを、通過儀礼（initiation）と呼ぶ。世界各地にみられる通過儀礼のなかには、隠遁生活、山籠もり、集落の移動などのように、住み慣れた家や、家族、集落などからの隔離をともなうものが複数ある。通過者は、宗教行事にみられるような独特の儀式に参加したり、新たな生活のための教育を受けたり、悪霊を祓われたりする場合もある。割礼、抜歯、削歯、鼻や耳の穿孔、刺青といったように、身体の傷害をともなう儀礼も多くみられる[2]。身近な例でいえば、七五三、入学式、卒業式、成人式、結婚式などが、現代日本にみられる通過儀礼であるということができる。また、現在娯楽の一種として楽しまれているバンジージャンプも、バヌアツ共和国などで行われていた通過儀礼を起源としている。

ワーク2-1

通過儀礼の例

ここに例示された七五三、入学式、卒業式、成人式、結婚式のほかに、現代の日本にみられる通過儀礼には、どのような例があるだろうか？

....

....

....

　「古いしきたりなんです」とキキの母親は言う。一人前の魔女として認められるためには、知らない街で住居や仕事を見つけて、両親や旧知の人々の助けを借りずに、1年間すごさなければならない。映画『魔女の宅急便』はまさに、13歳の少女が大人の仲間入りをするための、通過儀礼のプロセスを描いた作品であるということができる。

　思春期から青年期にかけての子どもたちは、自分とは何者なのかを問い質されるような、大きな変化の最中にある。生命の危険をともなうこともある伝統社会の通過儀礼は、従来の自分が死んで新たな自分に生まれ変わるような、た

いへんな転換を象徴するものであるといえる。だが、卒業式や成人式といった通過儀礼がカタチばかりのものになった現代社会では、この大転換を支え導く古くからの知恵や工夫が失われてしまい、「大人になる」とはどういうことかも不明瞭になってしまった。こうしたなかで、「大人」という未知の世界へと向かう子どもたちを支え導く「モノ」や「人々」の役割は、近年いっそう複雑かつ重要になってきている。

3．「大人になること」を支えるモノ

思春期の子どもの心理と発達について理解を深めるうえで、本章が最初に注目したいのは、主人公キキを取り巻いているさまざまな「モノ」である。修行の旅の出発にあたってキキは、大量の荷を詰めこまれて大きく膨らんだカバンを肩からさげて、母親からもらった年季の入ったホウキにまたがり、父親から譲り受けたラジオをぶらさげて出かけていく。ここには、子どもの理解と支援に重要な指針を与えてくれる、たいせつな要素がいくつも散りばめられている。この点を明らかにするために、本節は特に、モノの「象徴性」(symbolism) に注目することにしたい。

図 2-1 『魔女の宅急便』
出所）宮崎駿（脚本・監督）DVD『魔女の宅急便』ウォルト・ディズニー・ジャパン株式会社、2014 年。

自立と依存——2本のホウキ

私たちは普段、特に意識することもなく、モノを「何の役に立つのか」という観点から眺めている。これにたいしてモノの象徴性に注目することは、あるモノが「何を暗示しているのか」に目を向けることである。たとえば、『魔女の宅急便』にも出てくるホウキは、一般の人々にとっては掃除をするために、魔女にとっては空を飛ぶために「役に立つ」といえる。だが、モノの象徴性に目を向けるなら、このホウキがキキにとって、たんなる道具以上の、重要な意

味をもったモノであることが明らかになる。

　映画冒頭には2本のホウキが描かれている。1本はキキがこの修行のために自分でつくったという「かわいい」ホウキ。もう1本はキキの母親によって使いこまれた「古い」ホウキ。もちろん、キキは自作のホウキに乗っていくつもりでいる。これにたいして母親は古いホウキをもっていくよう勧める。「いやだそんな古いの！」と嫌がるキキ。だが、使いこまれたホウキのほうが安全だと諭されて、しぶしぶ、母親のホウキに乗っていくことに決める。母親から譲られたホウキにまたがったキキは、友人たちにウィンクをして、期待に満ちた表情で飛びたっていく。

　一人前の魔女になるための修行の旅なのだから、自分の手でつくったホウキに乗って出かけたい。自作のホウキにはキキの自立への意思が現れている。キキにとって自作のホウキは「自己」の象徴であり「自立」の象徴である。反対に、母親のホウキは「母親」の象徴であり「依存」の象徴である。このホウキを勧められることは、キキにとって、あなたは未熟者だと告げられるようなものだろう。だからこそキキは「いやだ」と反発するのである。だがジジや老婦人の説得により、キキは、渋い顔をしながらも、母親のホウキに乗っていくことに決める。このシーンには、子どもの「自立」と「依存」について考えるうえで、重要な示唆を読み取ることができる。

　自立と依存は対立するものとしてとらえられがちであるが、現実の子どもの姿をみているとそうともいいきれない。心ゆくまで保護者に甘えることを許された子どもほど、この安心・安全の感覚を糧にして、勇敢に自立への道程を歩んでいくことができるものである。反対に、甘えることを許されず厳格に育てられた子どもたちほど、独り立ちすることへの不安を抱え、なかなか親離れができないといった例もみられる。このように、自立と依存とはたんに排斥しあっているのではなく、むしろ十全な依存の体験が自立を支えるといったように、相互に深く絡みあっているのである[3]。

　キキが母親のホウキにまたがって飛びたつ冒頭のシーンには、この自立と依存の密接な関係が描かれているとみることができる。自分の得意なことや不得意なことを見極めたうえで、頼るべきところは他者を頼ることができる力量こそが、自立への道程を歩んでいく条件である。「うまくいかなかったら帰って

第2章　独りきりでは独り立ちできない？

きていいんだよ」と告げる父親に、口を尖らせたキキは「そんなことになりませんよ～だ」と言って笑う。困ったときには無条件に支えになってくれる保護者への信頼があるからこそ、子どもたちは大人になるための冒険に希望をもって発つことができるのである。

ウィニコットの「移行対象」

　特に乳幼児期に、なにか保護者のことを思い出させてくれるモノを、肌身離さずもっている子どもは珍しくない。たとえば、ボロボロになるまで連れ回されたヌイグルミや、何週間も洗濯していない擦りきれた毛布など、子どもたちに安心感と抱擁感を与えてくれるモノたち。保護者の代替ともいうべきこうしたモノのことを、イギリスの小児科医ウィニコット（Winnicott, D.）は、「移行対象」（transitional object　トランジショナル オブジェクト）と呼んだ。幼い子どもたちにとっての移行対象は、保護者の不在による不安を和らげ、保護者からの健全な分離を助ける役割をもっているといわれる[4]。

　ビーグル犬のスヌーピーで有名な漫画『ピーナッツ』には、いつも毛布を持ち歩いているライナスという少年が登場する。ライナスはたいへん賢い子どもであるが、この毛布を持ち歩いていないと、抑鬱やパニック発作などの禁断症状を起こしてしまう。この「ライナスの毛布」は、別名「安心毛布」（security blanket　ブランケット　セキュリティ）とも呼ばれ、移行対象の代名詞となっている。

　このように、移行対象といえば乳幼児期のものというイメージが強いが、中高生や大学生のなかにも、古いヌイグルミや毛布などを大事にもっている例は珍しくない。つねに使っているわけではなくても、大きな不安やストレスを感じたときなどに、慰めや安心を与えてくれるアイテムとして、幼いころの移行対象がもちだされる場合もある。『魔女の宅急便』のキキもまた、

図2-2　ライナスの毛布
出所）Ch. M. Schulz, *Lose the Blanket, Linus!*, Simon Spotlight, 2015.

23

母親が使いこんだホウキを握りしめ、父親から譲り受けたラジオを聴きながら、修行の旅に出かけていく。親元を離れてゆくキキにとってみれば、両親を思い出させてくれるこのホウキやラジオこそが、自立へと向かう歩みを支えてくれる、移行対象の性格をもつといえるかもしれない。

── ワーク2−2 ──

移行対象の記憶

あなたは幼いころに移行対象をもっていただろうか？　あなたの家族や友人などはどうだろうか？　また、移行対象を「卒業」したといえるのはいつだろうか？　それぞれの移行対象について語りあってみよう。

未知への誘い──父親のラジオ

　加えて、キキが父親から譲り受けたラジオは、この移行対象としての性格のほかにもう一つ、重要な特徴をもっている。映画の最初のシーン、湖畔に仰向けに寝転んだキキは、柔らかな風に吹かれながら、ラジオで天気予報を聞いている。この天気予報が今夜は「素晴らしい満月」だと告げたからこそ、彼女は予定を早めて「今夜発つ」ことにしたのだった。父親から譲り受けたこのラジオはキキにとって、彼女がまだ体験したことのない、未知の世界へと誘ってくれるモノでもあるのだ。

　このことは、キキが飛びたった直後にラジオから流れてくる、この映画の主題歌でもある楽曲からも読みとれる。荒井由美の「ルージュの伝言」は、『魔女の宅急便』というタイトルにふさわしいとは思えない、大人の女性の恋愛模様を歌った楽曲である。とはいえこれも、13歳のキキがまだ体験したことのない、未知の世界を予感させるものとして聞けば、なるほど、映画の主題に合致しているようである。大人の恋愛にあこがれるキキが、こうした楽曲を好んで聞いていたとしても、なんら不思議ではない。

　行動範囲や人間関係が広がる思春期から青年期にかけて、子どもたちは、いままで当然と思っていた人生観や価値観を大きく揺さぶられる。保護者や教師

への反発や抵抗を繰り返しながら、子どもたちは、自分なりの生き方やモノの見方を探求してゆく。このとき、文学や、漫画、音楽、映画などの作品が、新たな人生観や価値観の探索を助ける、貴重な仲介役となることも多い。子どもたちはこうしたモノを導きとして、保護者や教師に与えられた世界の外へと、旅立つ準備を整えているのかもしれない。

このように「未知への誘い」という特徴に目を向けると、キキのホウキに父親のラジオがぶらさがっていることは、彼女の修行の行末が不透明であることの暗示であるようにも思われてくる。旅立ってすぐに出会う先輩魔女のホウキには、小さいけれど明るいランプが灯されていて、さりげないが見事な対比になっている。「胸を張って帰れる」という台詞からもわかるように、もうすぐ修行を終えるという先輩魔女は、占いという特技をもっていることもあり、自分の将来に明るい展望を抱いているのである。これにたいして、「空を飛ぶことしか覚えなかった」キキは、まだこれから住居や仕事を探さなければならず、先行きに不安を抱えている。

案に違わずというべきか、「晴れ」との天気予報にもかかわらず、先輩魔女と別れたキキは激しい雷雨に見舞われ、滑り込むように貨物列車のなかに避難する。「叱られないかなあ?」というジジの心配をよそに、貨車のなかで一晩を明かしたキキは、海に浮かぶ街コリコに辿り着く。ホテルにも泊めてもらえず途方に暮れるキキだったが、パン屋に下宿させてもらえることになり、ここを拠点にして宅急便の仕事を始めることになる。このように思いもよらないかたちで新しい街へと辿り着き、予想外の出会いに助けられて仕事を始めることになったのも、すべては父親から譲り受けたあのラジオの(間違った)予報のおかげだというのは、深読みのしすぎだろうか。

--- ワーク2-3 ---

文学や映画のなかのモノ
『魔女の宅急便』だけでなく他の文学や映画などを鑑賞するさいにも、子どもたちを取り巻いているモノの「象徴性」に目を向けて、子どもの心理や成長発達について理解を深めるヒントを探求してみよう。

4．「大人になること」を支える人々

　次に本章が注目したいのは、映画『魔女の宅急便』の終盤、大きな窮地にお
ちいったキキを助け、貴重な導きを与えてくれる「人々」である。パン屋を手
伝いながら宅急便の仕事を始めたキキだったが、ある日とつぜん魔法が「とて
も弱く」なってしまって、ホウキで飛ぶこともジジと会話することもできなく
なる。なんとか飛ぼうと懸命に努力するキキだが、急な斜面を滑り落ちた拍子
に、母親から譲り受けたホウキも折れてしまう。頼みのホウキとジジを同時に
失って途方に暮れるキキ。このとき、深く落ちこんだキキを助けてくれるのは、
医師や教師ではなく、森に暮らす画家の女性ウルスラと、以前配達の依頼をく
れた老婦人である。ウルスラや老婦人とキキとの交流を描いたシーンには、思
春期以降の子どもたちが「大人になること」を支えていくうえで、重要な示唆
を与えてくれる観点が示されている。

人材としての人間観

　「魔法がなくなったら、わたし、何の取柄もなくなっちゃう」。魔法が使えな
くなったキキは、パン屋の女将のおソノに、こんな嘆きを吐露している。知ら
ない街で住居と仕事を見つけて 1 年暮らすこと、これが一人前の魔女になるた
めの修行の課題だった。仕事をして、人の役に立ち、お金を稼いで、1 人で生
活していくことが、魔女として認められるための条件なのだ。空を飛べず宅急
便の仕事もできない自分には何の取柄もない——修行中のキキが思いつめてし
まうのも、無理のないことだといえる。

　キキの深い悲嘆の背景には、仕事をしてお金を稼いでこそ一人前である、と
いう魔女修行の前提となる人間観がある。現実社会にも広く浸透しているこう
した見方のことを、ここでは簡単に「人材としての人間観」と呼ぶことにしよ
う。この見方に照らしてみるなら、魔法が使えず仕事もできないキキは、たし
かに、「何の取柄もない」といえるかもしれない。

　思春期の子どもたちは、自分は何者なのか、自分に何ができるのか、自分は
何をしたいのか、これからいかに生きていくのかなど、自己のありようや生き

方をめぐる問題に直面している。各教科の学習や職業体験などの取り組みをとおして、自分はどのような職種に向いているのか、自分はどのような職業に就きたいのかなどを、だんだんと意識するようになる。将来社会人として生きていくにあたり、自分にはどれほど人材としての「取柄」があるのか、ちゃんと仕事に就いてお金を稼ぐことができるのか、子どもたちの胸は不安や期待にあふれている。

　進路相談や普段の会話などの機会をとらえて、こうした子どもたちの心配や悩みに耳を傾け、求められる支援や助言を与えていくことも、教師の重要な仕事だといえるだろう。けれどもこのとき、学業成績の優劣や将来の進路選択などに重きを置くあまり、「取柄」の有無にばかり目を奪われていたのでは、子どもたちの抱える重要な課題を見落としてしまう。特に、魔法を使えなくなったキキのように、自分の「取柄」を追い求めるあまり悩む子どもにとっては、以下にみるように、人材としての人間観とは異なる見方にふれることが、自己探求を支える基盤ともなるだろう。

人格としての人間観

　「キキが来るのをずっと待ってたんだよ」——仕事を休んで塞ぎこむキキのもとを、以前郊外への配達の途中に知りあった、画家のウルスラが訪ねてくる。悩みを打ち明けたキキは、ウルスラに誘われるまま、森にある彼女の小屋に泊まりにいくことになる。大きなキャンバスに描かれた少女のモデルが自分だと聞いて、「わたしこんなに美人じゃない！」と驚くキキ。ウルスラは笑って、「あんたの顔好いよ。このまえよりずっと好い顔してる」と答え、キキを椅子に座らせてデッサンを始める。さらに、就寝前の会話においてもウルスラは、実はこの日、魔法が使えずに悩んでいるキキの顔を見て、絵のインスピレーションを得たのだと告げる。ウルスラとキキとの会話は、この映画のなかでも最も印象深い、重要なシーンの一つである。

　ウルスラの小屋からの帰路、キキは、以前配達の依頼をくれた老婦人に、再び招かれて会いにいく。老婦人は、キキに彼女のイラスト入りのケーキを贈り、「このまえとってもお世話になった」御礼にと告げる。さらに、キキの誕生日も知りたいと言い、「またケーキを焼けるでしょう」と続ける。前者は以前キ

キが依頼を受けたさいに、配達以外にパイを焼くのを手伝うなどしたことへの謝礼、とも解釈できるだろう。だが、このときの御礼ならすでに、キキが「いけませんこんなに」と驚くほどの金額を受け取っている。老婦人はこのうえさらに自作のケーキを贈り、また誕生日にはケーキを焼きたい、とさえ言うのである。老婦人からの思わぬ厚意に、キキは涙を流しながら、「おばさまの誕生日も」教えてほしいと答える。

ウルスラの言葉と老婦人の行動に共通しているのは、人材としての人間観とは異なる見方が、大事にされている点である。魔法が使えることや、仕事ができること、お金を稼げることとは無関係の、1人の人間としてのキキの魅力や、彼女が生きていること自体の貴さ。このわれわれ1人ひとりに固有な、他者とは取り換えのきかない存在に目を開かせてくれる見方のことを、ここでは「人格としての人間観」と呼んでおこう。

魔法を使って仕事をしていたときよりも、空を飛べず落ちこんでいるいまのほうが、「ずっと好い」と言うウルスラ。魔法が使えなくても、お金を稼げなくても、キキには画家の彼女が「これだ！」と心を打たれるだけの、素晴らしい魅力があるということ。ケーキをもらって涙をあふれさせるキキに、誕生日を教えてくれたら「またケーキが焼ける」と笑う老婦人。特別な才能や技量などなくとも、今日この日まで生きてきたことの貴さ、職業や収入の有無とは関係なく、いまここに（またはどこかに）いてくれることの喜び。画家のウルスラとの対話によって、修行中のキキが偏重していた人材としての人間観への囚われが緩み、老婦人の厚意によって、キキの存在をまるごと喜び認める人格としての人間観が示される。

第2章　独りきりでは独り立ちできない？

─── ワーク2-4 ───
文学や映画のなかの人々
『魔女の宅急便』だけでなく他の文学や映画などを鑑賞するときにも、子どもたちを取り巻いている人々の言葉や行動に目を向けて、子どもの指導や支援について理解を深めるヒントを探求してみよう。

行為の価値と存在の意味

　ある人物を「人材として」みるときに重視されているのは、この人に何ができるのか／何ができないのか、言い換えるなら、この人が社会にとって何の役に立つのかである。人材としての人間観は人間の「行為」と「有用性」に価値を置く。これにたいして、ある人物を「人格として」みるときに尊重されているのは、この人がまさしくこの人として存在していること、言い換えるなら、この人がこの人であることのかけがえのなさである。人格としての人間観は人間の「存在」と「固有性」に意味を認める[5]。

　教師は児童生徒を行為の出来・不出来によって評価する機会が多く、学校や教室は行為の価値が重視される場所になりがちである。たしかに、テストを典型とする何ができるか／何ができないかの評価は、子どもたちが自己の得意・不得意を見極めて学習を発展させていくための、重要な指針を与えてくれる。だが、児童生徒が行為の出来・不出来によってのみ評価される教室があるとすれば、これは非常に息苦しくて生きづらい場所であるに違いない。成功すれば価値を認められるということは、裏を返せば、失敗すれば価値を認められないということである。極端にいえば、何も「取柄」がなくて社会の役に立たない人間には、生きている価値がないということになる。このような教室に暮らす子どもたちは、いつも教師やクラスメイトからの評価に心を奪われ、失敗を恐れるあまり挑戦することをやめてしまい、誰かに認めてもらえる「取柄」を求めて汲々とすることになるだろう。

　教室あるいは学校は、教師と子どもたちが、また子どもたち同士が、何ができるか／何ができないかの評価を超えて、互いの存在を認めあえる場所であることが望ましい。学業をはじめとする行為の出来・不出来にかかわらず、互いの固有性を尊重しあえる関係を支えとしてはじめて、児童生徒は、自分の存在

29

を心から肯定することができるようになる。たとえ失敗したり間違いを犯したりしたとしても、自分には生きている価値がないなどと悲嘆することなく、苦手なことにも進んで挑戦することができるようになる。なかでも、自分のありようや将来の生き方に不安と期待を抱える思春期の子どもたちにとっては、特別な「取柄」の有無にかかわらず自分の存在を認めてもらえる場所は、自己探求を支える重要な基盤となるだろう。子どもたち1人ひとりに固有の存在を受け止め大事にすること、またそのような関係を教室や学校に広げていくことが、教師の重要な役割であるといえる。

── ワーク2−5 ──

存在の意味を認めるかかわり方
子どもたち1人ひとりに固有の存在を認めるかかわり方には、本章で取り上げられたもの以外に、どのような言葉や行動がありうるだろうか。あなたの経験にもとづいて考えてみよう。

5．さまざまな専門家との協働

　興味深いのは、キキが魔法を使えなくなり仕事を続けられなくなる最大のピンチを助けてくれるのが、おそらく「稼げる」仕事には就いていない画家のウルスラや老婦人だというところである。宅急便の事業を成功させるためのアドバイスであれば、社会のなかで「立派に」仕事をして稼いでいる人々のほうが、もしかすると向いているかもしれない。けれども、行為の価値に縛られて「何の取柄もない」と悩むキキを救うことは、仕事や収入の有無にとらわれることなく存在の意味を観取することのできる、ウルスラや老婦人にしか担えない役割だったのである。
　学級担任や教科担当としての教師は、子どもたちが社会人として自立していくために、知識や技術を教えること、常識や規則を伝えることに、仕事の比重

が置かれることが多い。結果として、児童生徒への指導・支援は、何ができるのか／何ができないのかに目を向けた、行為の価値を重視するものになりがちである。もちろん、このような働きかけも子どもたちの成長発達にとって大きな意義をもつものであり、教師の非常に重要な職務であることはいうまでもない。けれども、未知の世界への冒険に不安と期待を抱いている子どもたちを、行為の価値のみによって評価・束縛してしまうことは、避けなければならないだろう。子どもたち１人ひとりが、互いの存在の意味を受け止めあい認めあうことのできる、豊かな関係と環境を築いていくことも、教師のたいせつな役割であるということができる。

　だからこそ、学級担任や教科担当とは異なった立場から児童生徒にかかわることのできる、養護教諭やスクールカウンセラーなどの専門家との連携が、なおのこと重要になってくる。学業成績や、授業態度、進学・就職などに重心を置かざるをえない教師と違って、養護教諭や学校カウンセラーは、行為の出来・不出来を抜きにして子どもたちを支援することのできる立場にある。こうした専門家と連携を取りあい協働していくことで、無意識のうちに抜け落ちてしまいがちな存在の意味への感度を補うことは、子どもたちが「大人になること」を支援していくうえで、非常に重要な課題であるということができる。

注

（１）　宮崎駿脚本・監督（スタジオジブリ制作）DVD『魔女の宅急便』ブエナ・ビスタ・ホーム・エンターテイメント、2001 年（以下、映画のシーンの紹介や台詞の引用はすべてこの DVD による）。

（２）　通過儀礼の特徴や具体例については、ファン・ヘネップ（綾部恒雄／綾部裕子訳）『通過儀礼』岩波書店、2012 年に詳しい。

（３）　自立（自律）と依存（甘え）の関係性については、下司晶編『「甘え」と「自律」の教育学』世織書房、2015 年が示唆に富んでいる。

（４）　移行対象に関する理論については、D. W. ウィニコット（橋本雅雄／大矢泰士訳）『遊ぶことと現実』岩崎学術出版社、2015 年を参照。

（５）　われわれ１人ひとりの存在の固有性や、生命のかけがえのなさ、無条件の他者受容や自己承認に関しては、田中智志『教育臨床学』高陵社書房、2012 年が、重要な洞察を与えてくれる。

【読書案内】

①河合隼雄編『心理療法とイニシエーション』岩波書店、2000 年。

　現代社会における通過儀礼と子どもの心理をめぐる諸問題を、おもに臨床心理学やカウンセリングの観点から説き明かした良書。

②井原成男『ウィニコットと移行対象の発達心理学』福村出版、2011 年。

　移行対象についてのウィニコットの理論を、小児科における心身症治療の事例なども交えながら、平易に説き明かした格好の入門書。

③田中智志『教育臨床学──〈生きる〉を学ぶ』高陵社書房、2012 年。

　1 人ひとりの存在の固有性を他者との関係性のなかでとらえ、この関係性こそが教育といういとなみの基礎であることを明らかにした好著。

（井谷信彦）

第3章
彼女はいつも陰キャラなのか？
スクールカーストをめぐる問題

1．ある中学生少女の悩み

『朝日新聞』で毎週連載されている「悩みのるつぼ」コーナー。有識者が読者の悩みにこたえてゆくこのコーナーに、あるときこんな相談が寄せられた（2010年7月10日付）。

| 相談者　中学生10代 |

中学2年生の女子です。クラスの女子には階級があります。明るくて派手なグループが一番地位が高く、その下が「2軍」、一番下が暗くて地味な「陰キャラ」です（母の時代は「ネクラ」と言ったそうです）。先生はクラスの中心である派手グループと絡んで授業やホームルームを進めるし、男子に人気があるのも彼女たちです。私は、一番地位の低い陰キャラで、派手グループの子には無視されるか「暗い」「キモい」といわれ、先生にも男子にも話しかけられることはありません。同じ陰キャラには、かわいくておしゃれな子や、勉強ができる子もいて、すっごく暗いわけではないのに、何で陰キャラなのかわかりません。

まあ、たしかにアイドルより動物が好きだったり、ショッピングモールより公園が好きだったり、ちょっと話題がずれてるかも。部活も地味な卓球部です（いまイケてる部活はバスケやバレーボールです）。

おしゃれでテレビの話が好きで、テンションが高くて、いつも街に出てプリクラやカラオケで遊ぶ派手グループに入りたいわけじゃないけど、女子にも男子にもさげすまれるのはイヤです。普通に楽しく中学校生活を送

33

るにはどうしたらいいのでしょうか。クラス内のポジションなんか気にする
な、って言わないでください。女子中学生にとって一番大事な要素なの
です。

　「陰キャラ」少女の悩み。派手グループの一員になりたいわけではないが、
かといってさげすまれるのも嫌。少女はいま「女子中学生にとって一番大事
な」問題に直面している。さて、読者の皆さんが教師の立場で少女に相談を持
ちかけられたとして、どのように応答するだろうか。

┌─── ワーク３−１ ──────────────────────┐
│ 少女の悩みにどのように応答するのか？
│ ....
│ ....
│ ....
└────────────────────────────────────┘

　どんな答えになっただろうか。回答が難しかったという読者も多いのではな
いか。筆者が現役の教師に上の悩みをぶつけてみたところ、答えに窮してしま
う人も多かった。少女の抱える問題の根深さを暗示しているのかもしれない。
学校生活のなかで、同様の悩みを抱えている児童・生徒は少なくはなく、これ
は一般的にはスクールカーストの問題として語られる事柄である。スクール
カーストはいじめを生みだす温床にもなると指摘されており[1]、決して見過
ごすことはできない。そこで本章では、スクールカーストの問題を取り上げる
なかで、子どもたちを取り巻く教室内の状況について検討し、教師としていか
なる姿勢・対応が求められるか検討してゆくことにしよう。

２．スクールカーストについて

　学級集団というのは１時間目から６時間目まで一日中同じメンバーで過ごし、
それが毎日続く。クラスがあわないからといって別のクラスに変えてもらうこ
とは原則不可能だ。クラスがいやだからと転校することも難しい[2]。教室は
きわめて密室性が高いのだ。

第3章　彼女はいつも陰キャラなのか？

　そうした状況のなかでしばしば生みだされるのがスクールカーストである。スクールカーストとは、同学年の児童や生徒の間で共有されている「地位の差」を指す[3]といわれており、上位から1軍・2軍・3軍、あるいはA・B・Cなどと呼ばれる。興味深いのはそこにおける評価軸が、頭の良さでも運動神経でもなく、「コミュ力（＝コミュニケーション力）」に一元化されつつあるという点である。「かつての教室には……たとえ寡黙ではあっても絵が上手い、文才があるなどの理由で、周囲から「一目置かれる」生徒が存在した。残念ながら、いまやそうした生徒には、「カースト下位」にしか居場所はない[4]」とも指摘される。さらに昨今の教室は、カーストによって複数の層に分断されているために、一つのまとまりとして成立しづらくなっているという[5]。

　現代において、スクールカーストの問題が描き出されている映画や小説、ドラマは数多く存在する。『野ブタ。をプロデュース』（白岩玄、小説、河出書房新社、2004年。ドラマ、日本テレビ、2005年）、『桐島、部活やめるってよ』（朝井リョウ、小説、集英社、2010年。映画、吉田大八監督、2012年）、『35歳の高校生』（ドラマ、日本テレビ、2013年）、『学校のカイダン』（ドラマ、日本テレビ、2015年）など。このテーマが頻繁に取り上げられるということは、ある種のリアリティをもってこの問題が若者たちのうちに浸透していることの証左であるように思われる。具体的にみていこう。朝井リョウ『桐島、部活やめるってよ』（以下、『桐島』と略記）では、スクールカーストの実態が生々しく描写されている。

　　高校って、生徒がランク付けされる。なぜか、それは全員の意見が一致する。英語とか国語ではわけわかんない答えを連発するヤツでも、ランク付けだけは間違わない。大きく分けると目立つ人と目立たない人。運動部と文化部。上か下か。目立つ人は目立つ人と仲良くなり、目立たない人は目立たない人と仲良くなる。目立つ人は同じ制服でもかっこよく着られるし、髪の毛だって凝っていいし、染めていいし、大きな声で話していいし笑っていいし行事でも騒いでいい。目立たない人は、全部だめだ。この判断だけは誰も間違わない。どれだけテストで間違いを連発するような馬鹿でも、この選択は誤らない[6]。

35

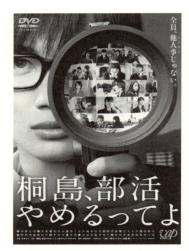

図3-1　DVD『桐島、部活やめるってよ』
出所）バップ、2013年。

　映画版の『桐島』ではスクールカーストの問題がカーストの視点別に描き出されている。映画版『桐島』で焦点化されるのは、ある一日、金曜日の出来事である。同じ一日（「金曜日」）を1軍、2軍、3軍、それぞれの生徒たちがどのように過ごしているか。同じ出来事でも、1軍の視点からみた場合と3軍からみた場合とでは印象や体験がまったく異なる。そのことを『桐島』は視点別にまざまざと描き出している。

　筆者が大学においてスクールカーストの問題を扱ったさい、学生からも『桐島』のリアリティを裏づけるような報告が寄せられた。

　「1軍の子が可愛い髪型（お団子とか）にすると、周りの子は「かわいい！超似合ってるー！」とか言ってもてはやしていましたが、3軍の子が同じ髪型にすると、「急にイメチェンしてウケるんだけど」「男ウケでも狙ってんの？」とか言われていました」。

　「教室が狭いので会話をしているときに出せる音量に制限がありました。上のカーストの人は無制限に、下のカーストの人はひそひそと話をしていました」。

　「1軍女子しか男子と話せませんでした。1軍以外の女子が男子と話すには1軍女子の許可が必要になってくるんです」。

　以上のようなエピソードを読んで、読者の皆さんはどのように感じただろうか。そもそも、小中高時代を振り返って、スクールカーストは存在していたか。存在していたとすればいつ、どのような状況であったか。思い出して書いてみよう。もしスクールカーストを実感することがなかった場合は、それがなぜか理由を分析してみてほしい。

　ここで留意すべきは、スクールカーストには地域性があるということである。基本的にスクールカーストは都市部を中心にみられ、各学級の人数が30〜40名、学年全体では数百人規模の学校で生まれる傾向がある[7]。

―― ワーク3-2 ――
スクールカーストをめぐる記憶を思い返してみよう。

3．多元的自己というあり方

　さて、冒頭で紹介した少女の投書には次のような一文があった。
「同じ陰キャラには、かわいくておしゃれな子や、勉強ができる子もいて、すっごく暗いわけではないのに、何で陰キャラなのかわかりません」。
　少女は同じグループに属している子たちがなぜ「陰キャラ」としてカテゴライズされるのか、理解できないようだ。このことは示唆に富んでいる。少女は同じグループの生徒たちをクラス内での陰キャラポジションとは別の角度からとらえている。この点について掘り下げてみよう[8]。
　われわれは、人と人との関係性を図3-2のようにとらえることがある。図3-2で表されているのは、伝統的な自我認識および自我同士の関係である。円はそれぞれ独立した自己を表している。このモデルの根底にあるのは、「私」は確固たる存在として確立されるものであるという前提である。円の中枢部に

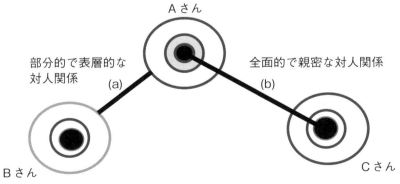

図3-2　伝統的な自我認識および自我同士の関係

揺るがぬ自己がある。図3-2のAさんとBさんを結ぶ線（a）は、それぞれ一番外側の円にしか接していない。たいしてAさんとCさんを結ぶ線（b）はそれぞれの円の中心部分まで到達しており、両者の核を結んでいる。(a)の関係は表層的な関係を表しており、互いを表面的にしか把握していない。これは顔と名前は知っているがお互いにどんな人物かをよく知らなかったり、会話を交わすことはあっても、悩みを打ち明けあったりすることがない、といった部分的な関係を示す。(b)の関係は互いのことを深いレベルで理解しあっている関係を表している。そして、この図式においては、相手と深いレベルでつながり、関係性を築き上げてゆく（b）こそがあるべき人間同士の関係性とみなされることが多い。

　図3-3の関係性モデルは図3-2とは考え方が大いに異なる。図3-3では、複数の小さな円が緩やかに統合されて一つの自我を形成している。人間は唯一無二の「（分割不可能な）個人 individual」ではなく、「複数の（分割可能な）分人 dividual である[9]」という考え方である。たとえば、大学では誰からみても物静かなAさんが、バイト先ではシフトリーダーとして振る舞い、家族の前ではお調子者、といったことも珍しくない（図3-3ではそのことを複数の円で表している）。Bさんが知っているのは、たとえば、バイト先でのAさんにすぎない。このことはAさんとBさんを結ぶ線分で表される。複数の円の

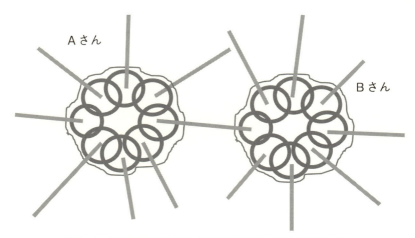

図3-3　多元的自己のあり方（部分的でありかつ親密でありうる）

うち、どれかが本物というわけではなく、いずれの顔も状況に応じて現れたＡさんの姿にほかならない。もっとも、それぞれの円はバラバラに分裂しているのではなく、緩やかに統合されている（そのことを図3-3では複数の円を包み込む線で表している）。

　つまり、「私」は**状況依存的**に立ち現れてくる。部活動を例にとるならば、「先輩」ははじめから先輩なのではなく、「後輩」が入学してきてはじめて先輩となる（後輩のいない先輩などありえない）。

　SNS を使用している読者のなかには、LINE で複数のグループに所属している人も多いのではないだろうか。LINE のグループごとに、「私」のありようは異なってはいないか。筆者が担当している授業を履修していた学生のなかには、100 個もの LINE グループに入っている者もいた。その一つひとつのグループにおいて、自らの役割は微妙に、ときに大きく異なる。1 人の学生があるグループではリーダーシップを発揮し、別のグループではサポートに徹するということもありうる。立ち位置を決めているのは当の「状況」なのである。

　Twitter で複数のアカウントをもっている読者にも問うてみたい。アカウントごとに自分のありようは違うのではないだろうか（大学の友人向けのアカウント、趣味のアニメについて呟くためのアカウントなど）。

　図3-3において、自己は多元的なものとしてとらえられる。多元的自己から伸びている線分のうち、どの関係が浅くて、どれが深いというものでもない。たとえば、「お笑い好き」という一点だけで他者とつながっており、それ以外の顔を知らなかったからといって、その関係性を浅い関係とみなすことはできない。

　図3-3が示すそうした関係性は、「キャラ」の考え方になじむものである。われわれは状況ごとにキャラが異なるのはむしろ自然なことである。「キャラ」は「本質とは無関係な「役割」であり、ある人間関係やグループ内において、その個人の立ち位置を示す座標を意味する[10]」。では、皆さんには場面ごとにいくつの「キャラ」があるだろうか？　日常のなかにある皆さん自身の「キャラ」を思いつく限り書き出してみよう。

　書き出したもののうち、どれか一つが「ほんとうの自分」だといえるであろうか。もちろん、自分にとって、無理のない、自然体でいられる状況というも

―― ワーク3-3 ――

いくつの「キャラ」があるだろうか?

のはあるだろう。だが、図3-3の考え方にもとづくならば、もはや「ほんとうの自分」なるものは存在せず、ある状況の中で事後的に立ち現れてくる自己があるだけなのだ。

冒頭の投書のなかでの少女の疑問(「同じ陰キャラには、かわいくておしゃれな子や、勉強ができる子もいて、すっごく暗いわけではないのに、何で陰キャラなのかわかりません」)は図3-3のモデルを前提とするならば、解消へと向かうだろう。教室内で同じグループの子たちが見せているのは「クラス」という状況のなかで現れ出ている一つの顔にすぎない。少女には同じグループの子たちの陰キャラ以外の顔が見えている。他のクラスメイトにはそれが見えていない。

4. キャラはコミュニケーションを円滑にする

では、図3-3で表される「キャラ」を前提とした関係性のメリットとは何なのであろうか。「キャラ」文化の最大の利点は「コミュニケーションの円滑化」にある。自分のキャラと相手のキャラが把握されれば、コミュニケーションのモードもおのずから定まる。キャラというコードが便利なのは、もともとの性格が複雑だろうと単純だろうと、一様にキャラという枠組みに引き寄せてしまう力があるからだ[11]。

大学に入学したての、たとえば、4月の最初のころを思い返してみてほしい。あるいはバイトやサークルなどをはじめた当初のころのことでもよい。初対面のため相手のキャラがつかめず、どう接すればよいかわからなかったという経験はないか。最初は互いの立ち位置が不安定なため、当たり障りのない話題で様子をみる。だが、時間をともにするなかで徐々に互いのキャラが定まってい

き、コミュニケーションのスタイルが確立する。毒舌キャラ、いじられキャラなど、相手のキャラをふまえてコミュニケーションを図ってゆくこととなるのだ。

5．キャラという名のレッテル

　キャラにはメリットがあるばかりではない。キャラのデメリットこそ、かの少女の悩みを深刻化させている原因なのだ。キャラは自分のキャラを逸脱した行動をつねに抑圧するという副作用をあわせもつ[12]。

　クラス内でのキャラは必ずしも、本人の性格と一致するわけではない。「クラス内のコミュニケーションを通じて、半ば自然発生的にキャラの棲み分け、ないし振り分け——「キャラがかぶる」ことがないように——がなされ、クラス内での位置づけが決定されるのである[13]」。

　つまり、「キャラ」とは、コミュニケーションの円滑化のために集団内で自動的に割り振られる仮想人格のことなのである。そこでは絶えず「キャラを演ずる」「キャラを変えない」という配慮も必要となる[14]。筆者の授業を受けていた学生からは「1軍の生徒のなかには仲間はずれにされたくないから、いじめられたくないからと「1軍の自分」を演じ続けている人もいると思います」というコメントも寄せられている。また、図3-4で示されているとおり、特に「いじられキャラ」の子どもたちは、「自分の気持ちと違っていても、人が求めるキャラを演じてしまうことがある」と答える割合が高いという調査結果もある[15]。

6．教師の共犯関係——キャラをとおして子どもをみること

　では、こうした状況をふまえて、教師はどのような姿勢・態度で子どもたちと接する必要があるのだろうか。注目すべきは、教師がスクールカーストの強化に一役買っているかもしれないという点である。学生のコメントをみてみよう。

　「文化祭の出し物決めも先生と派手グループで即決でした。先生はまとまっているクラスだと感心していたけど、そうではありません」。

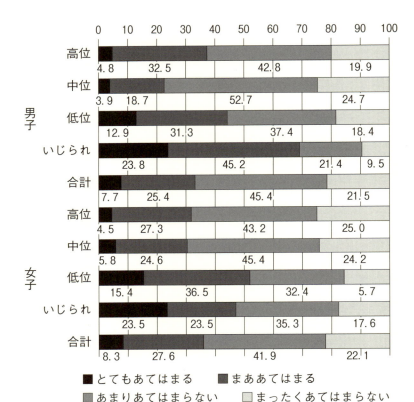

図3-4 クラス内「地位」別「自分の気持ちと違っていても、人が求めるキャラを演じてしまうことがある」
男子 p = .001、女子 p = .068。
出所) 本田由紀『学校の空気（若者の気分）』岩波書店、2011 年、55 頁

　教師自身が子ども同士のキャラ的なかかわりに加担しているという状況もみられるのだ。「派手グループを起点としてクラス運営を行えば、円滑に学校行事が進められる」、そう考える教師も少なくない。冒頭の少女も先生が「クラスの中心である派手グループと絡んで授業やホームルームを進める」状況を嘆いている。
　スクールカーストの問題に向きあってゆくためには、特にキャラのデメリットに目を向け、教師自身がそれを助長していないか絶えず内省する姿勢が求められる。「あの生徒は〇〇だから」という決めつけは、生徒をキャラ化してと

第3章　彼女はいつも陰キャラなのか？

らえる危険を多分にはらんでいるのである。

7．他者の多元性に目を向ける——偏愛マップにチャレンジ

　では、われわれは他者を一つのキャラに縮減してとらえてしまう傾向をいかに回避できるのであろうか。ここで「偏愛マップ」というワークを紹介することにしたい[16]。このワークは他者の多元性を目の当たりにするうえできわめて有効である。

第一ステージ　偏愛マップをつくる（自分の世界の表現）
　用意するものは１枚の紙（できればＡ３サイズ）とペンのみである。偏愛マップとは自分の「偏った愛」を紙面のうえに表現するワークである。「偏った愛」と聞くとマニアックな趣味ばかり書かなければならないように思われる

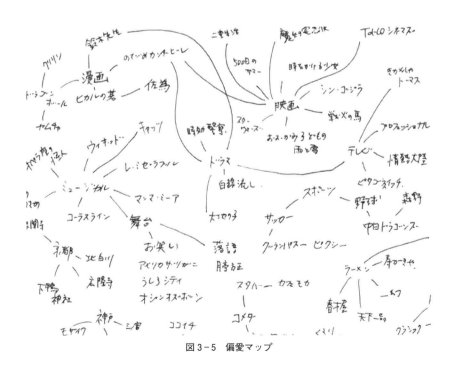

図3-5　偏愛マップ

43

かもしれないが、そんな必要はない。自分が好きなものであれば何を書いても
よい。書き方は自由。写真は一例にすぎないので、これにとらわれる必要はな
い。ひたすら自分の好きなものを書けるだけ書いてゆく。また、その際には具
体的に書くことを心がける。つまり、「スポーツ」と書くだけでは不十分であ
る。「スポーツ」→「野球」→「中日ドラゴンズ」→「ドアラ」など、可能な
限り具体化して提示する。質よりも量。しかもジャンルが多岐にわたっている
ほうがよい（その理由は第二ステージで明らかとなる）。第一ステージの制限
時間は20分～30分。もっと時間を確保できるようだったら、これ以上書けな
いというところまで時間をとってもよい。「何も思いつかない」という状況に
おちいってしまった場合は、ジャンルに立ち返ってみると書きやすい。「食べ
物」「音楽」「スポーツ」「本」「場所」「映画」など、カテゴリーごとに自分の
好きなものを書いてみるのも一つの方法である。

　「好きなもの」が何かをみていくと、相手がどんな人かが多面的に浮き彫り
になってくる。偏愛マップを行ってみると、さまざまなことに気づかされる。
「スターウォーズ」「雪見大福」「箱根駅伝」「チャイコフスキー」……が好きな
私。それらは一見すると系統性がないようにみえるが、すべてひっくるめて1
人の私である。

第二ステージ──偏愛マップを用いた対話

　第二ステージでは偏愛マップをもとに2人1組（横並び）でマッピング・コ
ミュニケーションを行う。お互いの偏愛マップを見せあい、ただおしゃべりを
する、それだけである。1組あたり、10分くらい時間を確保する。このワーク、
やってみると異様に盛り上がる。特に、ワークを行った相手と意外な趣味の接
点が見つかった場合は、歓声が上がることもある。先に偏愛マップに記す内容
は質より量、そして多岐にわたっていたほうがよいと述べたが、それは他者と
の接点を増やすためである。項目数が多く、しかも多ジャンルにまたがってい
れば、その分、他者と共通の接点が見いだせる可能性は高い。

　他者は不透明な存在である。だが、偏愛マップを用いれば、初対面の相手で
も一部が透明化される。しかも見た目の印象だけでは想像もできないような
キーワードに出会うことができる。一つのキャラのうちに単純化できないよう

な他者の姿が浮かび上がってくるのだ。

　われわれは他者のことを全面的に理解することはできない。多元的自己の論理に鑑みるならば、他者のすべての顔を知ることはほとんど不可能である。大切なのはいま、自分の目に映っている他者の顔（キャラ）を唯一のものととらえないことだ。まずは教師として子どもとかかわるさいにその点を忘れてはならない。そして子どもたち同士のかかわりに目を向けるさいにも、キャラによる他者理解の単純化を回避するような働きかけを絶えず行ってゆくことが重要なのである。

　先にみた映画版『桐島』において、映画部の前田涼也と１軍女子の東原かすみは、教室内での見かけのカーストを超えて、「映画好き」という一点においてひそかに通じあっている。逆にいえば、一点だけでも通じあえるポイントがあれば十分なのである。固定化されたキャラを貫き通すのではなく、その人自身の別の側面に目を向けることが他者理解の第一歩なのではないか。偏愛マップはそのためのヒントを与えてくれるように思う。

　さて、本章を閉じるにあたって、いま一度冒頭の少女の悩みに答えてみてほしい。応答の仕方は変わっただろうか？

注

（１）　堀裕嗣『スクールカーストの正体——キレイゴトぬきのいじめ対応』小学館新書、2015年、和田秀樹『スクールカーストの闇——なぜ若者は便所飯をするのか』祥伝社文庫、2013年など。
（２）　堀、前掲書、14頁。
（３）　鈴木翔『教室内カースト』光文社新書、2012年、6頁。
（４）　斎藤環『承認をめぐる病』ちくま文庫、2016年、27頁。
（５）　土井隆義『キャラ化する／される子どもたち——排除型社会における新たな人間像』岩波書店、2009年、9頁。
（６）　朝井リョウ『桐島、部活やめるってよ』集英社文庫、2010年、89-90頁。

（ 7 ）　堀、前掲書、15 頁。

（ 8 ）　図 3-2、図 3-3 は辻の論考をもとにしつつ一部変更を加えている。辻大介「若
　　　　者のコミュニケーションの変容と新しいメディア」橋本良明／船津衛編『子供・
　　　　青少年とコミュニケーション』北樹出版、1999 年。

（ 9 ）　平野啓一郎『私とは何か――「個人」から「分人」へ』講談社現代新書、2012
　　　　年、36 頁。

（10）　斎藤、前掲書、21 頁。

（11）　同上　26-27 頁。

（12）　同上　28 頁。

（13）　同上　22 頁。

（14）　同上　75-76 頁。

（15）　本田由紀『学校の空気（若者の気分）』岩波書店、2011 年、55 頁。

（16）　齋藤孝『偏愛マップ――キラいな人がいなくなるコミュニケーション・メソッ
　　　　ド』NTT 出版、2004 年。

【読書案内】

①鈴木翔『教室内カースト』光文社新書、2012 年。

　　生徒や教師へのインタビュー調査をつうじて、スクールカーストの実態を生々しく
描き出した本。中学生への大規模アンケートの調査結果も紹介しつつ、スクールカー
ストの構造的問題を浮き彫りにさせている。

②土井隆義『キャラ化する／される子どもたち――排除型社会における新たな人間
像』岩波書店、2009 年。

　　キャラ化した子どもたちのコミュニケーションのあり方を描き出した本。コミュニ
ケーション偏重の現代にあって、子どもたちを取り巻く関係性はいかなる様相を呈し
ているのか、「キャラ」をキーワードにその内実を鋭く分析している。

参考文献

朝井リョウ『桐島、部活やめるってよ』集英社文庫、2010 年。

齋藤孝『偏愛マップ――キラいな人がいなくなるコミュニケーション・メソッド』
　　NTT 出版、2004 年。

齋藤環『承認をめぐる病』ちくま文庫、2016 年。

鈴木翔『教室内カースト』光文社新書、2012 年。

土井隆義『キャラ化する／される子どもたち――排除型社会における新たな人間像』
　　岩波書店、2009 年。

辻大介「若者のコミュニケーションの変容と新しいメディア」橋本良明／船津衛編
　『子供・青少年とコミュニケーション』北樹出版、1999 年。
平野啓一郎『私とは何か——「個人」から「分人」へ』講談社現代新書、2012 年。
堀裕嗣『スクールカーストの正体——キレイゴトぬきのいじめ対応』小学館新書、
　2015 年。
本田由紀『学校の空気（若者の気分）』岩波書店、2011 年。
和田秀樹『スクールカーストの闇——なぜ若者は便所飯をするのか』祥伝社文庫、
　2013 年。

（井藤元）

第4章
部活って何のためにあるの？
慣習を自覚することからみえてくること

1. あたりまえのように存在する部活

　日本の中学校に入学すると、まず決めなければならないことの一つにどの部活に入るか、ということがある。基本的には中学生自身の希望どおりに入部できるのであるが、このときに「自分で選んだ」という事実が、その後、退部や転部をすることの足かせになってしまうという面もある。後述するとおり、部活顧問やその他の教師は、やめることを考えている生徒を目の前にして、せっかく入ったのだから最後までやり続けたほうがいいと助言しがちであり、途中でやめることは教育的観点からもよくないと考えがちである。他方、思春期の子どもたちにとって、興味や嗜好が移ろうことはむしろ自然のことともいえる。ここでは、部活という国際的にみてきわめて特殊な課外活動の実際やその位置づけを確認しながら、部活をやめたいと考えている生徒にたいし、それを思いとどまらせることのもたらす意味について考えてみよう。

2. 中学高校時代の思い出

―― ワーク4-1 ――

中学高校時代にもっとも打ち込んだものといえば何か。それに打ち込んだ理由は何か。

第4章　部活って何のためにあるの？

図4-1　部活
出所）筆者撮影。

　実際にかけた時間は別にして、もっとも打ち込んだのは勉学である、という人はあまり多くないだろう。それよりも文化祭や体育祭に打ち込んだという人が多いだろうし、なんといっても、日々、部活に明け暮れたという人も多いのではないだろうか。公式大会での成果に向けた連日の練習のなか、ときに厳しすぎるほどの顧問の指導にたいして部員同士で慰めあったり励ましあったりしたことを覚えている人もいるかもしれない。同じ部に所属する同級生や先輩、後輩、そして顧問の教師とは非常に多くの時間を共有することもあり、ともに喜び、涙し、といった経験はかけがえのないもので、部活以外ではなかなか得がたいものでもある。

　そして、こうした部活での経験があったからこそ、中学校や高校の教師を目指している、という人もいるかもしれない。

　また、その一方で、そうした濃密な人間関係がいやで部活をやめた経験があるという人や、やめないまでもつらい思いをしたという人もいるかもしれない。あるいは、そもそもそういう部活の人間関係や雰囲気がいやで入らなかったという人もいるかもしれない。

　なお、ここでは、多くの運動部や吹奏楽部のように、ほぼ毎日「練習」があって、公式の「大会」があり、夏休みの長期休暇が強化期間となるような部の活動および部そのものを主たる対象とし、「部活」と呼ぶことにする。

49

3. 硬直した権力関係がもたらすもの

先輩という権威

　中学に入学して部活に入ると、それまでにはあまり明確とはいえなかった学年・年齢の違いによる上下関係が意識化させられる。たとえば、小学生のうちは小学1年生が6年生にたいして「ミカちゃーん」などと呼ぶこともあるのだが、部活では上級生に向かってそのような呼び方をすることは基本的にはないし、そのような呼び方をしないようにしつけられる。部活でなくても中学に入ればほぼ同様だと思うが、部活の場合のほうがそれに違反した場合の罰が厳しい。呼び方以外にもさまざまな面で上下関係があることが多く、たとえば、後輩がボール拾いをするとか、部室の掃除担当になるとか、遠征のさいに必要な練習道具を持ち運びするといったことが挙げられる。

ワーク4-2

部活の先輩から理不尽なことを言われたときに反論できるだろうか。どの程度のことなら反論し、どの程度のことなら反論しないだろうか。

　先輩後輩関係のしきたりは、社会に出てから困らないように、という理由が挙げられることが多いように思うが、さて本当にそうだろうか。たしかに、新卒一括採用で年功序列賃金、終身雇用といった雇用慣行に適応するためには、部活で先輩後輩関係を学ぶことは有用かもしれない。しかしながら、グローバル化の影響もあって、日本の雇用慣行も徐々にではあるが変化しつつあるので、注意したほうがいいかもしれない。なにより、先輩たちの練習を見ているときの姿勢が悪いだとか、先輩にたいするあいさつの声が小さいだとか、些末なことで後輩を萎縮させることに問題があるということを自覚したほうがよいだろう。もちろん第三者から見たときにも、練習を見学しているときの姿勢がよくて、あいさつの声が大きいほうが心地よいものである。とはいえ、誰だって連

日のように他人の練習を長時間見続けるのはおもしろくないだろうし、そもそも地声が大きくない子もいるだろう。そのように考えると、なぜ、練習を「する」のではなく「見る」時間が長くなることがあるのか、そして、なぜ、必要以上に大きな声を出してあいさつする必要があるのか、という問いがでてきてもおかしくない。

野球をせずに野球をする

　練習を見る時間が長くなるという事態は、部員数が少ない場合にはまず生じず、部員数が多い場合、とりわけ集団競技の部活の場合に生じるものであると考えられる。

　人気のある部活の場合、部員数が膨大となることがあり、たとえば、野球部員やサッカー部員が100人以上という学校も珍しくない。野球やサッカーの専用グランドがある学校は恵まれていると思うが、そのような場合でも、練習に参加できる時間には人によってどうしてもムラが生じてしまう。技術レベルの高いいわゆるレギュラークラス、そして上級生が優遇されるのはそのような環境的な制約からやむをえないと考えるのが普通である。

　しかし、ではなぜその環境的な制約を変えようとしないのだろうか。

　変えるとするなら、部員数に見合った施設を整備するか、施設に見合った部員数にするかのどちらかである。野球は1チーム9人、サッカーは11人でゲームをするので、多少の交代要員が必要だとすると、100人を超える部員の場合、少なくとも6チームから8チームができることになる。これだけのチームが同時に練習するとなると、広大なグラウンドが必要になる。野球やサッカーの専用グランドを1面確保するのも大変なのに、3面も4面も確保できる学校はほとんどないだろう。

　だとすると、部員数を減らすしかない。ここで、部活は希望者が全員入部できるという点がいいのだから、選抜性にすることによって好きなスポーツなどをする機会を奪うことはよくない、という意見が出てくるかもしれない。実際、公式戦どころか練習試合にすらあまり出場することなく引退を迎え「試合には出られなかったけど、ここの野球部でみんなと野球ができて本当によかったと思います」といった感想も出てくる。しかし、公式戦に一度も出ずに、あるい

は練習試合ですらほとんど出場機会がなかったにもかかわらず、「野球ができた」といえるのだろうか。観客の立場に立って考えるとよくわかるのだが、野球を見に行くというのは、キャッチボールやノックのシーンを見に行くわけではなく、ゲームを見に行くのである。その意味で野球というのはゲームであり、ゲームをしなければ野球をしたことにはならない。それにもかかわらず、試合に出られずに引退を迎えた生徒が「みんなと野球ができてよかった」と言ってしまうのには、野球そのもの以外に部活に参加したことの喜びのようなものがあるからにちがいない。

　たとえば、それは、最後までやめずに継続したことにたいする周りからの賞賛であり、長い時間を共有する仲間との人間関係の構築といったものであろう。最後までやめずにやり遂げることや、集団組織のなかで自らの役割を見いだすことは、部活をつうじて醸成される重要な価値観ともいえるが、あらためて問い直してもよいかもしれない価値観だと考えることもできる。

あいさつからみえる権力関係

　本来、あいさつは、あいさつする相手に聞こえる程度の声で伝えれば十分であり、また、その場にいる者全員が同時に声を合わせる必要もない。先に、大きな声でのあいさつは心地よいと述べたが、おそらくそれは大きな声でそろってあいさつされることで優越感のようなものが生じるからではないかと思える。つまり、大声であいさつすること、しかも何人もそろってあいさつすることは、

目下であることの表明となっているのである。こうしたことが求められるのはもっぱら後輩であることからもそのことがいえそうである。

　そして、後輩が目下であることの表明はあいさつ以外にも、上述のとおり、呼称やボール拾いなどさまざまあり、先輩後輩の上下関係を構築している。さらに、先輩後輩関係を凌駕する地位に顧問が位置づけられている。顧問－先輩－後輩と

いう序列は、ときに絶対的なものとなり、いったんそうなってしまうと序列が下の者は、どんな理不尽なことでも受け入れなければならず、序列が上の者が絶対的権威として振る舞うことにもつながる。また、同じ顧問であっても、強豪校の顧問は顧問同士のなかでも上位に位置づけられることがある。都道府県レベルの強豪校の顧問が他校の顧問や保護者から神のように扱われることもあると聞くし、学校内でもその実績がときに過分に評価される。こうした状況に置かれると、実績を上げた顧問は、本人にも当初はその気がなかったとしても、周囲に持ち上げられているうちに、制度上可能な権限以上のものを行使してしまうことがあるのかもしれない。

　そして、必要以上の権限を行使する顧問を、先輩が後輩に接するときのモデルにしてしまうことが問題であり、さらには、顧問が部活を管理する名目でその序列構造を黙認し利用してしまうことが問題である。つまり、体罰をはじめとした理不尽な指導や有無をいわせない命令を先輩が後輩にしたり、部員だけの不合理な規則をつくったりして後輩たちの行動をがんじがらめにすることが問題なのである。そして、顧問が、部活内の秩序が（過度であっても）保たれていればよいと考え、その裏で後輩たちがつらい思いをしているかどうかを問わないことが問題である。そして、不合理なやり方で先輩たちからいやな思いをさせられた後輩は、自らが先輩になったとたんに、今度は仕返しとばかりに自分たちの後輩に同じことをしてしまうことがある。部の伝統という名で語られる、負の世代間連鎖である。

「レギュラー」の権威を維持するために

　集団競技に限られるが、部活には、先輩の権威に加え、「レギュラー」の権威もある。個人競技であっても、競技レベルの高い生徒に権威がつくことはあると思うが、集団競技の場合、同学年でも試合にフルで出場する生徒とまったく出場しない生徒が共存したりすることがあるので、その格差は歴然としたものとなる。試合が近づくと、レギュラーや準レギュラーには試合に向けた実践的な練習が繰り返されるが、補欠や試合に出る見込みのない後輩たちは自分たちの練習時間がいつも以上に短くなったりする。そして、試合当日はレギュラー以外の生徒たちはレギュラーメンバーたちのためにあれこれと世話をした

り、応援の声を張り上げることが求められたりする。

　レギュラーと補欠の格差が大きいので、レギュラーはその地位を確保するために必死にプレーする。試合の途中で足に違和感を覚えたり、厳しいプレーの連続のなかを走りすぎて意識がもうろうとしたりしても、弱音を吐いたり、自ら交代を申し出たりすることは許されない。そのようなことをしたら、次の試合からレギュラーを外されてしまうかもしれないからである。顧問が「すぐに痛いとか言うな」とか「気持ちで走れ」とか言うこともあるし、少なくともその可能性を生徒たちは察しているものである。

　フラフラになりながらも必死で走っている姿、最後までひたむきにプレーしている姿は見ている者に感動を与えることも多い。勝ち負けではない重要なものがあると訴えかけてくる。そして、高校野球の場合がとりわけそうなのだが、テレビや新聞が、敗者のひたむきなプレーを賞賛して解説をしたり、ベンチに入れずに応援席にいる部員たちの必死の声援に焦点を当てたりする。

　しかし、必死さを賞賛することが、プレーヤーのケガを悪化させたり長引かせたりすることになるかもしれないし、ひょっとしたら将来の金の卵を潰すことにさえなりかねない。高校野球のピッチャーの球数問題はまさにこの問題である。本人が投げさせてほしいと言ったからなどと、そういうときに限って生徒の自発性を尊重するようなことが持ち出されることもあるが、部活という組織的な特徴から、他の場面でどこまで自発性を尊重しているかというとかなり疑わしいことが多い。後悔させたくないといった言い訳も、若者の将来にたいする責任放棄に聞こえる場合もある。

　このように、見る者たちの感動や、公式大会の主催にもなったりするマスコミの美学のようなものが、若いアスリートのからだや将来よりも優先していると考えられるのである。

── ワーク4-3 ──

中学生や高校生の健康問題にはどのようなものが挙げられるだろうか。できるだけたくさん挙げてみよう。

....

....

....

健康とは何か？

　日本では、一般的に「風邪を引いた」「インフルエンザにかかった」など、内科に診察を受けに行く必要のある状態のときに「健康ではない」と言う。精神的にしんどいときにも「健康ではない」と言うかもしれないが、ケガをしているときに「健康ではない」とはあまり言わないだろう。また、「健康には気をつけて」と言うときに、ケガをしないようにという意味を込めることはあまりないだろう。

　他方、欧米ではケガのときにも unhealthy（英語の場合）と言う。考えてみれば、病気だろうがケガだろうが、医者の診察を受けて必要に応じて処方してもらったりするわけだし、なによりも、「健康」保険は内科も外科もどちらもカバーしている。それにもかかわらず日本人がケガを健康の問題とイメージしにくい理由として、部活を含めた日本のスポーツ界におけるケガにたいする価値観が深くかかわっているように思える。相当痛がって立てないようなときでさえ、「そのくらいで痛がるな」とか「早く立て」といった指導がなされることもあれば、「ケガをして一人前」みたいな言い方がなされることもある。熱中症の危険度が高い猛暑のなかでも、大会スケジュールの都合を優先させて試合がなされたりすることもこの延長線上にあると考えてよいだろう[1]。

4．集団組織への献身的貢献から主体的学びへ

なぜ部活にかける時間が長くなるのか

　最近、部活は「ブラック部活動」などと揶揄されることもあるが、ブラックであることの一つの要因は拘束時間の長さであろう。顧問の教師からみればそれは第一に労働問題である。スポーツ庁が 2018 年に発表した「運動部活動の在り方に関する総合的なガイドライン」には、平日、休日それぞれ週当たり 1日以上、計 2 日以上の休養日を設けること、そして、平日の活動時間は 1 日に 2 時間程度、休日は 3 時間程度との記載があり、部活の現状を考えるとかなり画期的である。ただし、ブラック部活動の真骨頂は週末と長期休暇期間中の拘束時間であると考えられるので、たとえば、週末や夏休みに丸一日かけて練習試合をした場合に、さらによぶんに休養日を設けられるかというあたりがポイ

ントとなるだろう。そんなに休養ばかりしていてはうまくならない、とか勝てないと思う人もいるだろうが、そう思うこと自体が部活の長時間拘束問題の解決を阻んでいると考えることもできる。

　おそらく多くの部活の顧問は、生徒たちが練習をしない日が続くことによる競技力の低下をおそれている。練習をすればするだけ競技力が向上するという考えのもとで半ば強迫的に練習を繰り返しているといえるかもしれない。神奈川県教育委員会が 2013 年に実施した調査[2]によれば、運動部の週あたりの適当な活動日数を 6 日以上と考えている教師は、なんと 35.1％にものぼる。この数字は、2007 年の 30.3％よりもむしろ増加しているほどである。ある種の練習オフ恐怖症である。海外に比べて過剰なほど練習量が多く、夏休みが強化期間で学期中以上に部活に打ち込む話をすると海外の人は目を丸くして、こう尋ねてくる。

　「夏“休み”なんでしょ？？」

　また、部活に拘束される時間が長くなる理由の二つ目として、日本の教師が、生徒 1 人ひとりに寄り添いながら彼ら／彼女らの個性を把握すべきだと考えていることが挙げられる。生徒が教室で見せない側面を部活で示すことがあり、それを知ることでより適切な生徒指導ができると考えたりするわけである。

　三つ目の理由は、生徒たちに自由な時間を与えすぎると、何をしでかすかわからないので、放課後や長期休暇にめいっぱい部活をさせることは意味があるという考えである。この考えは、校内暴力全盛の 1980 年前後に定着したものであり、その当時は、不良が放課後や休日に繁華街で悪さしないために部活でヘトヘトにさせる、部活内で問題行動を起こしたらそれこそ顧問が殴ったり蹴ったり怒鳴り散らして改めさせる、といったことが珍しくなかった。当時に比べれば、体罰による指導はずいぶん減っているが、依然としてこうした意味での生徒指導の一環として部活が機能していることはまちがいないだろう。

滅私奉公

　部活にかける時間が長くなることは、その分どこかにしわ寄せが行くことになる。プライベートな時間がなくなり、教師にとっては授業準備にかける時間が、生徒にとっては予習や復習などの時間が短くなることを意味する。

自ら進んで部活にすべてを捧げるような顧問は、こうしたしわ寄せをしわ寄せとも思ってないかもしれない。スポーツ推薦での進学を目指している生徒やその保護者も同様かもしれない。それ自体は個人的な問題なので取り立ていうべきではないが、問題なのは、そういう考えをもつ顧問や生徒が所属している部活が大会等で実績を上げている場合、その顧問や生徒、ときには保護者までもが大きな権限をもってしまい、結果として、特定の子どもが授業そっちのけで部活に集中し、そのことにまったく悪びれなかったりすることである。そして悪びれないことを問題視するどころか、学校の評判に大いに貢献していることを鼻にかけて、校内でわが物顔で振る舞い、管理職さえ黙らせてしまう顧問や保護者もいる。

　他方、部活の顧問業務にかける時間の少なくとも一部を授業の準備にあてたいと思っている教師、家族との時間にあてたいと思っている教師もいる。なかにはそう思っても、部活は中高の教師にとって重要な業務であるからやむをえないと考える人も多いだろう。生徒や保護者のなかには、中高の教師にとって部活は本業の一部であると信じている人もいるが、しょせん課外活動である。本来の業務である正課の活動以上に負担（感）を強いられることはそもそもおかしなことである。

　家族を犠牲にしてまで仕事をする教師の姿は、高度経済成長期のジャパニーズ・ビジネスマンを彷彿とさせるが、部活を除いた労働時間であっても国際的にみれば十分に長いので、教師が部活にかけている時間の大幅な削減は喫緊の課題である。どうしても部活に打ち込みたい教師は例外的に扱う必要があるだろう。

　一方、生徒にとっては、部活に入ることにより家族との時間が急激に減る。国際比較のデータ[3]では、日本の若者が親にたいして反抗する割合がとりわけ高いことが示されているが、ひょっとしたら、部活がその背景にあるのかもしれない。家族愛を子どもたちに教育すべきだと声高に主張したり、親子のコミュニケーションが不足していると嘆いたりする「最近の若者」論者にはぜひ、若者が家族と共にする時間を奪い、家族を大事にしないように仕組まれている部活のあり方に目を向けていただきたい。

　なお、海外では、トップアスリートのレベルは別にして、中学校レベルであ

れば、練習は週に2回程度、1回につき1時間半から2時間の練習が一般的であり、複数のスポーツや芸術活動をかけ持ちしている例も多い。また、トップアスリートのレベルも含め、夏休み中に休みがほとんどないということはまずない。

部活の闇

　先述のとおり、部活は課外活動であり、生徒にとっても教師にとっても本来は自発的な活動のはずである。中学校の学習指導要領にも、総則の「第5　学校運営上の留意事項」に以下のように記載されている（高校の学習指導要領にも同一の文言で記載されている）。

　　教育課程外の学校教育活動と教育課程の関連が図られるように留意するものとする。特に、生徒の自主的、自発的な参加により行われる部活動については、スポーツや文化、科学等に親しませ、学習意欲の向上や責任感、連帯感の涵養等、学校教育が目指す資質・能力の育成に資するものであり、学校教育の一環として、教育課程との関連が図られるよう留意すること。その際、学校や地域の実態に応じ、地域の人々の協力、社会教育施設や社会教育関係団体等の各種団体との連携などの運営上の工夫を行い、持続可能な運営体制が整えられるようにするものとする。

　周知のとおり、実際には、教師が事実上義務的に顧問を引き受けさせられたり、生徒が事実上義務的に入部させられたりすることが多い。しかも、部活の実績は、教師本来の業務である教科指導以上に評価の対象となることがあり、生徒にとっては教科の成績以上に評価の対象となることがある。また、クラスメートより部員同士のほうが共有する時間も長いことが多く、かけがえのない友情が育まれることもあれば、トラブルやいじめの場となることも多い。

　部活がクラスよりもいじめの場となりやすい[4]のは、たんに共有する時間が長いというだけではない。先述のような先輩・後輩やレギュラー・補欠の序列にとどまらず、さまざまなローカルルールが存在し、暗黙のものも含めて決まりごとでがんじがらめになっているという面を見逃すわけにはいかない。そして、長時間同一メンバーで過ごすこともあって、結果として閉鎖的な集団組

織となってしまいがちである。顧問という絶対的な権威が存在し、その下に明確な序列、そして数多くの規律と閉鎖性という構造は、日本のスポーツ界全体にもいえることであり、昨今のスポーツ界のパワハラ問題にも深く関連していると考えられる。部活の顧問は、こうした部活の構造的問題を自覚し、担当している部活に不合理な決まりごとはないかを確認し、できるだけ外部との風通しをよくする工夫をすることが求められる。

主体的な学びを部活から

部活にある程度適応している生徒であっても、顧問の指導の仕方や先輩との関係、あるいは他の活動に興味が湧いてきたことなどを理由に途中で退部したいと考えることがある。

── ワーク 4-4 ──

一度入部した部活をやめることはよくないという考えがあるが、その考えにたいしてあなたはどのように思うか。それはなぜか。

退部するかどうか悩んでいる生徒にたいする対応として一般的な方法は、慰留であろう。日本では、部活に限らず、一つのことを選んだら最後までやり遂げるべき、という考えが支配的であり、特に部活の場合、途中でやめることにたいする抵抗は本人も含め非常に強い。この一途主義ともいうべき価値観は、ある種のひたむきさや純粋さを連想させ、若者が採るべき道にもみえる。しかし、冒頭で述べたとおり、多感な時期にある若者だからこそ、興味を一つのものだけに絞りきれなかったり、幅が広がったり、移ろったりするものでもある。部活が生徒たちの自発的で主体的な活動であるという原点に立ち返るなら、若者自身の興味や関心の芽をつぶしてはならないはずである。

不登校の子どもにたいして、無理をして学校に行かなくてもよい、という考えは以前より理解されるようになっている。学校に行けない、行かないことについても寛容になっているのであるから、部活に参加しないこと、やめること

にも寛容になることは難しくないはずだ。

　海外の中高生の課外スポーツの現場では、子どもたちが本当に楽しそうにスポーツをしている。おそらくつまらなくなったらやめるのだと思う。ニュージーランドにラグビー留学していた日本人高校生は「日本を出る直前はラグビーがおもしろくなかったけど、こっちに来てから楽しくなった」と言っていた。また、18歳以下でドイツのトップレベルのホッケー・チームを率いるコーチは、チームの第一の目的を「楽しむこと」と言っていた。こうした事例に照らすとますます、部活が国際的な観点ではきわめて独自な課外活動であり、英語表記でbukatsuとするのが適当であると考えられる。

　「主体的な学び」は日本の学校教育の周辺で近年しばしば見聞きするフレーズだが、本来、課外活動である部活だからこそ、むしろ率先して「主体的な学び」の場となるべきであり、それに向けて取り組むのは難しくないのではないだろうか。ただ、そのためには、がんじがらめになっている部活の決まりごとを一つひとつ見直す必要がある。部活では、生徒が自ら進んで考えることを否定し、顧問や先輩からの指示待ちを強いられることが多い。こうした慣習に自覚的になり、そうした慣習を継続させているような仕組みを変えていく必要がある。もちろん、部活にとどまらない文化的な背景も密接にかかわっているので簡単な話ではない。しかし、生徒たちが部活で主体的に学べるようになり、それが教科をはじめとする正課の学びにつながっていくのであれば、これまでとは違う部活の存在価値を示せるように思う。

注
（1）　2009年8月、大分県の公立高校の剣道部で、練習でフラフラになっている生徒にたいして、顧問がそれを演技とみなしたうえで体罰を加え、不幸にも、その生徒が救急車で搬送され亡くなるという痛ましい事件があった。この事件では体罰がクローズアップされがちであるが、そして体罰自体はもちろん大問題であるのだが、それだけでなく、この事例は、部活の指導者が、外科的な意味での「健康」にあまりに無頓着であった例であるともいえる。
（2）　神奈川県教育委員会　『中学校・高等学校生徒のスポーツ活動に関する調査報告書』2014年、124頁。
（3）　日本青少年研究所『中学生・高校生の生活と意識』2009年（http://www1.odn.

ne.jp/~aaa25710/reserch/（2018 年 12 月 14 日参照））。

（4）　加藤芳正「近代の学校教育と暴力——「体罰」と「いじめ」を中心に」『スポーツ社会心理学研究』22（1）、2014 年、19 頁。

【読書案内】
①**中澤篤史『そろそろ、部活のこれからを話しませんか——未来のための部活講義』**大月書店、2017 年。

　部活の歴史を丁寧にひもとき、現在の部活がどのような文化的、制度的背景のもとに成立しているかをわかりやすく説明している。そのうえで、現在の部活の問題点を確認し、未来への展望を論じている。

②**内田良『ブラック部活動——子どもと先生の苦しみに向き合う』**東洋館出版社、2017 年。

　学校での重篤なスポーツ事故や教師の過剰労働の背景について、部活の問題にとどまらず、日本の学校教育のブラックな側面を教育社会学的観点からデータと資料を駆使して多面的に論じている。

③**尾見康将『日本の部活（BUKATSU）——文化と心理・行動を読み解く』**ちとせプレス、2019 年。

　勝利至上主義、気持ち主義、一途主義、減点主義という四つの主義から、日本の部活を取り巻く文化的側面と、関係する人々の心理と行動を読み解く。日本の部活への文化心理学的観点からのアプローチ。

参考文献

神奈川県教育委員会『中学校・高等学校生徒のスポーツ活動に関する調査報告書』2014 年。

加藤芳正「近代の学校教育と暴力——「体罰」と「いじめ」を中心に」『スポーツ社会心理学研究』22（1）、2014 年、7–22 頁。

長沼豊『部活動の不思議を語り合おう』ひつじ書房、2017 年。

中澤篤史『運動部活動の戦後と現在——なぜスポーツは学校教育に結びつけられるのか』青弓社、2014 年。

日本青少年研究所『中学生・高校生の生活と意識』2009 年（http://www1.odn.ne.jp/~aaa25710/reserch/　（2018 年 12 月 14 日参照））。

島沢優子『部活があぶない』講談社現代新書、2017 年。

友添秀則『運動部活動の理論と実践』大修館書店、2016 年。

（尾見康博）

第5章
「弱さ」は克服しなくてはならないのだろうか？
いま求められるレジリエンス

1. 教育において「弱さ」はどのようにとらえられてきたか

　教育とはどのようないとなみかという問いにたいして、「未熟な存在を成長させるいとなみ」というのは典型的な答えの一つだろう。子どもにたいする教育を例にイメージを膨らませてみると、教育の舞台に登場する子どもたちは（大人と比較して）心身ともに未熟な存在であり、その未熟さゆえに失敗を繰り返したり、簡単に傷ついたりもする。また、自らを守るのに十分な諸能力をもちあわせていないことから、さまざまな場面で被害者や犠牲者となることも多い。このような子どもの特性に見いだされる不完全さ（imperfection）や傷つきやすさ（vulnerability）を、この章では「弱さ」と呼んでみることにしたい。

　さて、冒頭で述べたように、教育が「未熟な存在を成長させるいとなみ」としてイメージされるとき、それは教育が「「弱さ」を克服するための働きかけ」としてイメージされていることに等しい。こうした教育観の背景には、子どもを大人とは異なる特別の配慮（その一環としての教育）を必要とする存在、とみなす見方がある。近代の教育は、①子どもの可塑性（変化してゆける力）に期待し、必要だと考えられるものを外側から積極的に付与しようとする立場と、②子どもがもともともっている内なる素質を引き出し開花させようとする立場という、二つの立場に大別できる。これら二つは、子どもへのかかわり方という点では正反対のもののようにみえるが、子どもを「弱い」（不完全で傷つきやすい）存在としてとらえ、その「弱さ」を克服するためのいとなみを教育とみなす、という点においては共通しているともいえる。要するに、教育は子どもの「弱さ」に働きかけるいとなみとして考えられてきたということなのである。

２．弱い自分は嫌い？

　ここまで近代的な教育の文脈において、「弱さ」がどのようにとらえられて
きたかについてみてきたが、今度は視点を自分自身に移してみよう。

── ワーク５-１ ──

　　・あなたの「強み」を挙げてください。
　　・あなたの「弱み」を挙げてください。
　それぞれできるだけたくさん挙げてみよう。制限時間は各２分程度とする。
　「強み」：

　　　　　　　　　　　　　　　　　　　　　　　　　　　　　　　　　　

　　　　　　　　　　　　　　　　　　　　　　　　　　　　　　　　　　
　「弱み」：

　書き終えたら、いくつか確認してほしいことがある。まずは、「強み」と
「弱み」、どちらが書きやすかったかということ。数がたくさん挙げられたのは
どちらか。書き始めるまでに時間がかかったのはどちらか。また、それぞれに
ついて、書いているうちにどんな気分になったか。どんな身体感覚（息苦しさ、
こわばり、痛みなど）が生じたか、丁寧に振り返ってみよう。
　「人に「弱み」を見せてはいけない」「「強み」が多いほうが、人に良い印象
を与える」。自分のなかにあるそうした思い込みに気がついた人もいるかもし
れない。前節をふまえれば、それは「弱さ」を否定・克服の対象とみなす教育
をつうじて形成されてきたのかもしれない、とみることもできるだろう。また、
「弱み」ならいくらでも書けるが、「強み」はあまり思いつかなかったという人
もいるかもしれない。差し支えのない範囲で、他の人と共有してみるのもよい
だろう。「強み」に共通する特徴はあるか。「弱み」についてはどうか。吟味し
ていくうちに、「弱み」に比べて「強み」にはあまり多様性がない、といった
ことを発見する人もいるかもしれない。
　こうした確認をしてみるのは、まずは自分のなかにある「弱さ」や「強さ」

についてのとらえ方の癖を相対化するためである。そのうえで、その癖が自分自身の物の考え方や感じ方にどのような影響を及ぼし、どのような傾向や問題を生みだしているのかを確認していくことになる。つまり、このワークは単純に個人の癖を見直すものにとどまらず、1人ひとりの受けてきた教育や、それを生みだした制度、及び歴史的文脈のとらえ直しへと展開していく可能性を秘めているのである。

3.「弱さ」への注目

　ここまでで、すでに自分のなかに「弱さ」を否定的にとらえる見方があることに気づいた人もいれば、別の見方をしていることに気づいた人もいるだろう。ここではその見方の背景にあるものを、さらに掘り下げてみていこう。

　すでに述べたように、「弱さ」という観点から整理すると、一般に近代の教育においては、「弱さ」は克服すべき課題と位置づけられてきた。そして、その最終目標として思い描かれる「望ましい人間」像とは、合理的・理性的に振る舞うことのできる、自律的な主体としての個人であると考えられてきた。ただし、当然のことながら、こうした考えからは、子どものみならず、人間ならば誰もがもっている「弱さ」を否定的にとらえる見方が導かれることになる。

　しかし、その見方は本当に正しいのだろうか。自分を取り巻く環境や、周囲の人々との関係の変化によって、影響を受けずにはいられない、相互依存（interdependent）の網の目のなかにある私たちの暮らし。1人では十分に生き延びることさえできない、私たちの生のままならなさ。そうした事象について、それもまたいつかは克服されるべき「弱さ」だと言いきることは、本当にできるだろうか。

　哲学者・中村雄二郎（1925–2017）は、こうした疑問に真正面から取り組んだ論者の1人である。『臨床の知とは何か』（1992年）において、彼は、「弱さ」を克服し「強く」なるプロセスを突き進んできたはずの現代社会が直面した、環境汚染や公害問題など事例にとりながら、現代という時代が「われわれにとって痛みや苦しみを被る機会が多くなり、病いや死の脅威もいっそう大きくなってきた」時代であることを指摘した。そして同時に、そうであるにもかか

わらず、「そのような事態に対してわれわれ現代の人間、〈文明社会〉の人間は、およそ不用意であり、それに対処する知を欠いていた[1]」と彼はいう。

　言い換えるなら、私たちには「弱さ」に「対処する知」が欠けていると、中村は指摘しているのである。近代型の「弱さ」の克服が行きづまりをみせるなか、私たちはどのようにして「弱さ」と向きあい、それに寄り添うことができるのか。はっきりしているのは、発想の転換が必要だということである。「弱さ」を肯定的に語り直す文脈が登場するのは、このような経緯においてのことであった。

　国内に限っても、1990年に入ってから「弱さ」を主題とした著作が相次いで刊行されている。例えば、前出の中村による『術語集Ⅱ』(1997年)には「弱さの思想」という項目が設けられているほか、臨床哲学を提唱した鷲田清一(1949–)による『〈弱さ〉のちから──ホスピタブルな光景』(2001年)も「弱さ」のとらえ直しの好例である。

　鷲田は「迷惑をかけられる」関係を肯定的にとらえ直し、「ひどい「めいわく」をひとにかけられるような関係をだれかとのあいだでもちえたということに「ありがとう」……。が、そういう関係のなかではきっと、その関係のもう一方の端から、「めいわくかけてくれてありがとう」という声も生まれているはずだ[2]」という見方を提示してみせた。さらに、鷲田は「〈弱さ〉はそれを前にしたひとの関心を引きだす。弱さが、あるいは脆さが、他者の力を吸い込むブラックホールのようなものとしてある[3]」とし、「弱さ」を力の欠如とみなすのではなく、むしろそれ自体が他者に働きかける力であると位置づけ直してもいる。

　他者の力を吸い込む「弱さ」の力。「弱いロボット」という斬新な提案をする、岡田美智雄もまた、このような「弱さ」のとらえ方をわかりやすく示してくれる1人である。例えば、岡田(とそのチーム)が制作した「ゴミ箱ロボット[4](Sociable Trash Box)」はその典型である。「ゴミ箱ロボット」は動くゴミ箱である。ただし、動くとはいっても、最近流行のロボット掃除機のように、自らゴミを回収する機能はついていない。ただのゴミ箱に、静止したままではなくて、その辺りをヨタヨタと動き回ることができる機能がついているというだけのものなのである。しかし、動くことによって面白いことが生じるという。

65

それは人間の興味を引くということ。「なんだコイツは？」と興味をもった人間は、試しにそこにゴミを捨ててみようとする。つまり、「ゴミ箱ロボット」は、ロボットとしては未完成ともいえるその姿によって、効果的に人間のアシストを引き出し、結果としてゴミ集めに成功するのである。岡田は、この「ゴミ箱ロボット」をはじめとする「弱いロボット」について、その「弱さ」ゆえに「思わず人の関心を引き出したり、お互いをつなぎ合わせるようなちから[5]」をもつと述べている。そして、その力は、人の助けがなければ生き延びることさえままならない「弱い」存在としての乳幼児が、養育者の関心を引きつける姿とも重ねられている。

　こうした「弱さ」によってもたらされる他者への関心、そしてそれが取り結ぶ関係は、「ケア」、もしくは「ケアリング」という言葉で言い表すこともできる。この分野における先駆的な研究としては、メイヤロフ（Mayeroff, M.）による『ケアの本質——生きることの意味』（1971年）、ギリガン（Gilligan, C.）による『もう一つの声』（1982年）が挙げられる。ノディングス（Noddings, N. 1929–）による『ケアリング』（1984年）もまた、先行するケア論を教育哲学の立場ではじめて体系的に論じた著作であるという意味で重要である。「ケア」の視点からの学校教育改革への試みを論じた『学校におけるケアの挑戦——もう一つの教育を求めて』（1992年）も含めて、「弱さ」を媒介に生まれるつながり、「弱さ」が生みだすケアリング関係が教育の主題としてとらえ直されている点が注目に値する。

　以上のことからみえてくるのは、そもそも人間の経験とは、「弱さ」を克服し「強く」なるという成長物語を大きく超えるものなのではないか、ということである。どうすることもできない「弱さ」から、目をそらさずにもがくプロセスのなかにこそ、その人らしさ、個性と呼ばれるものが立ち現れてくることがあるのではないか。「弱さ」を克服し「強く」なるという右肩上がりの成長モデルに代わる、「弱さ」との新たな関係を私たちはどのように考えていくことができるのだろうか。

4．「ありのままの自分」でいい？

ここで個性という言葉を持ち出したが、それと関連して、「弱さ」が積極的に語られるようになったのと同じ、1990年代以降にみられるようになったある特徴についての、教育学者相馬伸一の考察が興味深い。相馬によれば、オリコン株式会社のチャートにのぼった年間ヒット曲の歌詞に注目してみたところ、90年代から「「自分らしく」「自分なりに」「ありのままの自分」というメッセージを盛
り込んだ「自分ソング」ともいうべき歌が大ヒットしている[6]」というのである。

―― ワーク5－2 ――
自分の「弱さ」を認めることや、「自分らしさ」「ありのまま」を肯定するような歌を、思いつく限りたくさん挙げてみよう。

「弱さ」を認めることと、「自分らしさ」や「ありのままの自分」を肯定することとはたしかに重なる部分が大きい。たとえば、相馬が「自分ソング」の頂点と形容する「世界に一つだけの花」に見いだされる、「人間は、一人ひとり違う種を持つ Only one な存在であるというメッセージ[7]」は、「弱さ」をむやみに克服しようとしたり、排除・隠蔽したりすることなく、「弱さ」をそのまま尊重する立場の表明だと言い換えてもほとんど違和感がないのではないだろうか。ありのままの「弱い」私でも、「弱い」あなたでも大丈夫というメッセージ。こうしたメッセージが歓迎される状況から、みえてくることとは何な

のだろうか。私たちと「弱さ」との関係はどのように変化してきたといえるのだろうか。

── ワーク5−3 ──

あなたは「弱さ」を隠さない生き方について、賛成ですか、反対ですか。理由もあわせて考えてみよう。

賛成・反対・どちらともいえない

理由：

....

....

　これだけ「自分ソング」が流行している以上、賛成多数なのかもしれないが、きっと理由づけはさまざまだろう。また、逆説的な言い方にはなるが、これだけ流行っているからこそ、反対派も少なくないのではないか。たとえば、「弱さ」を克服しようとしないなんて、向上心がなさすぎると、内心苛立っている人もいるのではないだろうか。欠点を克服しようと懸命に努力する自分の前に、恥ずかしげもなく「弱さ」をさらけ出して生きている人が現れたら、「甘えている」「世の中を甘く見ている」などの否定的な感情が生じても仕方がないようにも思える[8]。また、お節介にも「そんな生き方は危険だ」とハラハラしている人だっているかもしれない。というのも、「弱さ」をさらけ出すということは、他者がそこにつけ入る隙を与えることを意味するからである。たとえば、相手を信用して弱音を吐いたつもりが、無断でそれを口外されて社会的信用を失うといったケースなどを考えてみればよくわかる。だとすれば、やはり「弱さ」は少なくとも人目につかないように隠すほうが安全なのではないか。

　もっと別の見方もできるかもしれない。「弱さ」を隠さない生き方を公言する人のなかには、「弱い自分を変える必要はない」という言葉を盾に、世間一般からすると間違っている（ように思える）行動を「自分に嘘はつけないから」と押し通すような人もいる。それをただのわがままとどう区別できるのだろうか。あるいは、「弱さ」ゆえに抱いた率直な本音（という名の暴言）を「弱い」人から衝動的にぶつけられるような経験をしたとすれば、どうだろうか。「ありのまま」を肯定する人にたいして、嫌気がさしたとしても無理はな

いかもしれない。

5.「弱さ」を認めることの困難

　以上のような場面は、おそらく極端なものというわけではなく、「弱さ」を
めぐって私たちの身の周りで日常的に観察されるものといえるだろう。助けを
求めたくても求められない。弱音を吐くこともできない。そのような関係がど
れほど息苦しいものであるかは、容易に想像できる。誰しも何かが上手にでき
る自分、他の人より優れている自分（つまり、「強い」自分）を認められるこ
とに、素朴な喜びを感じる反面、「強み」をなくした「弱い」自分を必要とし
てくれる人が１人もいないような社会に安心して暮らすことは難しいだろう。
とはいえ、開き直りの現状肯定に終始することには違和感を拭えない。結局は
受け入れられる「弱さ」にも限度があって、「弱い」まま（ありのまま）でい
いというのは理想論にすぎないのではないか。いずれにしても、ありのままの
自分でよい、ありのままのあなたでよい、こうした語り方にたいして、私たち
はどっちつかずのアンビバレントな思いを抱かざるをえないものなのである。
　しかも、教育現場では、いまもなお「弱さ」は克服されるものとの筋書きが
圧倒的に支配的である。とある教育雑誌の編集後記に、興味深い報告があった。
「小一の我が子が国語のプリントをやっていました。最後に「本の続きを考え
よう」といった項目があり、「勇気が出ない〇〇君はその後、みんなの前で発
表することになりました。できたと思いますか？」と。子に「どう思う？」と
聞いたら「できたに決まってる」と。「なんでそう思うの？」と尋ねると「本っ
ていうのはそういうもんだから」と。「そうなの？」「そうだよ。だいたい最初
はできなくて、最後にできるようになるんだよ」と。「なるほど……本は現実
と違う？」「うん、違うよ。現実だとできないことはやっぱりできないじゃ
ん[9]。」」
　以上の話からは、教育といういとなみが、子どもたちに実際的な資質・能力
を獲得させる働きかけであると同時に、「いまはできないこともやがて（教育
をつうじて）できるようになる」という筋書きそのものを学習させるものだと
いうことがよくわかる。しかし、その右肩上がりの楽観的な成長モデルを前に

したとき、「現実だとできないことはやっぱりできないじゃん」というこの子どもの言葉は、どのように受け止められることになるのだろうか。

── ワーク5−4 ──

「現実だとできないことはやっぱりできないじゃん」というこの子に、教師としてあなたはどのように応えますか。考えてみよう。

....

....

　「そのとおりだね」と言って肯定するだけでは、教育を否定することになってしまう。しかし、だからといって「そんなこと言ってどうするの。努力はしなきゃ……」などと叱咤激励することにも戸惑いを覚えてしまう。そう簡単には応えられない。私たちはいま、そのような地点に立っているのではないだろうか。

6.「レジリエンス」への注目

　それでは、いったいどのようにすれば「弱さ」を克服するのではなく、「弱さ」をそのまま尊重することができるのだろうか。本節ではこの問いを「レジリエンス（resilience）」という概念を参照しながら考えてみたい。レジリエンスとは、2000年代以降、医学、心理学のみならず、教育学の領域でも注目を集めている概念である[10]。日本語では「反発力、回復力、打たれ強さ、強靭力、しなやかさ」などと言い換えられることが多い。要するに、苦しみ傷ついた経験から、人が回復する力を意味する言葉である。この言葉が最初に注目を集めたのは、苦しみ傷ついた経験の当事者が、たんに力を失った「弱い」存在なのではなく、彼らが自らの傷と向きあい、そこに当人にとっての意味を見いだしていくプロセスを生きる力を備えた存在でもあることに気づかせるものであったということにおいてであった。

　しかし、この言葉が、教育の文脈に持ち込まれる際には、打たれ強さ、逆境を跳ね返す力（もっと露骨な表現としては「心の筋肉」）などと言い換えられている場合が少なくない。レジリエンスを身につけることで、「弱さ」を物と

もせずに生きる「強さ」がもたらされる、などの表現も散見される。つまり、この概念にたいする教育界における注目の背景には、「弱さ」がもたらす経験をありのままに尊重する姿勢ではなく、「弱さ」を克服した人の「強さ」やたくましさを称賛する姿勢が見え隠れしているのである。

　このことは、教育が、依然として「弱さ」を克服し「強く」なる物語から離れられていないことを意味しているのではないだろうか。この章で学んできたことを振り返れば、私たちはすでに「弱さ」を否定し「強さ」を獲得することを是とする一面的な考え方を乗り越えて、「弱さ」それ自体が力なのだとみなす見方や、「弱さ」を抱えたままで生きていくことの意義を十分に見いだしてきたはずである。「強さ」の獲得から「弱さ」の尊重へ。打たれ強さの称揚から傷つきやすさの受容へ。そのように発想を転換してきたはずが、教育とのかかわりにおいては、いま一度、それを逆転させざるをえないということなのだろうか。

　ここであらためて、なぜいまレジリエンスへの注目が高まっているのか考えてみると、その背景には前節で考察した「弱さ」を認め受け入れることにともなうアンビバレントな思いが透けてみえてくる。「できないことはやっぱりできないじゃん」という声に応えられないままではどこか座りが悪いのである。なるほど人間は、自らの内から完全に「弱さ」を払拭することはできないのかもしれない。だとしても、そこから立ち上がる力は、教育を通じて身につけることができる。そう考えたくなってしまう。苦しみの経験を糧にして成長へとつなげ、悔しさをばねに進化を遂げる。ここにみられる教育の伝統的な発想の仕方と、「弱さ」から立ち上がる力という見方は、ある意味非常に相性がいいのである。

　しかし、レジリエンスとは本当にそのような力のことなのだろうか。レジリエンス研究の第一人者の１人、精神科医のティスロン（Tisseron, S.）は、レジリエンスという言葉を用いることにともなうリスクについて、次のような重要な指摘をしている[11]。①望ましくない仕方で発揮されるレジリエンス――防衛的な反応として生じる、破壊的な行動表出（薬物依存や危険行為など）、投げやりな態度や回復の放棄など――を排除し、道徳的な規準に適うものだけをレジリエンスとしてとらえてしまう一面的な見方には問題があること、②ゆえ

に、「成功したレジリエンス」や「レジリエンスの好例」について語る際には慎重を要すること、③誰がどのような基準でどの時点をもって「レジリエンス」を評価するのかについての疑義、など。

　ここで私たちはレジリエンスが傷を前提とする力であることを思い起こす必要があるだろう。つまり、いっさいの傷を負わずにすむ強靭さや、完璧にリスクを排除する防御力の高さが単純な「強さ」であるとするなら、レジリエンスはむしろ「弱さ」に胚胎し、「弱さ」から始まる力だということである。私たちはレジリエンスを身につけることで「弱さ」と決別できるわけではない。そうではなくて、「弱さ」に寄り添い、「弱さ」を抱えて生きてゆく仕方を学ぶことこそが、レジリエンスを身につけることなのである。

　このような視点に立つとき、「できないものはできないじゃん」という語りは、挫折やあきらめを表す投げやりな声としてではなく、そうしたままならなさを含めて、私たちの生を丸ごと肯定する可能性をその内に秘めたものとしてとらえ直されるのではないだろうか。「弱さ」は、たしかに私たちにとって欠陥の一つなのかもしれない。けれども、その欠陥と向きあうことからくる葛藤と、それに対処する方法を発見していくプロセスは、1人ひとりの生を意味あるものにしてくれる。「弱さ」にたいしてただ手をこまねいているのとも、「そんなことでどうする」と叱咤激励するのとも異なるありよう。そこにこそ、「弱さ」を抱えて生きてゆく力としてのレジリエンスの真価があると考えられるのである。

7. 「弱さ」を生きていく

　この意味において、注目に値する近年の流行歌に、2013 年に公開されたディズニー映画『アナと雪の女王』の主題歌、「Let it go」（2013 年）がある。一見すると、第4節で紹介した「自分ソング」と大差ないもののようにも聞こえるが、「Let it go」がユニークなのは、その歌詞が「ありのままの自分」を誰かに受け容れてもらうことを期待したり、偽りの自分を捨てて「ありのままの自分」に（これから）なろうとしたりするものではないという点である。

　let it go とは直訳すれば、「手放す」ということである[12]。つまり、原語に

第5章 「弱さ」は克服しなくてはならないのだろうか？

忠実に理解すると、歌い手は「こんな自分でもしかたない」、「もうそのままにしておこう」と歌っている。つまり、これは誤解を恐れずにいうと、あきらめの歌なのである。しかし、歌い手の声に投げやりな弱々しさは微塵も感じられない。むしろ屈託のなささえ感じさせる曲調となっている。これはいったいどういうことなのか。

おそらく、それは「弱さ」を抱えた自分をそのまま丸ごと受け入れる視点を、歌い手自身が獲得したからだろう。そのとき、歌い手の「弱さ」は、手放す力、無作為の力として新たに立ち現れてくる。そこには従前の典型的な「自分ソング」にしばしばみられたような、他者に対する過度の期待（甘え・依存）もなければ、自分の「弱さ」の克服に拘泥し煩悶する姿もみられない。その歌声は、傷のもたらす痛みの痕跡をたしかに感じさせるものでありながら、それを慈しみ抱えてゆく眼差しを、歌い手自身が手にしていることを感じさせる[13]。言い換えるなら、それは「弱さ」を跳ね返す力ではなくて、「弱さ」への繊細な感受性に裏打ちされた、「弱さ」の自覚としてのレジリエンスの表現なのではないだろうか。だからこそ、その歌声は傷ついた歌い手自身を癒すだけではなく、直接的な励ましとは別のかたちで、聴き手の「弱さ」にも訴えかけてくる。

以上のことからすると、「強さ」のみに価値を置き、意外性には欠けるけれども型どおりで安全な教育においては、レジリエンスが胚胎する余地がほとんど残されてないともみることができる。たしかに、教育の場でリスク（特に、コントロール不能なリスク）について語ることは難しい。「あなたたちの前には無限の可能性が広がっている」といった類の、よくある教育的な語りからは、当然のように、数々の否定的な可能性（つまり、リスク）が巧妙に隠されている。たとえば、教師が子どもたちに向けてそのように語るとき、それは明らかに肯定的な可能性に限って言及したものなのである。

しかし、避けがたいリスクを含めた生の現実からまるきり目を背けた状態で、試験の点数や獲得したスキル、それによって開かれる確実で安全な未来など、手堅い成果のみを追求するような教育のあり方にたいして、いまのあなたならどのように考えるだろうか。たしかな答えやわかりやすい説明に性急に飛びつく姿勢。できた傷口をできるだけ素早く縫合することにのみ注力するようなあり方。そうした姿勢は、私たちを主だったリスクから遠ざけるだけではなく、じ

つは、意味ある生そのものからも遠ざけてしまうのかもしれない。つまり、教育からあらゆるリスクを排除しようと試みることは、教育の基盤としての人間の生のいとなみそのものの否定につながってしまうことなのかもしれないのである。

　教育が私たちの善き生（well-being）のためのいとなみである以上、リスク管理ばかりを優先して、傷つくことのできる力、別の言い方をすれば、もっとも「弱い」ものの立場から始めることのできる力の育成が後回しにされるような事態は避けなければならない。たとえば、思いやりや共感として知られるcompassion という言葉が、苦しみ（passion）を共に（co-）することを意味することにも明らかなように、誰しもが抱える「弱さ」の深みにまで降りていったその先で、はじめて開かれる「弱さ」を媒介とする連帯（つながり）には、私たち「弱い」存在に、生きる意味と出会う機会を与え、その存在を根底において支える力がある。

　「弱さ」を克服することではなく、「弱さ」が存在の中心を占めていることに気づくこと。そこにこそ、連帯（つながり）に向けた希望がある。その意味で、深化した「弱さ」としてのレジリエンスの育成は、多様性の時代における教育の、重要な課題の一つともいえるのではないだろうか。

注

（1）　中村雄二郎『臨床の知とは何か』岩波書店、1992 年、131–132 頁。

（2）　鷲田清一『〈弱さ〉の力——ホスピタブルな光景』講談社、2001 年、181 頁。

（3）　同上。

（4）　2010 年 7 月に特許登録された。

（5）　岡田美智雄『弱いロボット』医学書院、2012 年、169 頁。

（6）　相馬伸一『教育的思考のトレーニング』東信堂、2008 年、157 頁。ちなみに、具体例として挙げられているのは以下の楽曲である。長渕剛「とんぼ」（1989 年）、槇原敬之「どんなときも」（1991 年）、CHAGE&ASKA「YAH YAH YAH」（1993 年）、Mr.Children「名もなき詩」（1996 年）、三木道山「Lifetime Respect」（2001 年）、SMAP「世界に一つだけの花」（2003 年）。

（7）　同上。

（8）　宮地尚子「クロスする感性　第8話　弱さを抱えたままの強さ」『週刊医学界

第 5 章 「弱さ」は克服しなくてはならないのだろうか？

新聞』第 2785 号、2008 年。

（9）　「くいんてっと」『母の友』2018 年 10 月号、85 頁。

（10）　正確には、レジリエンス研究の歴史は 1950 年代のアメリカにまでさかのぼる
　　　が、言葉の定義、使用法ともにあいまいであり、また当初は例外的な個人（選ば
　　　れた人間）の能力であるとみなされることもしばしばであった。それが 2000 年代
　　　に入り、人間一般に備わる力としてとらえ直され注目を集めるようになっている。

（11）　セルジュ・ティスロン（阿部又一郎訳）『レジリエンス——こころの回復とは
　　　何か』白水社、2016 年、112 頁。

（12）　日本語訳の「ありのまま」とのニュアンスの違いに注意したい。

（13）　「人生って不思議なものですね」というフレーズが印象的な、往年の名曲『愛
　　　燦燦』（1986 年）も、人の哀しさ、かよわさを、そのまま慈しみ愛おしむ眼差し
　　　に満ちているという点で、レジリエンスについて考えさせられる一曲である。

【読書案内】

①岡田美智雄『弱いロボット』医学書院、2012 年。

　役に立つことによってではなく、できないことがあることによって周囲を巻き込ん
でいく「弱いロボット」の可能性について論じた本書は、多様な「弱いロボット」の
実例とともに、「弱さ」の力について具体的に考える手がかりとなる。

②帚木蓬生『ネガティブ・ケイパビリティ——答えの出ない事態に耐える力』朝日新
聞出版社、2017 年。

　精神科医でもある著者が、イギリスの詩人キーツによる「ネガティブ・ケイパビリ
ティ（Negative Capability）」という概念を紹介しながら、不確実さや不可解さに満ち
たこの世界を生き延びてゆくうえで必要となる力について多角的に考察したもの。

③セルジュ・ティスロン（阿部又一郎訳）『レジリエンス——こころの回復とは何
か』白水社、2016 年。

　「レジリエンス」概念の定義や使用・普及の歴史を含めて、レジリエンス研究の動
向を概観できる入門書。「レジリエンス」という言葉の多方面への展開を手放しに肯
定するのではなく、その危険性についてもバランスよく論じている。また、この章で
は言及できなかった、社会的レジリエンスに注目する必要性についても指摘されてい
る。

（池田華子）

第6章
学校には必ず行かなくちゃいけないの？
不登校という生き方の臨床心理学

1. 不登校の児童・生徒は増えているの？

定義と小史

　不登校とは、文科省によれば「何らかの心理的、情緒的、身体的あるいは社会的要因・背景により、登校しない、あるいはしたくともできない状況にあるため年間30日以上欠席した者のうち、病気や経済的な理由による者を除いたもの」と定義されている。しかし、この定義は不登校の本質をとらえているわけではなく、年間に何日休んだかという事実を表しているにすぎない。したがって、不登校の多様な要因を理解したり、それによって個別の児童生徒への対応を工夫することこそが重要になるといえよう。

　いまでいう「不登校」とは、1940年代からアメリカで「学校恐怖症（school phobia）」として研究が始まり、当初は母子の未解決な依存関係あるいは分離不安がその背景にあると指摘された。少し遅れて日本でも1950年代後半から、高度成長の陰にある「登校拒否（school refusal）」として注目を浴び、1970年代に入ると受験戦争のなかで教育問題として、1980年代には非行や核家族化など社会や家族の問題としてさらに議論が広がった。

　名称の変遷から、かつては不登校が問題行動と位置づけられていたことがわかるだろう。しかし現在では、必ずしも学校に行くことが恐怖であったり、意識的に拒否しているわけではないことや、誰にでも起こる現象であることなどが広く知られるようになった。それゆえ、より中立的にその状態像のみを表す「不登校」という呼称が用いられるようになっている。

第6章 学校には必ず行かなくちゃいけないの？

不登校の統計データ

　さて近年、不登校は実際に増えているのだろうか？　まずは客観的事実として、現時点での最新の統計データをみてみよう。2018年2月23日、文部科学省による「平成28年度 児童生徒の問題行動・不登校等生徒指導上の諸課題に関する調査」の結果が公開された。それによると、2016年度の不登校児童生徒数は、小学校3万448人、中学校10万3235人、合計13万3683人となり、また在籍者数に占める割合は小学校0.5%、中学校3.0%、全体では1.3%となっている[1]。

　同調査よりこの25年間にわたる推移（図6-1・6-2）をみると、平成3（1991）年から平成10（1998）年までの7年間に倍増ともいえるほどの急激な増加をしたのち、平成13（2001）年から平成24（2012）年までは微減傾向にあったが、ここ4年連続で増加している。長期的な増加傾向は明らかで、特に中学校で不登校生徒の割合の増加が顕著である。25年前には約100名に1人だったのが、現在では約33名に1人の割合となっているわけだから、単純に見積もって、中学校では1クラスに1人は不登校の生徒がいるということになる。したがって、不登校の児童・生徒数はたしかに増えてきているといえるだろう。

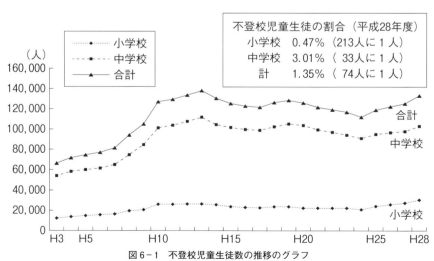

図6-1　不登校児童生徒数の推移のグラフ

出所）文部科学省「平成28年度「児童生徒の問題行動・不登校等生徒指導上の諸課題に関する調査」について（確定値）」

77

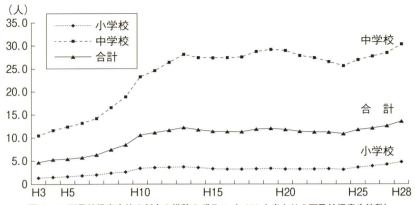

図6-2　不登校児童生徒の割合の推移のグラフ（1,000人当たりの不登校児童生徒数）
出所）図6-1に同じ。

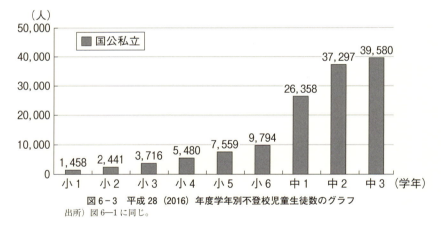

図6-3　平成28（2016）年度学年別不登校児童生徒数のグラフ
出所）図6-1に同じ。

「中1ギャップ」

　上記の調査結果では、とりわけ中学生で不登校が増加していることがわかった。さらに学年別グラフ（図6-3）でみると、中学1年生になって不登校数が一気に増えることに気づかされる。

　これに関連して「中1ギャップ」という現象がよく知られている。それは、小学校から中学校へ進学するさいの大きな環境の変化と、それにともなう適応困難を示す概念であり、言葉としては2003年ごろに誕生したようだ。

　子どもたちは小学校から中学校に上がるとき、大きな変化を体験する。友人

第6章　学校には必ず行かなくちゃいけないの？

関係の再編が起こり、部活で先輩後輩の上下関係が始まる。勉強は難易度が上がって5段階評価になり、科目ごとに先生が変わる。帰宅も遅くなり、教師・親の目が届きにくくなる。心理的にも自意識や他者意識が強くなり、自分がどう見られているか、人はどう思っているか気になり、自他を評価する視点が厳しくなる。内省する力もついてくるので、独自の内的世界が広がると同時に、孤独感も深まる。必然的に他者を希求する気持ちが強まるとともに、仲良しグループとそこから排除される人も生まれる。こうした変化によって、学校生活にうまくなじめない生徒が出てくるため、中1ギャップ解消を目指して、小中教員の引き継ぎや連携が強められている。

　さらに、中学校に上がるとき、子どもたちは慣れ親しんだ環境・対象との別れを体験するということも指摘しておきたい。中学校入学は、幼稚園や保育園から小学校に上がるときのある種の純粋な晴れやかさとはニュアンスを異にしている。なぜなら、小学校卒業は、慣れ親しんだ友人や先生、居場所のみならず、〈子どもとしての自分〉を喪失する体験でもあるからだ。運賃が大人料金に変わることは、意外なほど大きな心理的インパクトをもつ。自己の存在が子どもでも大人でもない、あいまいで不安定な状態に置かれる。多くの人にとって、それは人生で最初の真の喪失体験であるといっても過言ではない。そして、喪失には「喪の作業」といわれる悲哀と抑うつのプロセスが付きものだが、それを意識する間もなく、子どもたちは新しい場・人・自分への適応にエネルギーを注がなくてはならない。子どもとしては死に、しかしまだ大人としては生まれていない。中1ギャップの背後には、児童・生徒を取り巻くさまざまな変化のみならず、こうした心理的・実存的な喪失体験があるということも留意しておきたい。最近、中1ギャップを埋めるための小中一貫教育などということもいわれるが、〈子どもとしての自分〉の実存的な喪失は決して埋められないし、避けることもできない。それはいわば「心の成長痛」のようなものだといえるのではないだろうか。

時代と不登校

　さらに長期的な視点で、不登校数の推移をとらえてみよう。村山正治の報告によれば、1967（昭和42）年、当時の文部省による学校基本調査に「学校ぎら

79

い」という項目がはじめて加わった（小史でもみてきたように、当時はこうした不適切な用語で記述されている）。当時の出現率は、小学校で0.04%（1万人に4人）、中学校で0.2%（1000人に2人）程度である（ただし病気や経済的理由以外の年間50日以上の欠席者）。図6-4をみると、戦後日本の中学校における長欠率のグラフは1975（昭和50）年ごろを境に右肩上がりに伸びて、U字を描いていることがわかる。

　昭和30年代、特に地方では子どもを働き手とみる家庭も多く、子どもが学校に行きたくても行かせてもらえないという状況があったようだ。しかし昭和50年代半ば、小・中学校の完全就学が達成され、子どもたちは学校に行くのがあたりまえの時代になった。その当時から現在のいわゆる大学全入時代に至るまで、不登校は増え続けている。1000年以上前から「不眠症」は存在していたが、公教育制度が確立される明治以前、あるいは子どもが学校に行かなくても周囲がそれでよしとしていた社会では不登校はありえなかった。不登校は、時代や社会、文化の影響を帯びた現象でもあるといえる。

　大学がモラトリアムの時代とされたのも過去のこと。小学生から社会人に至るまで高い「コミュ力」と「キャラ」が求められ、キャリア教育が早期から開

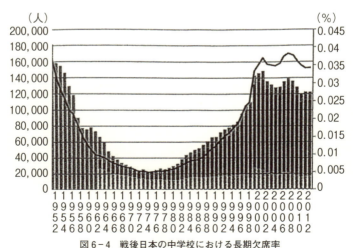

図6-4　戦後日本の中学校における長期欠席率
注）棒グラフには不登校、経済的理由、病気等が含まれる。
出所）前島康男・馬場久志・山田哲也編『登校拒否・不登校問題資料集』創風社、2016年、9頁をもとに一部改変。

始される。SNS は隆盛、プライベートのみならず、公的にも用いられている。内面に沈潜しづらい外向性偏重の社会において不登校が増えているという事実は、私たちの時代を映す鏡のようだ。極言すれば、外向的社会を生きる現代人はみな、多かれ少なかれ、不登校やひきこもり願望を無意識に抱えているとさえいえるのではないだろうか。

── ワーク6−1 ──

小学校、中学校、そして高校の卒業式、そのときの自分が感じていたことを思い出して、書き出してみよう。どんな変化に気づくだろうか？

....
....
....

2．なにゆえ不登校になる？

多面的な不登校の要因・背景

　前節では中学生から不登校が増えることや「中1ギャップ」、時代や社会の問題について指摘したが、ここでは不登校という現象に影響するさまざまな要因・背景についてみていこう。

　まず、子ども自身の個人的要因として無気力、怠学、優等生の息切れ、非行等による学業不振などが挙げられる。現代ならではの問題として、その背後にネット依存やゲーム依存などが存在する場合もある。ただし、これは個人的要因というよりも、SNS によって友達と常時つながっていなければならないという不安に駆られている場合もあり、いじめ問題とともに対人関係面での注意も必要であろう。単純に個人的要因といっても、家庭環境や学校社会との関連は見逃せないし、強迫性障がいや統合失調症などの精神疾患、あるいは発達障がいをベースにした認知特性の偏りやコミュニケーションの困難が背景にある可能性もあり、配慮が必要である。学業にエネルギーが向かずに不登校状態ではあるがテストだけはよくできるなど、学業不振と学力あるいは知的能力が必ずしも一致しないケースもある。

従来の不登校理論では、たとえば精神疾患の二次障害としての不登校、あるいは怠学・非行、原因不明の場合を分けるなど、主として個人的要因をもとにタイプ分けがなされてきた傾向がある。また、小林正幸は欲求不満耐性と社会性という二つの軸を用いて、不登校児を分類している。つまり耐性も社会性も低い不登校児と、どちらも高い不登校児があり、前者は心を育てるべく信頼関係を築きながら根気強くかかわり、後者は進路適応をはかるなど、それぞれ異なった対応が必要であるという有益な指摘がなされている。

　次に、家庭や養育環境の要因が挙げられる。不登校研究の出発点から、母子の依存や過保護が問題視されてきた一方で、母子の情緒的結合の弱さが背景にあるとする逆の指摘もあった。深層心理学の観点からみれば、それは表裏一体で、深い情緒的結合がないからこそ表面的には密着せざるをえないとも考えられる。同様に、母子の強い密着の背景に夫婦間の葛藤があったり、ひとり親であるために子どもとの適度な心理的距離がとりづらくなることもある。親に精神疾患がある場合や、虐待や家庭内暴力などが絡んでいる場合には緊急の対応が必要になってくるので、専門的なアセスメントが必要になる。親子関係の問題は、じつのところ親世代（あるいはもっと上の世代）の課題を子どもが背負わされているケースだと考えてもよい。家庭の問題に多くのエネルギーを費やさざるをえない子どもに学校社会の激流を泳いでいく余力が残されていないのも当然であろう。家族心理の複雑な力動をみるとき、不登校という現象が単純な要因によって成り立っていないということがよくわかると思われる。

　さらに、学校教育というシステムとそこでの人間関係が不登校と深い関係にあることも事実である。集団での教育では、いくら個性を大切にしても、落ちこぼれや浮きこぼれを完全に避けることは困難だ。加えて、前思春期から思春期の子どもたちは、凝集性の強い排他的な集まりである「ギャング集団」や、同質性の強い親友関係「チャムシップ」を形成する。それらは親や家庭からの心理的な自立を果たすうえで大きな意義をもっている。しかし同時に、理由もなく誰かを排除することによって仲間意識や同質性が確認されるということもある。中学生で不登校が増加する背景には、こうした子どもたちの心理社会的な発達にともなう「影」の側面があるといえよう。

　そして最後に、子どもたちを取り巻く環境の同心円の一番外側、また一番深

いところに文化の問題がある。日本文化を理解するキーワードとして、「恥」（ベネディクト）、「甘え」（土居健郎）、「世間」（阿部勤也）、「母性社会」（河合隼雄）など、さまざまな視点が提供されており、それぞれ不登校問題と深く関連している。紙幅の関係で詳しく論じる余地はないが、こうした観点も加えてみると、1人ひとりの不登校児・生徒が向き合っている困難が、大げさにいえば日本人全体が抱える課題とも無縁ではないことに気づかされるのではなかろうか。彼ら／彼女たちの苦悩は、私たちの苦悩の縮図でもある。

原因論から目的論へ

　不登校とは、幅広い要因を背景にしたじつに複雑で多様な現象である。それゆえ1人ひとりの子どもを、そしてそれを取り巻く家族や学校の様子を、細やかにみていく必要がある。そしてそのとき、発達障がいやいじめ、家庭内暴力などの問題を見逃さないことなど、学校・教育関係者が連携をとって不登校の背景や要因をできる限り深く理解しようと努力することは肝要である。

　さらにここで、臨床心理学者の河合隼雄（1928-2007）が不登校について、「親や教師がその原因を知ろうと焦ると、短絡的な不安に支配され、いわゆる「悪者探し」をすることになる。「子どもが怠けているだけだ」、「父親が弱い」、「母親の過保護」、「学校教育が画一的すぎる」などなど、どれも一理あるのだが、それだけを「原因」と決めつけてしまっては、次にどうしていいのかわからない。結局これらの「悪者探し」は、親や教師が「自分は悪くない」と考えるための免罪符として使われるだけになってしまう。そのように短絡的に考えるのではなく、不登校という現象をじっくりと受けとめて、過去にその原因を探るよりは、このことによって未来にどのようなことが起ころうとしているのか、これを契機にどのような可能性が開かれるのだろうか、と考える態度もある[2]」と述べていることは注目に値する。

　一般的に、就学は先の進路、そして社会的自立へとつながると考えられているため、不登校は社会適応の阻害を連想させる。したがって、未来にたいする漠然とした不安によって「学校には必ず行かなくてはいけない」という強迫観念が生じうる。

　もちろん、子どもに9年間の義務教育を受けさせることは学校教育法に規定

された保護者の義務である。しかし、新学習指導要領（平成29（2017）年3月告示）では、不登校児童について「個々の状況に応じた必要な支援を行うことが必要であり、登校という結果のみを目標にするのではなく、児童や保護者の意思を十分に尊重しつつ、児童が自らの進路を主体的に捉えて、社会的に自立することを目指す必要がある」と明記されている[3]。すなわち、子どもの未来を考えるうえで、不登校を契機として何ができるのか、どんな道が開かれるのかという目的論的な観点をもつことも重要ではないだろうか。

　アメリカ合衆国の初代大統領ジョージ・ワシントン、発明家エジソン、そして心理学者 C. G. ユングはみな学校になじめず、いまでいう不登校だった。しかし、ワシントンは母親の教育で健やかに成長し、エジソンは独学で思うままに好奇心を広げ、ユングは夢とこころの世界に本当の自分を見いだした。私たちと彼らは時代も才能も違う。けれども、その人らしさが潰されない育ちのかたちを見いだすことは、誰にとっても大切なことではないだろうか。

　かつて、学校に行けない児童・生徒の選択肢は登校するか否か、白か黒かであった。しかし現在では、不登校の受け皿は充実している。学内では保健室、別室登校、特別支援学級などがあり、担任のみならず養護教諭やスクールカウンセラーなども対応してくれる（養護教諭、スクールカウンセラーの仕事については、第7章、第8章を参照のこと）。学外では適応指導教室やフリースクールなど、登校／不登校のどちらでもないような中間的な選択肢が増えている。たしかに不登校は放置されればひきこもりへと展開しやすいのも事実だが、こうした多様で中間的な受け皿が増えることによって、個別の児童生徒の状況やニーズにあわせた教育のかたちが期待できる。

　子どもたちが元気に学校へ通うことを願うのは当然であろう。教育は子ども

━━ ワーク6-2 ━━

ある現象（できれば今の自分／過去の自分／身近な他者が否定的にとらえていること）について、その原因と目的の両面から考えてみよう。みえてくるものは違うだろうか？　そこからどんなことに気づくだろうか？

....

....

....

たちを未来の社会へと送り出すための大切な役割をもっている。しかし、学校に通うことのみならず、学校へ行けないことにも意義を見いだせることは、不登校の子どもたちとその保護者にとって大きな支えになるはずだ。

３．不登校にはどう対応したらいいの？

「こもる」ことの意味を知る

　安易な登校刺激が害になりやすいことは最近では常識となってきた。本人が一番苦しく不安で傷ついた状態なのだから、そこに外部からの刺激を入れることには慎重でなくてはならない。「学校に行くことが嫌でなくなればよい」という見解もあるが、学校は楽しいのになぜか具合が悪くなって行けないという子どもたちがいるのも現実である。

　河合隼雄は、幼虫が蝶になるまでに「さなぎ」になる必要があるように、子どもが大人になるためには人間にもある程度「こもる」時期が必要だと指摘している。「こもる」ことが積極的かつ肯定的な意味をもつというのである。同じく、不登校やひきこもり問題に詳しい精神科医の増井武士（1946–）や斎藤環（1961–）によれば、不登校であることを家族が受容・保証したうえで、挨拶や会話などを通じて、家族間でほどよい距離がとれるようになることなどが重要との指摘がある。つまり、不登校対応の第一の要点は「安心してこもれる環境づくり」だというのだ。

　では、「こもる」ことにどのような意味があるのだろうか？　いくつかの側面から考えてみよう。まず、「こもる」ことは「守られる」ことにほかならない。さなぎのなかでは、幼虫としての体がいったん溶解する。子どもとしての自分が死に、大人へと変化しつつあるとき、「守られる」ことはとても大切になる。古典的な不登校のタイプの一つとされる優等生の息切れは、疲れ切った心身のエネルギー補給を必要とする。抑うつ状態にたいする治療の第一の選択が「休養」であるのと同じだ。精神疾患の発症をきっかけにした不登校の場合、最良の選択肢とはいえないものの、治療につながらないときには休むことだけでも身を守るための本能的な方略としての意味があるだろう。教育機会確保法（2016 年成立）第 13 条では、「個々の不登校児童生徒の休養の必要性を踏まえ、

当該不登校児童生徒の状況に応じた学習活動が行われること」の重要性が指摘されている。さらに新学習指導要領（2017年告示）では、いじめにたいする緊急避難として欠席が認められてもよいと明記されている。いじめ自殺に追い込まれるよりは、学校を休むほうがどれほど良い選択であろうか。

　次に、「時機を待つ」こと。先ほども述べたとおり、不登校はひきこもりにもつながりやすく、社会的自立のプロセスをいったんドロップアウトすることと思われがちである。ここで、筆者が対応したあるケースを紹介しよう。母親が重い病気のため入院と手術をすることになり、しかし父親や他の家族は多忙のため、看病ができなかった。そこで立ち上がったのが、長らく不登校を続けていた男子であった。彼は普段ほとんどしない外出をして必要な買い物を済ませ、病院で母親のお世話をしたばかりか、友達との会話もしないのに医師や看護師との事務的なやりとりを引き受けた。私からすると「彼がずっと家にこもっていたのは、このときのためだったのか！」と思うばかりで、まさに彼の働きが家族の危機を救ったのだった。ひきこもりの人が自嘲的に「自宅警備員」と称する場合があるが、まるで普段は寝てばかりいたにもかかわらず、ある日突然、村のために大活躍をする「三年寝太郎」をみるようだった。

　また、脚本家の岡田麿里さんは、長い不登校の時期を経て、シナリオを書く仕事に就き、自分自身の体験をモデルにした『あの日見た花の名前を僕たちはまだ知らない』や『心が叫びたがっているんだ』などの人気作品を生み出した。彼女は適切な時期に人の縁に恵まれて才能が開花したわけだが、それはまるで目覚めるべき時と人を待っていた「眠り姫」のようでもある。内的成熟には外側からはみえにくい時間が必要なのかもしれない。

　そして最後に、「夢見る」こと。古来、ギリシアや古代ローマ、日本でも行われてきた「参籠（インキュベーション）」と呼ばれる儀式がある。人々は聖なる場所に籠り、夢などを通じて神託を得る。不登校も同様に、「こもる」ことによって自分のなかに大切な何かを発見するケースがある。タレントの中川翔子さんは、いじめを原因とする不登校経験を公表しているが、家にこもって見ていたのがアニメであった。苦しい時期の生きる支えとなったアニメを彼女は深く愛し、いまや自他ともに認めるアニメオタク。ディズニー映画『塔の上のラプンツェル』をはじめとする声優、アニメソングの歌手、ラジオパーソナ

リティとして、生き生きとアニメの仕事にかかわっている。

　ただし、カウンセラーとしての筆者の経験からすると、不登校の児童・生徒の日常はここ20年ほどで大きく変貌しているように思われる。かつては、自室でアニメやマンガを見たり、音楽や読書、プラモデルなど自分の好きなことをして多くの時間を1人で過ごし、孤独だからこそ自分の内的世界を深く探索することも可能となった。しかし現在では、動画を見たり、SNSで見知らぬ人とつながったりする不登校児も増えている。つまり、外出しなくても社会とつながることができるわけだ。その一方、心理的にしっかりと自分の内面に「こもる」ことができないのは一長一短なのかもしれない。

異世界で寄り添う他者の存在
　とはいえ「こもる」ことは生易しいものではなく、痛みや苦しみをともなうし、長期化する危険性もある。したがって不登校が意味ある目的へとつながるためには、粘り強くかかわってくれる「他者」との対話が大切である。家族ではこの他者性が薄まるため、できれば第三者、それも自己のあり方を尊重してくれる存在が望ましい。カウンセラーはそれに適しているが、教師はどうしても存在そのものが登校刺激になるので、留意が必要であろう。
　ここで、「こもる」ときの異世界の体験および他者の存在の意義が明確に描かれている作品を二つ紹介したい。細田守監督によるアニメーション映画『バケモノの子』では、母子家庭で育った9歳の少年が、母親を亡くしたことをきっかけに家を飛び出す。そして、ひょんなことからバケモノ（熊のような大男）と一緒に暮らすことになり、九太という名前をもらう。2人は毎日ケンカをしながら異世界で刀の稽古を続ける。いちおうバケモノが師匠、九太は弟子なのだが、お互い悪口を言いあいながらケンカばかりする。2人の関係はきわめて対等で、大変素晴らしい。九太は現実の学校に通っていないので不登校な

のだけれども、8年もの月日を経て彼は大きく成長し、再び現実世界へと戻って、自分自身が抱えている傷や闇に向きあっていく。

　また、スタジオジブリによって映画化された『思い出のマーニー』（ジョーン・G・ロビンソン原作）では、家族にも友人にも固く心を閉ざしたアンナが、転地療養先で不思議な少女マーニーに出会う。アンナもまた異世界に迷い込む不登校児の1人だ。詳しいあらすじを書くことは避けるが、異世界での体験とマーニーとの絆によって、アンナは自分が生まれたこと、生きていることの意味を取り戻していく。どちらの作品も、現実を生きることが難しい状況に置かれた少年少女が、異世界で重要な他者と出会い、その体験を頼りにして現実世界を生きていくことができるようになる物語である。そして、そこで描かれている彼らの傷や闇は、じつのところ、九太やアンナだけのものではなく、人間一般に通じるような普遍的なものだといえる。

　2016年9月14日、文科省は「不登校児童生徒への支援の在り方について（通知）」において、不登校児童生徒を支援するうえでの基本的な姿勢を示している。そこでは、不登校が多様な要因・背景の結果としてどの児童生徒にも起こりうること、したがってその行為を「問題行動」と判断してはならないこと、しかし十分な支援が受けられない状況が継続することは本人の進路や社会的支援のために望ましいことではないため、学校・教育関係者が充実した指導や家庭への働きかけを行うとともに関係機関との連携協力による支援を図ること、などの観点が提示されている。

　指先や声による一瞬の操作で用事が済んでしまう現代で、私たちは小手先で物事を操作することに慣れている。しかし子育てや教育など、人間相手のいとなみはそう思いどおりにはいかない。人間が本当の意味で育っていく、真に変わっていくには時間と人手が必要になる。変化がみえない時期もある。バトン

--- ワーク6−3 ---

本章で紹介した作品やその他、「異世界」を舞台にしたファンタジーを見てみよう。「異世界」の体験にはどんな意味と危険があるだろうか？

第 6 章　学校には必ず行かなくちゃいけないの？

をつなぎ、手を取りあって、時間をかけて丁寧にかかわることが求められる。植物を育てるように、日々水やりを続け、陽の光に感謝して春の訪れを待つというようなイメージをもつのもよいかもしれない。

　最後にもう一つ。天岩戸にこもったアマテラスが外へ出てきたのは、外側から引っ張り出されたからではなく、アメノウズメの踊りとみんなの笑い声に彼女自身が興味をもったからだった。他者はあくまできっかけにすぎず、内側からの意思によって歩みだすことの意味は大きいといえる。

注
（１）　文部科学省「平成 28 年度「児童生徒の問題行動・不登校等生徒指導上の諸課題に関する調査」について（確定値）」http://www.mext.go.jp/b_menu/houdou/30/02/1401595.htm
（２）　河合隼雄編『不登校』金剛出版、1999 年、3-4 頁。
（３）　文部科学省「小学校指導要領平成 29 年告示解説総則編」118 頁。

【読書案内】
①岩宮恵子『生きにくい子どもたち』岩波現代文庫、2009 年。
　スクールカウンセラーとして経験豊かな著者が、現代を生きる子どもたちの悩みごとを鋭く描き出している。この本に限らず、岩宮氏の著作はどれも思春期の心を理解するためのヒントに満ちていて、大変お勧めである。
②斎藤環『ひきこもり救出マニュアル〈実践編〉』ちくま書房、2014 年。
　著者は精神分析に造詣が深い精神科医であり、不登校と連続性のあるひきこもり研究と治療の第一人者。本作は実践編と理論編に分かれており、どちらもデータや事例にもとづいた臨床の知恵に満ちている。

参考文献
河合隼雄『子どもと学校』岩波新書、1992 年。
――――編『不登校』金剛出版、1999 年。
小林正幸『先生のための不登校の予防と再登校援助』ほんの森出版、2002 年。
桑原知子『教室で生かすカウンセリング・マインド』日本評論社、1999 年。
増井武士『不登校児から見た世界』有斐閣選書、2002 年。
村山正治『講座　情緒障害児 4 ――登校拒否児』黎明書房、1972 年。

（井上嘉孝）

第7章
その母の訴えに、担任はどう対応すればよかったのか？
チーム学校とケアの思想

1．個人プレーで対応する教員

　教員はいつも対応に追われている。学校の現場にいると、そんな風に感じることが少なくない。たとえば、ある小学校でのこんな出来事でも……。

　　小学4年生の、まるこ、たまえ、さくら、の3人は、下校時に一緒に帰ることが多い。クラスでは、まることたまえはいつも一緒にいる仲良し、さくらは帰る方向が同じなので合流している、という関係である。
　　ある日、児童たちが下校したあとで、担任の若井先生は、まるこの母から電話をもらった。いつものように、たまえとさくらと一緒に下校したものの、途中で2人がまるこに内緒でこそこそと話し出し、その後さくらから、「たまちゃんがうちに来ることになったから、急いで先に行くね。まるちゃん、自分1人で帰ってくれる」と言われて、2人は早足で先に行ってしまった。置いてきぼりをくらったまるこは、泣きながらとぼとぼと帰宅してきたという。まるこの母は、かなり興奮した様子で、「まるこは、もう学校には行きたくないって言っています。これって、いじめですよね！　とりあえず明日は学校を休ませます。先生、なんとかしてもらえませんか？」と言ってきた[1]。

　さて、まるこの母が「なんとかして！」と求めてきたように、学校の現場では、教員はとにかく対応に迫られるのである。では、あなたが若井先生の立場だったら、このあとの対応をどうするだろうか？

90

第7章　その母の訴えに、担任はどう対応すればよかったのか？

── ワーク7-1 ──

若井先生はこのあとどういう対応をしたらよいだろうか？　2人組になり、先生
と保護者の役割を決めて、ロールプレイをしてみよう。

....

....

　ここで、「電話口でまるこ本人に代わってもらうように頼む」とか「すぐに
まるこの家に家庭訪問する」などと考えた人は、なかなか迅速な対応能力があ
るといえるだろう。いや、それだけじゃダメでしょ。「たまえの家やさくらの
家にも電話連絡して、たまえやさくらから事情を聴く」ことも必要ではないか
と考えたとすれば、それなりの現場感覚をもった人であり、問題解決の能力も
高いと思われる。

　とはいえ、たいていの人は、これだけの話では背景がよくみえないと感じる
ことだろうと思う。そもそもなぜまるこの母は、そんなに興奮して学校に電話
をかけてくるのか。学校に行きたくないとか、いじめだとか、学校を休ませる
などと言っているが、なぜ急にそうした過剰な反応になるのだろうか。

　少し想像を膨らませてみよう。おそらくまることさくらの確執は、今回に
限ったことではないのだろう。まるこは、以前からくすぶっていたさくらへの
不満や嫌悪感などがここで一気に噴出したのではないか。また、まるこの母は、
もともとクレーマーの気質があって、些細なことでも大げさに騒いでしまうよ
うな精神的に不安定な保護者なのかもしれない。いずれにせよ、背景をあれこ
れと想像してみると、担任がすぐに対処行動を起こすことが本当に適切なのか、
もう少し考える時間が必要なのではないかとも思えてくる。

　最近の学校現場では、担任が保護者からこうした訴えの電話をもらうと、ま
ずは学年主任か生徒指導主任に報告をすることになっている。担任1人の判断
では行動せず、複数の教員でケース会議を開いて、情報収集や状況把握につと
め、誰がどう対応するのかを協議したうえで、行動に移行する、という手順を
とるのが普通である。要は、個人プレーではなく、チームプレーで対応に当た
るのである。

　別にそんな面倒な手順を踏まなくとも、担任が自分の力量や経験を頼りに、

91

個人プレーで対応していけばすむ話ではないか、と思うかもしれない。ところが、とりわけ保護者が絡んでくるなどの複雑な人間関係のトラブルでは、事態はそう簡単には収まらなくなるのである。それは、このケースの続きをみてみることで、感じてもらえると思う。

　　若井先生がまるこの母の対応に追われている最中、さくらの母からも電話がかかってくる。まるこの母は若井先生に電話する前に、さくらの母にも電話を入れたようだ。さくらの母によれば、まるこの母が「あんたの娘がうちのまるこをいじめている、責任をとりなさいよ！」と理不尽なことを言ってきたので、どうしたらよいか、というのである。まるこの母とさくらの母の板挟みになった若井先生は、ともかく２人を学校に呼んで話し合いをさせ和解させようと試みたが、決裂してしまう。すると今度は、まるこの母に煽動されたみぎわの母が、「さくらは以前からクラスでまるこをいじめていたらしいですよ」と若井先生に伝えてきて、さらに他の保護者にも吹聴し始めた。ついには「クラスにいじめがあるのかないのか、保護者会を開いてきちんと説明してほしい！」と他の保護者からも連絡が入り、若井先生はもうどうしてよいのかわからず疲弊困憊してしまい、学校を休むことになった。

　何ともややこしい展開になったものだな、と思われたかもしれない。けれども、学校現場では、これくらいねじれてしまう保護者絡みのトラブルが、しばしば起こりうるのである。実際、筆者はこれに類似したケースに、スクールカウンセラーとしてかかわったことがある。筆者の場合、とりあえず担任のカウンセリングから始めて、管理職などの協力のもとで関係する保護者を呼んで個別にカウンセリングを行い、互いの行き違いなど心の交通整理をすることによって、事態はゆるやかに修復していった。これはたまたまうまくいったのであるが、スクールカウンセラーが関与したからといって必ずしも功を奏するとは限らない。とはいえ、スクールカウンセラーやスクールソーシャルワーカーなどの心理や福祉の専門家が関与することで、チーム支援の輪がより円滑になることは確かである。

第7章　その母の訴えに、担任はどう対応すればよかったのか？

　教員が個人プレーで対応すると事態はいつもややこしくなるというわけではないが、できるだけ専門家も含めたチームプレーで対応したほうが、問題解決へと導きやすいし、事態が悪化するのを未然に防ぐこともできる。また当事者間の精神安定にもつながってくるだろう。近年の学校現場では、「チーム学校」という考え方が浸透してきているのである。

2．チーム学校

　2015年12月に、中央教育審議会において「チームとしての学校の在り方と今後の改善方策について」という答申が発表され、2016年度より「チーム学校」という新たな学校グランドデザインがスタートした[2]。
　以下の図は、その具体的な体制とスタッフの一覧を示したものである。
　チーム学校は、学校組織運営の次世代型改革プランとして提案された。その背景には、多様化し複雑化した学校へのニーズの高まりや、学校を機軸とした地域社会の創生を目指すコミュニティ・スクール構想などがある。また、世界的にみても深刻といわざるをえないほど多忙を極める日本の学校の職場環境を

教職員の指導体制の充実	a.　校長　　　b.　教頭／副校長　　　c.　主幹教諭　　　d.　生徒指導主任 e.　教諭　　　f.　養護教諭　　　g.　栄養教諭・学校栄養職員　　　h.　事務職員	
教員以外の専門スタッフの参画	心理や福祉に関する専門的スタッフ	a.　スクールカウンセラー b.　スクールソーシャルワーカー
	授業や学校生活において教員を支援する専門スタッフ	a.　ICT支援員　　　b.　学校司書 c.　外国語指導助手（ALT） d.　教育補助員・学習支援員 e.　教育相談員
	部活動に関する専門スタッフ	a.　部活動指導員
	特別支援教育に関する専門スタッフ	a.　特別支援教育コーディネーター b.　教育介助員・介護福祉士 c.　医療的ケアを行う看護師 d.　言語聴覚士（ST）、作業療法士（OT）、理学療法士（PT）など
地域との連携体制の整備	a.　地域連携を担当する教職員	

図7-1　チーム学校

改善しようとする、働き方改革の一環でもある。

　行政の意図からすれば、社会に開かれた学校づくり、地域との結びつきの強い学校づくりを指向しつつ、教職員の負担軽減を目指すものである。ところが、チーム学校の構想は、実質的に考えていくと、行政の意図を踏み越えて、教育観そのものの転換とみることもできるのである。

　前頁の図７−１のなか、教員以外の専門スタッフの欄に注目すると、「支援」という言葉がところどころで用いられていることがわかる。その典型は、特別支援教育という言葉に表れているが、基本的に「支援」が教員以外の専門スタッフを位置づけるキーワードといってよいだろう。近年の学校では、とりわけ生徒数の多い大規模校（中学校）の場合、教職員の所属区分として、１学年部、２学年部、３学年部の３分類が通常の部署の分け方であったのにたいして、さらに４学年部という区分を設けるようになってきている。４学年部とは支援にかかわるスタッフが所属している部署である。また、生徒のほうも、教科担当の教員とは別に、「支援の先生」といった表現で支援にかかわるスタッフを認識したりもしている。学校の現場は、教科教育一辺倒の場というイメージから、支援という考え方を含んだ生活全般の教育が行われる場というイメージへと、大きく様変わりしつつあるのである。

── ワーク７−２ ──

学校において支援にかかわるスタッフが行っている業務が具体的にどのようなものなのかを調べ、教科担当の教員との教育的アプローチの違いを考えてみよう。

....

....

....

3．ケアの思想

　支援という言葉は、直接的には英語の Support に由来すると考えることができるが、その思想的背景を考えるならば、大きくは「ケアの思想」の流れのなかに位置づけることができるだろう。

第 7 章　その母の訴えに、担任はどう対応すればよかったのか？

　英語の Care は、語源的には、関心、注意、気遣い、気配り、苦労、苦悩、といった意味をもつ言葉である。ここから、世話、手入れ、保護、といった意味が派生し、さらに、看護、介護、援助、支援、療育、といった実践概念として用いられるようになった。

　日本では、ケアの語はすでに日常語として定着し、なじみがある。一般的には、髪や肌などのメンテナンスの意味でこの言葉を使うことが多い。そしてまた、医療・保健や福祉などの高度に専門化され制度化された職業的な行為を指して、ケアと総称している。それだけでなく、大きな災害や事故、犯罪などが起こると、被害者の心のケアといった形で、心理カウンセラーが介入することがある。学校の現場においてケアの語が用いられる場合は、おおよそ心のケアを指していることが多い。

　一方で、「ケア」や「ケアリング」という用語は、倫理学や教育学において、重要な視座を牽引してきた概念でもある。ケアの思想は、20世紀後半に、発達心理学者であったキャロル・ギリガン（1937-）が「ケアの倫理」を提唱し、西洋近代の伝統的な道徳観念を「正義の倫理」と呼んで批判したことに端を発する[3]。「ケアの倫理」では、相手の個人的な世界を尊重し、弱さや苦しみを共有し、思いやりや配慮をもって寄り添うことが最善であるとされる。そして、これを女性特有の倫理観であるととらえる。これにたいして、「正義の倫理」は、社会的秩序に則った正義感や良心を重んじるもので、個人よりも社会的な公正を優先する。そのため、正義の理念にもとづいて個人が裁かれることから、個人にとっては正義がときに押しつけに感じられることもある。そして、これを男性中心の倫理観ととらえている。ギリガンの主張はフェミニズムの展開に大きく寄与したものの、ジェンダー・バイアスが強すぎるという印象は否めないだろう[4]。とはいえ、このようなケアの思想はやがて教育学へと波及することになる。これをケアリングの問題として教育関係論に導入したのが、教育哲学者のネル・ノディングズ（1929-）である[5]。

　ノディングズの功績は、教育関係論には二つの関係性が想定でき、その違いを明確にすることで、ケアリングにもとづく教育のあり方を提示したことにある。ごく簡単に整理すれば、教育の場では、一方的な関係と相補的な関係が成立している、というのである。

95

たとえば、教師と生徒の関係がなぜ成り立つのかといえば、教師が生徒にたいして教えるという行為があるからだ、と普通は考える。この関係を構造的にみれば、〈教師〉から〈生徒〉へと、〈教える〉という行為が、一方的に流れていることがわかる。〈教える〉を〈指示する〉、〈指導する〉といった言葉に、さらには〈命令する〉、〈強制する〉といった言葉に変換していくと、その関係の流れがいっそうはっきりするだろう。学校の現場は、ほとんどが一方的な関係によって成り立っているといっても過言ではない。

　ところが、ケアリングの観点に立つと、この関係がまったく違ったものになってくる。そもそもケアリングとは、ケアする側とケアされる側との関係を意味する言葉であるが、それはケアされる側のもつニーズにケアする側が応答するという関係である。つまりは、ケアする側がケアされる側に受容的共感的にかかわるということであり、しかもケアする側がケアされる側を優先することで、相手に自己を明け渡すことを表している。そうすることによって、ケアされる側の内発的な成長欲求が喚起され、変容が起きてくる。同時にケアする側もまた変容へと導かれる。それは、ケアする／ケアされる、といった区分自体がかき消えていく状態でもある。ここに相互に補いあう関係を見いだすことができるのである。

　ケアリングは、〈教える〉というよりは、〈育てる〉、〈支える〉、〈援助する〉といった相補的な教育関係を指向している。とはいえ、教育の場にケアリングの観点を導入すると、たとえ〈教える〉という行為であっても、一方的なかかわりとはいえなくなる。とりわけ〈教師〉が作為的で操作的な働きかけをやめるように心がけ、〈生徒〉の内発的で主体的な学びたいという意欲を引き出そうとして、個々人を尊重しつつ自由で心地よい空間や雰囲気を維持する努力を惜しまないのであれば、そこには、〈生徒〉と〈教師〉とが、〈共に育つ〉、〈共に生きる〉といった関係性が生まれることだろう[6]。

　いまさらながらの確認であるが、「教育」という言葉は、もともと英語のeducation を翻訳したものであり、明治初期につくられた日本語である。原語であるラテン語に戻れば、「内から外に連れ出す」、「子どもの能力を引き出す」といった意味をもつ。したがって、education には、そもそも「教える」という意味はなく、「育てる」に近い概念といえる。ケアの思想が教育と結び

つくことの意義は、むしろ教育の原点に立ち還ることなのである。

4．人間性を育んでいく教育

　チーム学校という多職種連携の教育体制のあり方が広がっていくことは、スクールカウンセラーやスクールソーシャルワーカーなどの支援にかかわる専門のスタッフが学校組織のなかで重要な位置を占めることによって、ケアの思想にもとづく教育観が浸透していくことを意味している。

　その影響の一つとして、教科教育を中心とする学力偏重の教育観が相対化され、人間形成に重点を置いた人間性を育んでいく教育観がますます主流となっていくことが考えられる。言うなれば、「モノを教える」教育から、「人を育てる」教育への転換である。

　このように書くと、学校関係者のほとんどは、道徳教育や人権学習の促進や充実ということを思い浮かべるものである。ところが、これに反して、学校生活に何の意味も見いだせず、ただただ息苦しいと感じている一部の生徒たちがいる。彼ら彼女らからすれば、道徳やら人権などといった言葉を聞かされても、空疎で白々しいだけであり、何の実感も湧かず、他人事でしかないと思うことだろう。彼ら彼女らにとっては、それほどまでに学校コミュニティへの不信感や空虚感が蔓延しているのである。

　たとえば、学校に行く気がしない、教室に入りたくない、とかたくなな態度をとり続ける不適応と呼ばれる生徒たち。その多くは、学習にたいする慢性化した苦手意識に加え、クラスの交友関係にも疲弊し、傷つきやすさや生きづらさを抱えながら、現実逃避的にネットやメディアのなかに潜り込んでいる。現実世界での顔見知りとのやりとりでは、傷つくばかりで自分を押し殺すほかない。けれども、SNSやネットゲームなどを通じて知り合った匿名のユーザーとならば、コミュニケーションもとれるし、仮面をかぶった自分を演じることもできる。あるいは、アニメやゲームやアイドルなどに没頭し陶酔していれば、現実のつらさを忘れて、心躍る物語や空想のなかに耽っていられる。ネットとリアル、二次元と三次元、そうした言葉で世界を切り分けて、自分の居場所をなんとか保守しようとする生徒たち。彼ら彼女らの生きる実感は、仮想世界に

はあっても、学校コミュニティには見いだせないし、見いだそうともしない。そして、そこには危うさや脆弱さがつねにつきまとっている(7)。

はたして、彼ら彼女らの人間形成や人間性を育む教育は、どのように実現されるというのだろうか。そもそも教員からしてみれば、学校に背を向け、仮想空間にダイビングして、心を閉ざしてしまっている生徒にたいして、何らかの対応をしようにもどうすることもできない。これは教育そのものを放棄するほかないようにすら感じられる。

もはや学校教育の限界かと思われるような事態、それこそどう対応してよいのかわからず困惑してしまうような出来事が、さらに深刻なかたちをとって起こることがある。次のようなケースはまさにそうであろう。

夏休みの終わりの日の夜、中学3年生のノゾムは、自宅の一室で、電気コードを使って首吊り自殺を図った。しかし、不穏な動きを察知した母親が間一髪のところで発見し、未遂に終わった。

次の日、始業式の朝、母親は担任に電話を入れ、昨晩の出来事を伝えた。また、「ノゾムは、いまは誰にも会いたくない、と言っています。無理にでも学校に行かせたほうがよいでしょうか?」と、担任に聞いてきた。担任は、「とりあえずいまから家庭訪問しますので、そのまま待っていてください」と伝えて電話を切り、学年主任に事情を説明して、ノゾムの家に向かった。

家に着くと居間に上げてもらい、ノゾムと会うことができた。ノゾムは椅子に座って、顔を見せないようにマスクをして下を向いたまま黙っている。声をかけたが返事をしない。母親が「ノゾムの言いたいことは全部これに書いてあるそうです」と、一冊のノートを出した。担任が「見てもいいかな?」と聞くと、ノゾムは黙って頷いた。そのノートには、鉛筆書きで薄くて小さな字だったが、びっしり3ページくらいに渡って文章が綴られていた。そこには、「この世界は、汚れや暴力に満ち、悪と闇だけがのさばっている。自分はこんな世界に生まれたくはなかった。純粋で光にあふれた聖なる世界に行きたい。この世界に自分の居場所なんてない。もう絶望しかない」といった言葉が、延々と書かれていた。

第7章　その母の訴えに、担任はどう対応すればよかったのか？

　決して多いというわけではないが、学校の現場にいると、生徒自身の自死や自殺未遂とかかわることがある。もしもあなたが教員として、ノゾムのような生徒に出会ってしまったときには、どんなことを考えるだろうか。

```
─── ワーク7-3 ───
自殺未遂をした生徒の気持ちや性格、人間関係、家族環境などを想像して、ど
んな声かけやかかわりをもったらよいのか考えてみよう。
```

　このケースのように、学校という場で、いのちにかかわるような深刻な問題が起きると、教員であっても、また周囲の生徒たち、保護者たちも、大きな衝撃を受け、動揺する。それでも、もちろん学校は対応しなければならない。場合によっては、緊急支援というかたちをとって、学校外のさまざまな専門機関とも連携しながら、慎重に対応していくのである。
　チーム学校の機能が発揮するのは、まさしくこうした事態においてである。このケースでも、生徒指導主任を中心に、生徒本人と家族を支援するためのチームが編成されることになる。まずは、この日の夕方に、最初のケース会議として、生徒指導主任、学年主任、担任、養護教諭、スクールカウンセラーが集まって、担任から経緯や状況などを報告してもらい、本人や家族の精神状態についての把握、これまでの学校生活での様子、クラスや部活などでいじめや嫌がらせなどがなかったかを確認し、今後の対応について具体的に協議する。ケース会議のあと、担任が家庭に連絡を入れると、母親から、本人を心療内科に受診させ薬が処方されたことが伝えられ、とりあえず明日も学校を休ませたいと言ってきた。
　次の日には、両親に学校に来てもらい、学年主任、担任、養護教諭で、本人の家庭での様子などを聞き、本人をスクールカウンセラーにつなげたいが可能

99

かどうかを打診する。また、生徒指導主任は、夏休み前に本人とトラブルがあったという複数の生徒を1人ずつ呼んで、事情を聴くなどする。

　少しずつ本人を取り巻く状況などがわかってくるなか、本人が保健室に登校することが可能になってきた。そして、スクールカウンセラーの訪問日に面談することにもなった。両親とは、定期的に家庭と学校が連携するための話し合いの場をもつことになり、そこにはスクールカウンセラーも同席することになった。また、本人が通っている塾に、面倒見がよく本人とも心を通わせている若い講師がいるというので、塾の経営者とその講師にも話し合いの場に参加してもらうことになった。

　このようにして、本人や家族を精神的に支援していく体制を整えていき、生徒指導と心のケアの両面から図っていくことが、チーム学校のもつ実際的な機能といえるだろう。そして、対応が難しいケースであればこそ、ますますチームによる支援が求められるのであり、その全体がケアリングにもとづく教育として、支援する側も支援される側もともに人間性が育まれていくことになるのである。

注
（1）　念のために断っておくが、ここに提示した事例はアニメ『ちびまる子ちゃん』の一つのシーンではない。学校での出来事を想像しやすいように、アニメの登場人物の名前を拝借させていただいたものである（なので、まることさくらは同一人物ですよ、といったツッコミには、ご愛嬌で許してほしいところである）。ちなみに、ちびまるこちゃんの小学校時代（1970年代）には、チーム学校とか支援などといった考え方が学校教育に導入されるなど誰も予想しなかっただろう。そのころから40年以上を経て、学校教育のあり方が大きく変わったことがよくわかるのである。
（2）　「チームとしての学校の在り方」についての行政の考え方や方針については、

第7章　その母の訴えに、担任はどう対応すればよかったのか？

文部科学省のホームページ：「初等中等教育分科会（第102回）の配布資料」において詳しく書かれている。http://www.mext.go.jp/b_menu/shingi/chukyo/chukyo3/siryo/1365116.htm

（3）　Gilligan, Carol, *In a Different Voice: Psychological Theory and Women's Development*, Harvard University Press, 1982.（岩男寿美子監訳、生田久美子・並木美智子訳『もうひとつの声——男女の道徳観のちがいと女性のアイデンティティ』川島書店、1986年）

（4）　ギリガンの主張する「ケアの倫理」は、一部のフェミニストから「伝統的な良い女性」というステレオタイプを強化する見方であると批判されている。一方、ケアする能力は女性特有のものであり、この能力を男性も学ぶべきとする論理は、家父長的な社会への皮肉を込めた痛烈な批判であり、ギリガンは戦略的にあえてこのジェンダー・バイアスを利用しているとみることもできる。

（5）　Noddings, Nel, *Caring: A Feminine Approach to Ethics and Moral Education*, University of California Press,1984.（立山善康・林泰成・清水重樹・宮崎宏志・新茂之訳『ケアリング——倫理と道徳の教育　女性の観点から』晃洋書房、1997年）

（6）　ケアの思想と学校カウンセリングとのかかわりについては、さらに深まった考察が求められる。参考までに、筆者の考えをまとめた論文を挙げておきたい。また、筆者自身のスクールカウンセラーの活動と関心について物語風にまとめたエッセイがある。あわせて紹介しておきたい。坂井祐円「スクールカウンセラーの活動は教育なのだろうか——心のケアと教育のあいだ」稲垣応顕・坂井祐円編『スクールカウンセラーのビリーフとアクティビティ』金子書房、2018年所収／第2章。坂井祐円『お坊さんでスクールカウンセラー』法蔵館、2018年。

（7）　スクールカウンセラーとして学校現場にかかわってきた印象からすると、現代の子どもたちは、生まれたときからインターネット・メディアの波に浸食され続けており、心の成長やバランスを保つことがとても難しい状況を生きているように感じられる。そして、その影響下で、学校の集団型教育にうまく適応できない子どもたちが確実に増えてきている。そうした子どもたちは、一方で自己愛を肥大化しつつも、他方で自己肯定感が極端に低い、というアンビバレントな精神状態にあるといえるだろう。

【読書案内】
①ネル・ノディングス（佐藤学監訳）『学校におけるケアの挑戦——もう一つの教育を求めて』ゆみる出版、2007年。

学校教育をケアリング中心に再構成しようとする学校改革プラン。ケアにもとづく具体的な授業カリキュラムの提示。知識や思考を身につけることは、人として愛し、世話し、育てることを前提になされるべきと提起している。

②坂井祐円『お坊さんでスクールカウンセラー』法蔵館、2018 年。

緊急支援、喪の作業、引きこもりといった学校現場の深刻な状況に、筆者は僧侶でありスクールカウンセラーでもある立場から寄り添っている。死をタブー視しがちな学校に風穴をあける、心のケアの実際を描いた七つの物語。

（坂井祐円）

第8章
「養護教諭」が行う教育相談とは何だろうか？
「健康相談」にみる学校におけるその仕事の役割

1.「養護教諭」を知っていますか？

　あなたは「養護教諭」という仕事を知っているだろうか。俗に、「保健室の先生」と呼ばれる仕事である。少し思い出してみてほしい。これまでの学校経験で、あなたは養護教諭のお世話になったことはあるだろうか。また、養護教諭という仕事にあなたはどのようなイメージをもっているだろうか。

ワーク8-1

これまでに養護教諭にお世話になったことがあれば、その経験を（書ける範囲で）書き出してください。

ワーク8-2

養護教諭という仕事のイメージを書き出してください。

　ワーク8-1については、例えば次のような経験が書き出される。体育のときにケガをして応急処置をしてもらった。身体測定のときに身長・体重などを計測してもらった。少しお腹が痛いときに保健室で寝かせてもらった。よくわからないけれど雑談しに行った。このような経験である。ワーク8-2につい

てはどうだろうか。たとえば次のようなイメージがあるようである。学校のお母さん。怖いような、怖くないような……。先生らしくない。暇そう。いつでも話を聞いてくれる人。学校が苦手な子どもの味方。保健だよりというプリントを書いている。こうしたイメージである。

　じつのところ、本当は養護教諭にまったくかかわらずに学校を卒業する人は少ないのだが、どうもその仕事のイメージはあいまいなようである。少なくとも、この二つのワークからみえてくることは、学校という場にあって、「養護教諭」は、その他の教職員とは異なるかたちで子どもたちとかかわっているようだということである。さらにいえば、その仕事の全体像は、あまりよく知られていないらしいということである。

　そこで、本章では、この「養護教諭」という仕事をできるだけ詳しく学んでみたいと思う。この学びは、あとからみえてくるように、じつは学校におけるカウンセリングや教育相談を知るうえで、欠かせない視点を提供してくれる。

2．「養護教諭」とはどのような仕事なのだろうか？

　まず、「養護教諭」の仕事の特徴を概観しておこう。そもそも、養護教諭は学校における教員である以上、その職務は、法律の定めに従って決められることになる[1]。最も根本的な規定は、「学校教育法」第37条第12項の定め、すなわち「養護教諭は、児童の養護をつかさどる」というものである。この条項で定められた職務を果たすことを目的として、小学校・中学校・義務教育学校・高等学校・中等教育学校・特別支援学校では、養護教諭は校長や教頭などと並んで、原則、必置の教諭の一つとなっている。

── ワーク 8-3 ──

「学校教育法」以外にも、養護教諭の仕事について規定した法律はさまざまある。教育関係の法令集にあたって、養護教諭についてどのように規定されているか調べてみよう。

第8章　「養護教諭」が行う教育相談とは何だろうか？

　さて、ここで問題なのは、「養護」という言葉の意味である。一般的な意味で考えれば、この言葉は、誰かを養ったり、護ったりということになる。しかし、この養護教諭の仕事という文脈では、この言葉は、もっと詳しい定義がなされている。ここでは、日本養護教諭教育学会の定義をみてみたい。

　この学会の定義では、養護とは「児童生徒等の心身の健康の保持（健康管理）と増進（健康教育）によって、発育・発達の支援を行うすべての教育活動[2]」だとされている。この定義からは、一般に養護という言葉から連想されるものよりも、子どもたちの健康「管理」や健康「教育」といったより意図的で計画的で積極的な働きかけ、すわなち、教育的な意図をともなった「教育実践」であることがみえてくる。

　とはいえ、養護教諭の仕事をこのレベルだけでとらえてはいけない。藤田和也は、養護教諭が行う「教育実践という語を、教師が直接子どもに働きかける活動のみに限定して理解すべきではありません[3]」と述べている。そのうえで、藤田は、「子どもに直接かかわり、働きかける仕事だけでなく、間接的に働きかける仕事、仕事を進めるための条件づくりや体制づくり、ネットワークづくりなども教育[4]」なのだとする。その結果として、藤田は、養護教諭の仕事の全体像を、図8−1のように整理している。

　これまでにみてきたさまざまな定義に従うならば、養護教諭の仕事は、ワーク8−1や8−2で考えた以上に広範にわたり、複雑な要素を抱え込んだものであることがみえてくるだろう。子どもに直接働きかける「養護」としての働きだけではなく、それが成り立つためのさまざまな条件づくりまでを含めて「教育実践」としてとらえ、養護教諭の仕事は成り立っている。この意味で、学校という教育機関において、他の教職員とは異なる「養護」の専門性の観点から広範な教育実践を行うのが養護教諭なのである。

3.「養護教諭」が行う健康相談とは何だろうか？

　さて、ここまで読み進めてきたあなたは疑問に思うかもしれない。たしかに養護教諭についてはそれなりにわかったが、この話が「学校カウンセリング」のどこに結びつくのだろうか、と。これはもっともな疑問である。

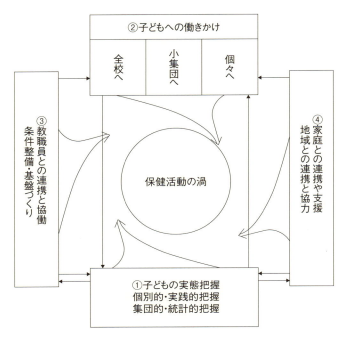

①子どもの実態把握
　　子どもとの対話、観察、健康相談、健康診断、実態調査などを通して
②子どもへの働きかけ
　　保健室実践、保健指導、保健委員会指導、保健授業への参画などを通して
③教職員との連携と協働、条件整備・基盤づくり
　　学級担任、学年団、教職員保健部会、その他の関係教職員との連携・協働
④家庭との連携や支援、地域との連携と協力
　　家庭との連携、保護者への支援、地域の専門家や関係機関との連携・協力

図8-1　藤田による「養護教諭実践の全体的枠組み」の図
出所）藤田和也『養護教育が担う「教育」とは何か』豊文協、2008年、59頁。

　もう一度、図8-1をみてほしい。藤田が、「①子どもの実態把握」としたもののなかには、「子どもとの対話、観察、健康相談、健康診断、実態調査などを通して」と書かれてあった。ここで述べられている「健康相談」こそ、養護教諭が行う学校カウンセリングとしての教育相談なのである。
　具体的に、それはどういった性質の教育相談なのだろうか。ここでは架空の事例に即してみてみよう。以下のワーク8-4に取り組んでみてほしい。

第8章 「養護教諭」が行う教育相談とは何だろうか?

――― ワーク8-4 ―――

あなたが養護教諭だったとしたら、次のような子どもにどのように対応するだろうか。考えてみよう。

◎事例 何となく疲れちゃったAさん(小学校4年、女子)

　火曜日のお昼休み。4年生のAさん(女子)が保健室にやってきた。「どうしたの?」と聞くと、「ううん、何でも」と言いながら、保健室のイスに腰掛ける。どうしたのかな、と思いながらも、特別体調が悪いようでもないので、雑談することにした。「給食はいっぱい食べた?」「まあまあ」「麻婆豆腐、おいしかったね」「うん」……などと、とりとめのない会話を交わす。そのうちに、Aさんが、「何となく疲れちゃった。」と言い出す。「何かあったの?」と言葉をかけると、Aさんは、友達が何気なく言ったひと言に何となく不快な思いをしたことや、最近学校があまり楽しくないことなどを話し始めた。その一つひとつは、決して大きな出来事ではないようだったが、小さなものの積み重ねで「何となく疲れちゃった」ようである。

　さまざまな応答の仕方がありうるだろうが、一番多く考えられるのは、できるだけAさんの言葉を受容し、適切な言葉で応答することで共感的な理解を示すことかもしれない。Aさんの「何となく疲れちゃった」という思いを十分に受け止め、それをAさん自身が消化できるように促し、あらためて日常の生活に臨めるようにしていく。こうした救急処置的な対応が考えられる[5]。

　実際のところ、健康相談の研究を重ねている森田光子は、こうした一見すると何でもないような短時間の救急処置と思われるような対応を、養護教諭が行う「相談的対応」と呼んでいる[6]。この「相談的対応」の意義は、何よりも子どもたちの情緒の安定に資することである。子どもたちが安心して、心身ともにより良い学校生活を送れるように、養護教諭は日常的に「相談的対応」としての健康相談を行っている。

　しかし、養護教諭が行う健康相談は、こうした事例だけには限られない。森

107

田が挙げているように、ほかにも、「心の不調に対する望ましい予防行動」として直接的な指導をしなければならない場合や、「指導方針について教師と生徒との調整が必要な健康相談」、「学校だけで解決できない問題の健康相談」なども担わなければならない[7]。事例の実態に応じて、養護教諭は、カウンセラー的な役割や身体的ケアの専門家の役割、指導者の役割などと、さまざまな力が求められる。そのため、ひと言で「健康相談」といっても、そこで求められるかかわり方は図8-2のように多岐にわたっている。

　図8-2をよくみてほしい。この分類からも明らかなように、健康相談として位置づけられる養護教諭の行う教育相談は、じつは狭い意味での「カウンセリング能力」を超えている。この点をふまえて気をつけなければならないのは、次の2点である。

健康相談のタイプ	具体的な支援方法	支援に必要な能力
カウンセリング型	主として言語的なコミュニケーションによって、相手の考え方や行動の変容を目指す（話を聴く、カウンセリングを行う、言葉をかける、見守る、ほめる、励ます、言語化をはかる）	カウンセリング能力
救急処置・身体的ケア型	救急処置、身体への手当て、身体的な苦痛の緩和、休養	心身の救急処置能力 医学的専門知識
教育指導型	不安を軽減するため知識・情報を提供する、問題理解と予防のための教育を行う、友人・学級への適応を目指し挨拶や連絡方法を指導する、教科学習を依頼する	教育指導力 連携
ソーシャルワーク型	関係者・関係機関と協議し、児童生徒の福祉と教育を保障する立場から生活への介入を行い、環境調整する	連携協働して問題解決を図る力 コーディネート力

図8-2　森田による「教育相談のタイプ」の分類
出所）森田光子『養護教諭の健康相談ハンドブック（第二版）』東山書房、2014年、24頁。

第8章 「養護教諭」が行う教育相談とは何だろうか？

　第一に、子どもが抱えている問題をカウンセリング型の教育相談として対応してはならない事案があることである。森田によれば、「不登校や身体疾患、集団不適応、保護者の悩みを聴く場合等[8]」がカウンセリング型の教育相談の対象であるとされ、「発達障害や心身症、精神疾患が推測される[9]」場合には、子どもの話を傾聴するカウンセリングではなく、日常的な場面で指導的なかかわりを行うほうがよいという。それは、カウンセリングによって子どもの内面に深く介入することが、時に情緒的な混乱やパニックを引き起こしてしまう（いわゆる二次的被害）可能性があるからとされている。この二次的被害を防ぐために、カウンセリング型の教育相談の対象であるかどうかを判断することは、とても大切なことである。

　第二に、図8-2の四つのタイプ（支援に必要な能力）は、それぞれの事例において個別に求められるとは限らないという点である。森田は「分類」という言葉を用いているが、その意図は決して、それぞれが別々の事例として養護教諭の前に現れることを意味してはいない。たとえば、子どもたちの身体的な苦痛への対応のために、医学的な救急措置のみならず、もしかしたらカウンセリング型の教育相談やソーシャルワーク型の教育相談、もしくはその両方があわせて求められるかもしれない。子どもたちが保健室を訪れて時折訴える「おなかが痛い」や「頭が痛い」という身体的な症状は、もしかしたらその背後に、学校生活や家庭生活での不安や不満が存在している可能性もある。その場合、医学的な救急措置だけではなく、カウンセリング型の教育相談もあわせて求められることになるであろう。

　子どもが抱えている問題の状況に応じて、どういうかたちの教育相談が必要になるのかは変わってくる。言い換えれば、問題の背景を的確にとらえ、その

── ワーク8-5 ──

養護教諭が担う教育相談（健康相談）の事例について、章末の参考文献・読書案内の書籍やネット上の情報を活用して調べてみよう。また、調べた事例が、図8-2のどのタイプの教育相談に相当する事例なのか、考えてみよう。

子どもにとっていまどのような対応が必要なのか、今後の学校生活を見据えてどのようなかかわりを続けていく必要があるのか、養護教諭は知識と経験にもとづいて総合的に判断しているのである。

4．教育相談体制をつくるために必要な視点とは何だろうか？

　次に検討したいのは、いままでよりも複雑な事例である。これは小学校での事例として嶋津貴子が記載したものである[10]。

── ワーク8−6 ──

あなたが養護教諭だったとしたら、次のような子どもにどのように対応するだろうか。考えてみよう。

◎事例　Bくん（小学校4年、男子）
　小学校4年生時のBくん。5歳時にアスペルガー症候群、注意欠陥多動性障がいと診断され、療育機関へのつながりをもっている。
　友達とのかかわりが苦手で、集団活動（集会等）も参加しないことが多い。苦手なことやきついことはしたくない傾向があり、物事が自分の思いどおりにならないと興奮して、激しく暴言を吐いたり、物を壊したり、周囲の物を投げたりする。
　医師の指示により薬を内服しているが、飲み忘れると言葉が流暢になったり、自分の興味のあることにずっと集中したりして、周りが見えなくなっている。

　あなたはどのような対応を考えただろうか。ワーク8−4よりも事例がやや複雑なので、考えるのが難しかったのではないだろうか。こうした事例の場合、まずは、子どもが抱えている発達障がいの特性についての理解が欠かせないことは言うまでもない。それがまず大前提となる。しかし、ここでは、その点に深く踏み込むのではなく、教育相談としてどのような対応を養護教諭が果たすのかに着目したい。

第8章 「養護教諭」が行う教育相談とは何だろうか？

　まず、教育相談として重要なのは、子どもへの直接的なかかわりである。この事例の場合も、嶋津は、「本人の思いを理解して、基本的に寄り添うこと」や「本人のがんばりを認める表現をすること」、「少し気持ちが落ち着き始めたら、好きな本を利用して心を落ち着かせること」、「クールダウンした後、冷静な状況下で、ダメなことはダメであると伝えること」という４点を基本的な方針として、保健室でのかかわり方を紹介している[11]。

　しかし、このワーク８－６のような事例は、じつのところ、子どもへのかかわりだけでは十分な教育相談としての効果が期待できないことも事実である。それは、こうした事例が、森田が述べていた「学校だけで解決できない問題の健康相談」に該当すると思われるからである。この事例に即していえば、担任や他の教科担当の教員、小さなころからつながりのある療育機関、家庭の保護者などと連携しつつ対応しなければならない。実際、この事例を紹介した嶋津も、教職員への事前の働きかけや療育・医療機関との連携、保護者へのサポート、管理職への密な報告・連絡・相談などを、こうした事例に対応するうえでの重要な点として挙げている[12]。

　このように考えると、養護教諭には、教育相談を十全に機能させるための連絡・調整力（コーディネート力）も問われる。他の教職員という学校内部でのコーディネートももちろんであるが、それに加えて、地域の療育・医療機関や家庭の保護者とも協力して問題解決にあたらなければならない以上、学校外部の主体とも調整できるコーディネート力が必要になる。

　以上の点は政策的な面からも期待されている点である。

　まず、これまでに養護教諭の職務にかかわって出された各種答申を整理した山田直子によれば、現代の「求められる養護教諭の役割」は、表８－１で示すように、大きく五つに整理できるとされている。

　表８－１をみるとわかるように、五つ中の上二つは、養護教諭のコーディネート力やそれをもとにした健康相談等の充実にかかわる記述である。これほどまでに養護教諭が果たす連絡・調整という仕事は大きな割合を占めるため、現代の養護教諭は、学校内外のコーディネーターとまで呼ばれるのである。

　また、文部科学省は、平成29（2017）年３月に『現代的健康課題を抱える子供たちへの支援――養護教諭の役割を中心として』という冊子を刊行している

III

①校内及び地域の医療機関等との連携を推進するためのコーディネーターとしての役割
②関係教職員等と連携した組織的な健康相談、健康観察、保健指導の充実
③学校保健センター的役割を果たしている保健室経営の充実
④いじめや児童虐待など子どもの心身の健康問題の早期発見、早期対応
⑤学級活動における保健指導をはじめ、ティーム・ティーチングや保健学習への積極的な授業参画

表8-1 山田の整理による「求められる養護教諭の役割」

出所）山田直子「養護教諭の役割の変化」全国特別支援教育推進連盟・全国養護教諭連絡協議会編『特別支援教育における養護教諭の役割』東洋館出版社、2015年、27頁をもとに整理。

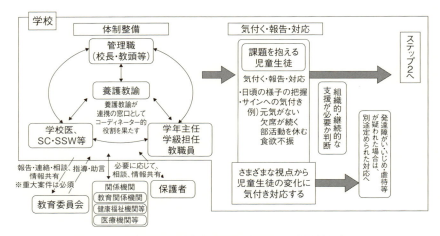

図8-3 文科省による児童生徒の問題解決における校内体制の概念図

出所）文部科学省『現代的課題を抱える子供たちへの支援——養護教諭の役割を中心として』2017年、6頁。

が、そのなかでは、養護教諭の役割を上の図8-3ように図式的に整理している。

　この図からも明らかだが、養護教諭には、学校管理職や主任以下の教職員、学校医やスクールカウンセラー（SC）、スクールソーシャルワーカー（SSW）といった学校の内部関係者のみならず、教育委員会や医療・保健福祉などの関係機関、保護者などの外部関係者とも、日常的にその「連携の窓口としてコーディネーター的役割を果たす」ことが期待されている[13]。

　本章でみてきたとおり、教育相談の取り扱う事例は、養護教諭の健康相談というかたちで個別に対応できるものだけではなく、そもそも学校全体として組織的に対応しなければ十分な改善を見込むことができないものも数多く含んで

第 8 章　「養護教諭」が行う教育相談とは何だろうか？

いる。このことを考えるとき、これからの養護教諭が果たす役割は、これまで
以上にきわめて大きいといえるのである。

5．専門性のコラボレーションとしての教育相談

　さて、ここまで読み進めてきたあなたは、養護教諭という仕事にたいして、
あらためてどのような印象をもっただろうか。ワーク 8－1 や 8－2 で書き出し
たことと比べてみてほしい。人によっては、純粋に「大変だな」、「責任が重い
な」と感じたかもしれない。「養護教諭はじつはすごい」と思ったかもしれな
い。しかし、それで終わられては困るのである。

　いまこの章を読んでいるあなたは、もしかしたら養護教諭を目指しているの
かもしれない。しかし、教員養成・採用の比率から考えれば、多くの場合は、
一般的な教科指導を行う教員を目指しているのではないだろうか。じつのとこ
ろ、本章は、そうした教科の免許状を取得しようと思っている人にこそ読んで
もらいたくて書いたものである。それはなぜか。

　本章の後半部分では、学校における教育相談が効果的に機能するために必要
な、養護教諭のコーディネート力について述べた。これだけをみるならば、
「養護教諭」に限定的な話に思われるかもしれない。しかし、実際にコーディ
ネートがうまくいくかどうかは、コーディネートされる側の認識や能力にもか
かわっている。言い換えれば、他の教員の認識や能力にもかかわっている、と
いうことである。養護教諭がどれだけがんばって働きかけても、他の教員に理
解してもらえない、協力してもらえないのでは、コーディネートなどとうてい
うまくいかないからである[14]。

　じつのところ、一部の教員には、保健室を子どもたちの「甘えの場」や「た
まり場」ととらえ、それを許しているかのようにみえる養護教諭の仕事に否定
的な認識を示す人もいるようである[15]。しかし本章を読めばわかるとおり、
養護教諭の仕事は、そうした「甘えの場」や「たまり場」をつくることにある
のではなく、他の教員とは異なる専門性の観点から、子どもたちの教育活動を
担うことである。このことが理解されなければ、いくら養護教諭が専門性を活
かして子どもたちの問題状況を丁寧に把握し、必要な対応を考えても、その仕

113

事が、「学校としての組織的な教育相談」にまったく活かされないことになってしまう。

　学校において、子どもたち1人ひとりが抱える心身の問題へのかかわりは、決して「担任」だけに帰せられる仕事でもなければ、「養護教諭」が単独で担う仕事でもない。それぞれの専門性を発揮し、「学校」として1人ひとりの子どもの教育活動に責任をもっていく必要がある。少なくとも、日常的な教育相談という場面においては、養護教諭はその要である。コーディネーターとしての養護教諭がその職責を果たし、他の教員と共に専門性を発揮できたとき、これまで以上に、より十全な教育相談の機能が果たされる。

　その意味で、教育相談は、学校に集うさまざまな人たちの専門性がコラボレーションすることによって成り立つのである。

注
（1）　教員が「法」のなかで生きる職業人であることについては、例えば、次の文献を参照のこと。荒井英治郎「「法」のなかで生きる教員とは？──ブレーキ／モーターとしての法」井藤元編『ワークで学ぶ教職概論』ナカニシヤ出版、2017年、70-83頁。
（2）　日本養護教諭教育学会編『養護教諭の専門領域に関する用語の解説集〈第二版〉』6頁（「養護」の項）、日本養護教諭教育学会HP（http://yogokyoyu-kyoiku-gakkai.jp/wp/?page_id=58）（最終閲覧日：2018年9月11日）
（3）　藤田和也『養護教諭が担う「教育」とは何か』農文協、2008年、47頁。
（4）　同上、48頁。
（5）　なお、ここで架空の事例として挙げたAさんのような子どもを、田村節子は、「なんちゃってタイプ」と分類している。田村によれば、「「なんちゃってタイプ」は、本当はたいした体の不調ではないのに、「先生、頭が痛いんだ…なんちゃって」という雰囲気で保健室に来る子どもたち」のことを指すようである（海保博之・田村節子『養護教諭のコミュニケーション──子どもへの対応、保護者、教師間連携のポイント』少年写真新聞社、2013年、126頁）。田村によれば、こうした子どもたちだからこそ、「もっと大きな体の不調を訴えたり、困らせるような行動をとったりするように」なってしまわないように、「「あなたのことを大切に思っている」ということが伝わるようなコミュニケーション」が大切になるという（同上、127頁）。

第 8 章 「養護教諭」が行う教育相談とは何だろうか？

（6） 森田光子『養護教諭の健康相談ハンドブック（第二版）』東山書房、2014 年、
　　　19 頁。

（7） 同上、18-22 頁を参照。ここには、養護教諭が実際に行った健康相談の諸事例
　　　が掲載されている。

（8） 同上、23 頁。

（9） 同上。

（10） 嶋津貴子「小学校における校内委員会と養護教諭──どの子も楽しく学校生活
　　　を過ごすために」全国特別支援教育推進連盟・全国養護教諭連絡協議会編『特別
　　　支援教育における養護教諭の役割』東洋館出版社、2015 年、37-38 頁。なお、本
　　　章への掲載にあたって、もともとは「A君」と表記されていた子どもの名前を
　　　「Bくん」に改めた。

（11） 同上、38 頁を参照のこと。

（12） 同上、36-39 頁を参照のこと。

（13） スクールカウンセラーの実態については、第 7 章を参照のこと。

（14） この点については、和山博人・畠山大「岩手県立大学教職課程における「生徒
　　　指導論」及び「特別活動論」の意義と課題（1）──教育方法・カリキュラム研
　　　究の視点から」『リベラル・アーツ』第 12 号、2017 年、45-57 頁、においても論じ
　　　ている。そこでは、養護教諭の行うコーディネートを「単なる情報共有ではなく、
　　　異なる専門性を有する職種間の関係を構築していくこと」（53 頁）と定義した。

（15） 藤田、前掲書、109-120 頁を参照のこと。

【読書案内】
①大谷尚子『新版 養護教諭の行う健康相談』東山書房、2018 年。
　養護教諭が担う教育相談としての健康相談のあり方が、体系的に示されている書籍
である。実際の健康相談の進め方や、事例分析、保健室環境の構成など、相談業務の
視点から幅広く養護教諭の役割を学ぶことができる。
②秋山千佳『ルポ　保健室──子どもの貧困・虐待・性のリアル』朝日新書、2016 年。
　保健室で養護教諭が対応しているさまざまな子どもの問題について、具体的な取材
にもとづいて記載されている。ルポという性格もあり、取り上げられる事例は衝撃の
大きいものであるが、養護教諭は時としてこうした問題に向きあわなければならない
のだということを考えさせられる。
③すぎむらなおみ『養護教諭の社会学──学校文化・ジェンダー・同化』名古屋大学
出版会、2014 年。
　養護教諭である著者が、その仕事を「自己エスノグラフィー」という方法で研究し

た書籍である。教育相談を超えて、より根本的に、「養護教諭とは何か」を考えるうえでぜひ読んでほしい本である。ルポとして書かれた②と読み比べてみると、養護教諭についてより厚みのある理解が得られるだろう。

参考文献

海保博之・田村節子『養護教諭のコミュニケーション──子どもへの対応、保護者、教師間連携のポイント』少年写真新聞社、2013 年。

教育科学研究会・藤田和也編『保健室と養護教諭──その存在と役割』国土社、2008 年。

全国特別支援教育推進連盟・全国養護教諭連絡協議会編『特別支援教育における養護教諭の役割』東洋館出版社、2015 年。

日本養護教諭教育学会編『養護教諭の専門領域に関する用語の解説集〈第二版〉』日本養護教諭教育学会 HP（http://yogokyoyu-kyoiku-gakkai.jp/wp/?page_id=58）

藤田和也『養護教諭が担う「教育」とは何か』農文協、2008 年。

三木とみ子・徳山美智子編集代表『養護教諭が行う健康相談・健康相談活動の理論と実際』ぎょうせい、2013 年。

森昭三『変革期の養護教諭──企画力・調整力・実行力をつちかうために』大修館書店、2002 年。

森田光子『養護教諭の健康相談ハンドブック』（第二版）東山書房、2014 年。

若井彌一監修、高見茂・他編『必携教職六法』協同出版、2018 年。

（畠山大）

第9章
子どもを実践的に理解するってどういうこと？
学校における暴力のエピソードを手がかりとして

1．いまの子どもは暴力的？──「問題行動調査」の結果より

　文部科学省は毎年、全国の国公私立学校を対象として、「児童生徒の問題行動・不登校等生徒指導上の諸課題に関する調査[1]」を行っている。2017 年度の調査（2018 年 10 月 25 日発表）に記載されている「学校の管理下・管理下以外における暴力行為の発生件数の推移」の結果でもっとも注目されたのは、小学校で起きた暴力行為が、大幅に増えたといわれた前年度よりさらに増え、2万 8315 件、10 年前（2007 年度：5204 件）の約 5.4 倍にあたるという事実である。小学生による暴力行為は、2014 年度以降増加し続けている。他方、2013年度以降中学生の暴力行為は減り続けており、高校生は 10 年間ほぼ横ばいの状況なのである。

　小学生による暴力行為が増加している背景については、以下のような指摘がある[2]。学校現場において暴力行為として「認知」される行動の範囲が広がったため（暴力やいじめへの繊細な対応が増えたため）、数字上は発生件数が増加してみえるようになった。児童生徒を取り巻く家庭、学校、社会環境の変化にともなう多様な問題（規範意識や倫理観の低下、人間関係の希薄化、家庭の養育環境の変化、インターネット・携帯電話の急速な普及など）が背景にある。感情をうまくコントロールできない児童生徒が増え、ささいなことで暴力に至るようになっている。スマートフォンの普及による短文でのやりとりの増加が、児童生徒のコミュニケーション能力の低下につながっている、等々。こうした意見を皆さんはどう感じるだろうか。子どもたちが暴力に至ってしまう理由について、自分の学校体験を思い出しながら、自分なりに考えてみてほしい（ワーク 9-1）。

ワーク9−1

自分の学校生活において暴力的な振る舞いをする子どもはいた？　彼／彼女た
ちはなぜそうした振る舞いをしていたのだろうか？

....

....

....

2．現場で子どもを理解するとは

背景をとらえることはスタートにすぎない

　本書を読んでいる皆さんならば、上述の背景のほかに、子どもの抱えるスト
レスの増加などを挙げたかもしれない。しかし、こうした背景をとらえたとし
て、それは暴力的に振る舞ってしまう子どもを「理解」したことになるのだろ
うか。

　筆者は約20年にわたって、子どもと大人がかかわる現場（児童養護施設[3]
や小学校）に身を置いて研究している。その経験から学んだのは、「子どもの
行動の背景をとらえることは、その子どもを理解するスタート地点にすぎな
い」ということである。

実践的な理解

　たとえば、音に敏感で学校生活にストレスを感じやすく、しばしばパニック
になって物を投げたり、近くのクラスメイトを叩いてしまったりする児童がい
たとしよう。「この子は音に敏感なのだ」と背景をとらえることで終わってし
まったら、その子（と周囲の人々）が抱える問題は何も解決しない。子どもと
実際にかかわる現場で必要なのは、子どもが抱えている問題や、それによって
生じてしまう周囲の人々との行き違いやいざこざを少しでも和らげることであ
る。

　上述の例でいえば、「音に敏感」という背景をとらえたうえで、その子の日
常生活を観察していくと、たとえば、急に流れてくる放送の音や、他の子ども

第9章　子どもを実践的に理解するってどういうこと？

がイスを引いたり押したりする際に生じる甲高い音にストレスを感じているようだ、と気づくことができるだろう。こうした原因を突き止めることができれば、放送のボリュームを少し下げたり、教室にあるイスの足にテニスボールを付けて消音したり、といった具体的な対処が可能になる。

　このように、現場において子どもを理解するとは、彼／彼女の行動の背景をとらえたうえで、その背景にもとづき何らかの具体的な対処をし、彼／彼女が抱えている問題や、周囲の人々との行き違いやいざこざを和らげることを意味する。現場で必要になるのは、こうしたきわめて実践的な理解である。

3.「暴力的」な子どものエピソード

　こうしたかたちで子どもを実践的に理解することを、実際のエピソードを手がかりに具体的に考えてみよう。上述したように、筆者は、教育現場においてボランティアという立場で子どもたちと直接かかわって集めたエピソードにもとづき、「そのときの彼／彼女に何が起こっていたのか」等々を考察する、という研究スタイルをとっている。次に紹介するのは、筆者が公立小学校で出会った子どものエピソードである[4]。なお、エピソードの登場人物はすべて仮名である。

エピソードと壮君について

　当時小学校3年生の壮君は、学校のなかで特に目立つ子どもの1人だった。男の子らしいやんちゃさを備えている一方で、何らかの理由で精神的な調子を崩しては、泣きながら教室を飛び出したり、友人になぐりかかったり、廊下のカベやロッカーをなぐったりけったりすることを、ほぼ毎日繰り返していた。

　このエピソードの直前、壮君は、休み時間の廊下で同学年の香ちゃんに背後からぶつかられたと言って、廊下にしゃがみこんで泣いていた。彼を心配した学習支援員の先生との対話のなかで、香ちゃんへの怒りが再燃したのだろうか、壮君は、授業がすでに始まっているにもかかわらず、彼女のクラスに乱入しようとする。しかし、先生方にとめられてしまった彼は、落ち着きを取り戻せるようにと、廊下のおどり場へと連れて行かれる。以下のエピソードは、おどり

119

場で10分くらい泣いて落ち着いた壮君と筆者の対話を描いたものである。

　　顔をふせた姿勢のまま、壮君は泣きやんで静かになる。少し離れたところから様子を見ていた私〔＝筆者〕は、壮君のすぐとなりに座りこみながら、「おちつきましたか〜」とあえて間のびした声を出す。すると壮君は、涙にぬれた声で、「おちつかねぇよ！」と返してくる。言い方のきつさに反して、拒絶は感じられなかったので、私は、「そうですか……」と言いながら、そのまま座り続ける。「いつもこうやって、オレばっかり悪者にされて、手とか足とか引っぱられて……」。壮君は、泣き声になりながらそうつぶやく。「うん。……でもさ、授業中の教室になぐりこみに行くんだもん、それはとめざるをえないでしょうよ（笑）」。私がのんびりした声でそう言うと、壮君は少し顔をあげて、「……だって、香が後ろからぶつかってきたんだぜ！　あいつが悪い！」と再び泣きだしてしまう。「でもさぁ、〔学習支援員の〕先生が言ってたじゃない。チャイムが鳴っちゃってあせって教室に戻ろうとしてたって。わざとじゃなくぶつかったんだろうって……」。そう私が言い終わる前に、壮君は、「ちがう！　ぜってーわざとだし！」と私をにらむ。「そうかなぁ……。後ろからぶつかって、謝らなかったんだとしたら、香ちゃんが悪いけど……」。私がそう言うと、壮君は、「いや、謝った」とつぶやく。「え？　謝ったの？　……だったら、もし、わざとだとしても、ゆるしてあげようよ（笑）」。私が苦笑すると、壮君は、「謝ったって、わざとぶつかってきたんだし、あいつ。ぜってーゆるさねぇ！　ぜってーなぐってやる！」と悔しそうに顔をゆがめる。

　　壮君は、このエピソード時に限らず、学校生活のなかでしばしば、「オレばっかり悪者にされる」と悔しそうに泣いていた。この言葉は、壮君が学校生活のなかでしばしば被害感情を抱かざるをえなくなっていることを示す、象徴的な言葉である。「だけど、壮君は加害者（＝悪者）であって、被害者ではないでしょ？」と皆さんは思うだろうか。次に、壮君が抱かざるをえない被害感情について、エピソードに即して具体的にみていこう。

120

第9章　子どもを実践的に理解するってどういうこと？

壮君が抱く被害感情

　壮君は、休み時間の廊下で香ちゃんがわざとぶつかってきた、と思っている。彼のこうしたありようからは、壮君が周囲の人びとにたいしてつねに感じているのだろう被害感情がうかがえる。つまり、壮君は、「みんなは基本的にオレのことが嫌いだ」と感じざるをえない日々を生きており、誰かが何かをしてくることは、彼にとってたいがいの場合、誰かから悪意を向けられることなのである。だからこそ壮君は、「なんでオレばっかり」という被害感情を強め、怒りを再燃させ、香ちゃんの教室になぐりこみに行こうとする。もしかしたら彼にとって暴力は、他者からつねに向けられている（と彼自身は思っている）悪感情に対抗する、唯一の手段なのかもしれない。

　しかし、エピソード中に筆者が語っているように、客観的にみれば、香ちゃんはたまたま運悪く壮君にぶつかってしまったのであり、わざととは考えにくい。しかも、壮君自身が述べているように、香ちゃんはぶつかった時点で彼に謝ってさえいるのである。さらにいえば、香ちゃんがわざとであろうがなかろうが、壮君が彼女の教室になぐりこみに行ってしまえば、先生方や筆者も含めた大人は、香ちゃんをはじめとする子どもたちを、彼の暴力から守らなければならない。

　結果として壮君は、先生方に両手両足をつかまれ、廊下のおどり場まで連れて行かれることになる。壮君からしてみれば、彼は香ちゃんから暴力をふるわれた被害者であるにもかかわらず、加害者である香ちゃんは守られ、彼自身は「悪者」として扱われるという理不尽な目にあわされてしまう。このことで壮君は、被害感情や「なんでオレばっかり」という疎外感を、さらに強めてしまう。こうして壮君は、「やっぱりみんなはオレのことが嫌いなんだ」とさらに強く思うことになり、そうした思いが、周囲の人々との新たなトラブルの火種になってしまう。壮君はこうした悪循環のなかにいる。

あなたならどのようにかかわる？

　壮君が落ち着くまで見守る役割を依頼された筆者は、彼の敵ではないことを、振る舞いや言葉から彼に間接的に伝えようとした。しかし他方で、「授業中に香ちゃんの教室になぐりこみに行く」という壮君の振る舞いを許容することも

121

できないため、できる限り柔らかい言葉を選びながらも、彼を論すようなかたちになる。

　一度は落ち着いたかのようにみえた壮君が、筆者との対話のなかでまた泣いてしまうことが示しているように、敵でもないが味方でもない筆者の言動は、彼の被害感情や疎外感を和らげることができない。それどころか、こうした感情をさらに強く感じさせてしまっているかもしれない。とすると、香ちゃん、先生方、筆者といったかかわるすべての人々の振る舞いは、壮君にとって、彼（の心）にたいする「暴力」になっている、といわざるをえない。

　他方、前節で述べたように、現場において子どもを前にした私たち大人は、即興的に状況把握をしながら、当の子どもにとってポジティヴな意味をもちうるような働きかけをしなければならない。それが実践的な理解である。次節では、上述のエピソード時の筆者の実際の対応を紹介するが、その前に皆さんにも自分だったらどうするかを考えてもらいたい（ワーク9-2）。そして可能ならば、ワークの結果を周りの人と共有してみてほしい。

── ワーク9-2 ──

①エピソードの最後で、「ぜってーゆるさねぇ！」と言う壮君に対して、あなたならどのようにかかわる？

②その理由は？

4.「ずらす」ことの意味

　では、エピソードの後半をみていこう。

第9章　子どもを実践的に理解するってどういうこと？

エピソードの後半

　「せめて、"目には目を、歯には歯を"でしょ」。ほぼひとりごとのような私の言葉に、壮君は、「……ん？　なにそれ」と興味をひかれた様子。「う〜んと、ハンムラビ法典っていって、ず〜っと昔の国の法律みたいなもの。目には目を、歯には歯を、だから、やられたことと同じことをやりかえしましょう、っていう法律。壮君の場合には、後ろからぶつかられたわけだから、香ちゃんが廊下を歩いているときに後ろからぶつかるのがせいぜいで、なぐってはだめなわけですよ」。壮君は私の説明を静かに聞いていたが、「なんでだよ！　後ろからぶつかられたって、倒れる。なぐったって、倒れる。結局同じじゃんか！」と口をとがらせる。「いやいやいや、同じじゃないでしょ。たぶん香ちゃんは、わざとじゃなくて後ろからぶつかっちゃった。でも壮君は、教室まで入ってわざわざなぐろうとしてる。ぶつかるときはからだでぶつかるけど、なぐるときはグーの小っちゃいところに力が集まるから、痛さが違いすぎるでしょ」。私が淡々とそう言うと、壮君はしばらくのあいだ、納得がいかないようすで口をとがらせていた。しかし、「……わかった。じゃあ、今度の休み時間に後ろからぶつかって、香のこと倒してやる！絶対倒してやるからな！」と最後には納得してくれる。

　本節のタイトルにも掲げたように、筆者は、現場における実践的な理解の一つとして、「ずらす」ことをしばしば試みている。エピソードに即して説明したい。
　エピソード前半の最後で、壮君は、「ぜってーゆるさねぇ！　ぜってーなぐってやる！」と悔しそうに顔をゆがめていた。このままだと怒りが再燃した壮君がまた教室に向かおうとするおそれがあったため、筆者はハンムラビ法典

123

を持ちだした。これまでの壮君とのかかわりのなかで、彼は知的好奇心が高く、きっとハンムラビ法典のことが気になるだろう、と即興的に判断したからである。筆者の想定どおり、壮君はハンムラビ法典に興味をひかれ、一連の対話が展開する。その結果、壮君は、教室に行って香ちゃんをなぐるのではなく、今度の休み時間に彼女に後ろからぶつかると決めることで、気持ちを落ち着かせることができた。落ち着いた壮君は、香ちゃんとの出来事を忘れてしまったかのように、休み時間に彼女に後ろからぶつかることはなかった。

　このエピソードにおいて、筆者は、ハンムラビ法典を介して、香ちゃんにたいする怒りに呑み込まれている状態から壮君をずらすと同時に、香ちゃんをいまなぐろうとする壮君の気持ちを、次の休み時間に後ろからぶつかることへとずらしている。こうした「ずらす」ことについて、筆者が研究の理論的背景としている哲学の言葉を借りながら、もう少し説明したい。

自己触発

　皆さんは、「触発」という言葉を聞いたり使ったりしたことはあるだろうか。「友達が就活頑張っているのに触発されて、私もインターンに応募した」などが日常的な使い方だろうか。このように触発という言葉は、何らかの刺激やきっかけから影響を受けて、自分の気持ちが変わったり行動を起こしたりすることを意味する。

　日常的に使われる「触発」が、自分以外の何かから影響を受けて自分自身が変わることを意味するのにたいし、哲学者のフッサール（Husserl, E., 1859–1938）は、自分の状況に影響を受けて自分自身が変わることを意味する、「自己触発」という言葉を創りだしている。フッサールによれば、私たちは起きているあいだじゅう、自己触発され続けている。たとえば、運動をしたり、エピソードの壮君のように怒ったり、といった強い身体・精神活動を行っているときには、それに比例して強く自己触発されることになる。私たちが適度な運動をしたあとに感じる爽快感も、売り言葉に買い言葉のケンカをするなかで思わず泣いてしまうのも、自己触発によるものである。このように自己触発は、何らかの気分や感情として私たちに実感される[5]。

怒りの自己触発の渦中から抜けだすために

　エピソードに戻ろう。エピソード前半・後半いずれにおいても、壮君は、香ちゃんとの出来事について語るなかで、彼女にたいする怒りを再燃させている。エピソードとしては書いていないが、壮君が香ちゃんの教室になぐりこみに行ったのも、学習支援の先生との対話がきっかけだった。

　自己触発という観点からすれば、香ちゃんとの出来事について壮君が語り続ける限り、彼は自己触発され続け、怒りの感情は増幅していく。エピソード時の彼に必要なのは、何よりもまず、これ以上の怒りの感情の増幅をとめること、すなわち、怒りの自己触発の渦中から抜けだすことである[6]。そのためには、壮君の意識を、一瞬でもいいから、香ちゃんをなぐること以外の何かに向ける必要がある。その何かとして筆者が選んだのが、このエピソードでは、ハンムラビ法典だったのである。

　たしかに、ハンムラビ法典の話題に移ってからも、香ちゃんをどうするかということは、壮君と筆者の話題の中心であり続けている。しかし、エピソードからも読みとれるように、壮君の怒りの増幅は収まっている。というのも、ハンムラビ法典に興味をもち、それにまつわる自己触発が始まったことにより、壮君はすでに、それまでの怒りの自己触発の渦中から抜けだしているからである。新たな自己触発のきっかけを与えることによって、子どもたちがそれまでの怒りの自己触発の渦中から抜けだす手助けをすること、それが「ずらす」といういとなみである。

5．わかった気になるのではなく

ずらすことは逃げ？

　ここまで読んできた皆さんのなかには、「ずらすってことは、結局、子どもを本来の課題に向きあわせていない、ただの逃げじゃないか」と不満を抱いている人もいるかもしれない。実際、筆者が大学の授業でずらすことについて説明すると、学生から同様の指摘を受けることがある。しかし、皆さんにあえて問い返したい。「課題に向きあわせるってどういうことで、どんな結果が待っているんですか？」と。

壮君で考えてみよう。このエピソードで彼が抱えている課題を、香ちゃんが自分にわざと暴力をふるったと思いこみ、彼女に仕返しをしようとしていることと設定しよう（ほかにもたくさん考えられるが……）。彼にたいする「教育的に正しい」働きかけは、以下のようなものだろうか。香ちゃんの行動がわざとでないことを彼に説明し、香ちゃんの気持ちを考えさせながら、どんな理由があっても他者に暴力をふるってはならない、仕返しはしてはならないことを、毅然とした態度で説得する。この説得によって、今後壮君が他者に暴力をふるわないようにする。

しかし第3節ですでに述べたように、壮君は、周囲の人々にたいしてつねに被害感情を抱いている、と考えられる。とすると、彼に「正しい」説得をいくら試みたところで、「やっぱりみんなはオレのことが嫌いなんだ」、「オレの話を誰もきちんと聞いてくれないんだ」というかたちで、壮君の被害感情や怒りをさらに増幅させるだけである。こうした働きかけは、上述したように、壮君をさらに傷つける暴力となることはあっても、教育的にポジティヴな働きかけとはならない、と筆者は考えるが、皆さんはどうだろうか（ワーク9-3）。

── ワーク9-3 ──

「教育的に正しい」働きかけと、「ずらす」働きかけのメリットとデメリットについて考えてみよう。そして可能ならば、周囲の人と話し合ってみよう。

....
....
....

子どもの生きている文脈に応じて

第2節ですでに述べたように、現場で必要となる実践的な理解とは、子どもの行動の背景をとらえたうえで、その背景にもとづき何らかの具体的な対処をし、彼／彼女が抱えている問題や、周囲の人々との行き違いやいざこざを和らげることを意味する[7]。壮君の場合で述べれば、具体的な対処とは、何よりもまず、彼が納得するかたちで、教室になぐりこみに行かせないこと、さらには、その後もこの件を理由として香ちゃんに暴力をふるわせないことである。筆者の場合には、こうした具体的な対処を実現するために、ずらすことを用い

たわけである。

　彼がこれ以上被害感情を強めないためにも、私たちのなにげない言動によって彼をこれ以上傷つけないためにも、壮君が生きている文脈、すなわち、「オレばっかり悪者」「みんなオレのことが嫌い」とつねに感じざるをえない状況に対応した働きかけをする必要がある。

　こうした考えのもと、筆者は、ハンムラビ法典を持ちだすことによって彼の怒りの矛先をずらし、香ちゃんをなぐるのではなく、自分がされたのと同じように後ろからぶつかるという、壮君なりの譲歩を受けいれた。繰り返しになるが、筆者は経験上、怒りの自己触発の渦中から抜けだすことができれば、壮君が香ちゃんに後ろからぶつかることはない、と想定していた。しかし、壮君が万が一、後ろからぶつかることを実行に移しても、エピソード時点で教室になぐりこみに行って、香ちゃんを何度もなぐってしまうよりは影響が小さい、と判断したという事情もある[8]。

　エピソード時点の壮君に必要なのは、こうした彼の文脈に応じたスモールステップでの、つまり、いまの彼にも受け容れられるような働きかけである。こうした小さな働きかけを長期間にわたって積み重ね、彼と信頼関係を築いたうえでようやく、彼が本来向きあうべき課題に直面させることが実現するのではないだろうか。

　以上、本章では、小学校における暴力的な子どものエピソードを手がかりとしながら、子どもを実践的に理解することについて、子どもが生きている文脈に応じた具体的な対処（今回のエピソードの場合には、怒りの矛先をずらすことで怒りの自己触発の渦中から抜けださせること）を講じる、という観点から述べてきた。ある子どもが暴力的なのは、彼／彼女の性質だ、家庭の養育環境がよくないからだ、と背景をとらえることで、その子どもをわかった気になっても問題は何も解決しない。他方で、正論で説得することによって暴力をやめさせるという「教育的に正しい」働きかけを早急に行っても、場合によっては子どもをさらに傷つけてしまう。実践的な理解にできることは、その子どもがいま生きている文脈をきちんと理解し、その文脈に応じた具体的な対処を講じ、子どもたちが抱えている問題や、周囲の人々との行き違いやいざこざを少しでも和らげることである。こうした実践的な理解による具体的対処がうまくいっ

たかどうかは、自分の働きかけに応じる子どもの振る舞いがおのずと教えてくれるはずである。実践的な理解を深めていくためには、そうした子どもの対応をふまえて、試行錯誤しながら、経験を積んでいくしかないだろう。

　最後に、壮君の後日談で本章を締めくくりたい。壮君は 6 年生になっても、イライラすると教室を飛び出したり、教室の棚のガラスを割ったり、ということを繰り返していた[9]。しかし、ある日の休み時間、低学年の子どもたちと遊んでいた筆者にたいして、壮君は、「オレも昔はあんな感じで幼かったよ。女子どもにも手出してたもん。いまじゃ、ぜってーしねえけど」、と笑顔を見せた。筆者はこの言葉に、壮君なりの大きな成長をみるが、皆さんはどうだろうか。

注
（1）　http://www.mext.go.jp/b_menu/houdou/30/10/__icsFiles/afieldfile/2018/10/25/1410392_1.pdf（最終閲覧日：2019 年 2 月 3 日）
（2）　たとえば、文部科学省「暴力行為のない学校づくりについて」http://www.mext.go.jp/b_menu/shingi/chousa/shotou/079/houkou/1310369.htm（最終閲覧日：2018 年 9 月 2 日）
（3）　児童養護施設とは、虐待といった理由から家族と暮らせない子どもたちを養育する児童福祉施設である。
（4）　このエピソードの全文と考察については、大塚類・遠藤野ゆり編著『エピソード教育臨床――生きづらさを描く事例研究』第 3 章第 2 節を参照いただきたい。
（5）　中田基昭『授業の現象学――子どもたちから豊かに学ぶ』東京大学出版会、1993 年を参照。
（6）　子どもがパニックになって暴れているさいに、「どうしたの？」「何があったの？」などと話しかけながら落ち着かせようとする大人を、現場ではしばしば見かける。自己触発の観点からすると、こうした対応は適切ではない。というのも、本文中で述べたように、こうした問いかけに応じようとすればするほど、子どもたちは自己触発されてしまい、パニックがさらに継続してしまうからである。暴れている子どもを落ち着かせるためには、対応する大人自身が、子どもが落ち着くまで静かにしておく必要がある。何があったのかを聞くのは、子どもたちが落ち着いてからで十分なのである。
（7）　子どもを実践的に理解するためには、教師、スクールカウンセラー、ボラン

ティアといった大人が自分ひとりで考えるのではなく、多職種での情報共有や協働が、すなわち、「チーム学校」の観点が必要となる。「チーム学校」については第7章参照。

（8）　エピソードにおける筆者の対応が正解だといいたいわけでは決してないし、何が「正解」なのかは誰にもわからない。ワーク9-3で考えたように、「ずらす」働きかけにももちろんデメリットはある。エピソードに即していえば、壮君がハンムラビ法典に興味を惹かれないことも十分にありえた。筆者の想定が外れて、壮君があとで香ちゃんを後ろから突き飛ばして大ケガをさせたり、事情を知らない大人からさらに厳しく叱られたりということも考えられる。そのつどの場面において即興的に判断して子どもとかかわることは、いつもつねにこうした危険性をはらんだ、とても難しいとなみである。

（9）　一見すると壮君は小学校3年生時点から変わっていないようにみえるかもしれない。しかし、周囲の大人たちとともに、壮君が彼なりの仕方で自分の課題と向きあってきた成果が、本文中でも述べたように、教室で暴れないために自ら廊下に出てクールダウンを試みたり、人に暴力をふるわないためにモノに当たったりするという、彼なりの対処法なのである。

【読書案内】
①くすのきしげのり作、石井聖岳絵『おこだでませんように』小学館、2008年。
　壮君と同じように乱暴者として怒られてばかりいる小学校1年生の男の子の切なさを描いた秀作絵本。彼の思いを知った先生や親がどのような行動に出るのかをぜひみてほしい。
②中田基昭『授業の現象学——子どもたちから豊かに学ぶ』東京大学出版会、1993年。
　フッサールが創始した現象学という哲学を理論的背景として、教育の具体的ないとなみについて考察している研究書。本章で紹介した「自己触発」について丁寧に考察されている。

参考文献
大塚類・遠藤野ゆり編『エピソード教育臨床——生きづらさを描く質的研究』創元社、2014年。
中田基昭『授業の現象学——子どもたちから豊かに学ぶ』東京大学出版会、1993年。

（大塚類）

第 10 章
あるがままの自分をゆるせるってどういうこと？
ある定時制高校の生徒たちの身体性にみられる居場所感と自己肯定感

1．居場所としての学校

学校は居場所？

　学校生活を振り返ったとき、そこはのびのびと過ごせる場所だっただろうか。さびしさ、けだるさ、居心地の悪さ、そしてどうしようもない身の置き所のなさ。学校生活の中に、そんな陰は差していないだろうか。

　15歳以上30歳未満の人を対象にした調査（図10－1）によると、「学校（卒業した学校を含む）」を、「居場所（ほっとできる場所、居心地の良い場所）」と感じる子どもは、「自分の部屋」を居場所と感じる子どもの約半数にすぎない。半数以上の子ども・若者にとって、学校は居場所ではない／なかったのだ。

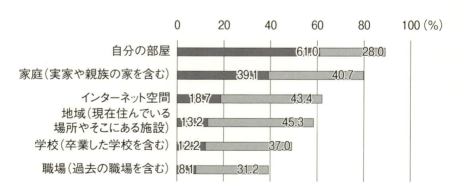

図10－1　居場所（ほっとできる場所、居心地の良い場所など）
出所）「子供・若者の意識に関する調査」（内閣府2016）http://www8.cao.go.jp/youth/kenkyu/ishiki/h28/pdf/s2-2-1.pdf　2018年9月16日閲覧。図10－1は上記調査をもとに筆者が作成。

第 10 章　あるがままの自分をゆるせるってどういうこと？

居場所の重要士

　学校のように他者とかかわる場所のなかに自分の居場所がないということは、教師や他の生徒たちから受け容れられ大切に思われている、と感じられないことに近い。そのようなさびしさにさいなまれていると、人は自分でも、自分の存在を受け容れがたく感じる。

　もちろん、学校が居場所でなくとも、家庭や地域など、他の場所に自分の居場所を見いだせる人もいる。そのため、フリースクールなど、学校外に子どもの居場所をつくることも重要だろう。けれども、ほとんどの人が18歳まで学校に通う以上、学校そのものが居心地のよい場となるように環境を整えることも、多くの児童・生徒にとってきわめて重要なことである。実際に学校では、特別支援員やスクールカウンセラーを配置したり、子ども同士の関係を深める取り組みを行ったり、教師が親身になって子どもとかかわったりなど、多くの支援[1]を行っている。こうした取り組みは、その効果が立証され、スクールカウンセラーの配置拡充は年々進められるなどしている。

支援を活用できない子どもたち

　ところが、こうした支援を多く用意しても、必ずしもそれが利用され効果を発揮するとは限らないのも事実だ。たとえば大塚類は、本当は教室で学びたいと思っている子どもが、自ら教室を飛び出していってしまったり、周りにたいして暴力的に振る舞ってしまう様子を報告している[2]。また、筆者自身もボランティアとしてかかわっているある定時制高校での学習・キャリア支援活動（以下「活動」と略）には、参加希望を学校には伝えながらも、いざとなると参加できない生徒が少なからずいる。

　なぜ彼らは、活用できるはずの支援を拒み、自ら困難な道へと進んでいってしまうのだろうか。彼らに周囲はいったい何ができるのだろうか。

2．居場所の身体性

居場所がないということ

　支援を活用できない生徒への支援を考えるためには、まずは、居場所がない

と感じている当事者が何をどう体験しているかを理解する必要がある。そこで、クラスになじめない女子高校生の姿を描いた小説『蹴りたい背中』から、居場所のなさの感覚をとらえてみたい。

> さびしさは鳴る。耳が痛くなるほど高く澄んだ鈴の音（ね）で鳴り響いて、胸を締めつけるから、せめて周りには聞こえないように、私はプリントを指で千切（ちぎ）る。細長く、細長く。紙を裂（さ）く耳障りな音は、孤独の音を消してくれる。気怠（けだる）げに見せてくれたりもするしね。葉緑体？　オオカナダモ？　ハッ。っていうこのスタンス。あなたたちは微生物を見てはしゃいでいるみたいですけど（苦笑）、私はちょっと遠慮しておく、だってもう高校生だし。ま、あなたたちを横目で見ながらプリントでも千切ってますよ、気怠く。っていうこのスタンス。（『蹴りたい背中』綿矢りさ(3)）

主人公の「私」は、クラスに溶け込めず、さびしさや居心地の悪さを抱えている。ここの描写には、二つの注目すべきことが描かれている。

まず、居場所がないと感じるのは、ひとりぼっちのときではなく、むしろ、

ワーク10-1

これまでの学校生活のなかで、「居場所」がない、と感じたのはどのようなときだったのか、またそれはどのような感覚なのかを、とらえ直してみよう。
①居場所がないと感じた状況とその理由は？
②思い出されるのは、どのような感情だろうか？　不安、孤独、さびしさ、恥ずかしさなど、一番適切に表現できる言葉を考えてみよう。
③当時の自分が不調を感じていたのは身体のどの部分だろう。右図のうち、不調を感じた部分にマルをして、「痛い」「かゆい」など、書き込んでみよう。

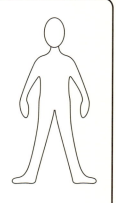

他者が周りにいるときだということ。「私」は、理科の実験という生徒同士のかかわりあいが求められる場で、「あなたたち」がいるからこそ、そして「あなたたち」に自分はどう眺められているか（プリントを千切るしぐさは私を「気怠げに見せてくれる」）をありありと感じるからこそ、孤独なのだ。

また、居場所がないということは、五感を刺激し、身体のあちこちがそのために痛みを覚える体験なのだということ。さびしさは「鳴る」のであり、それは「耳が痛く」なるほどの高さで「胸を締めつける」のだ。

「居場所」とは、「居る」場所、つまり私の身体がそこにある場所ということだ。自分の身体があるからこそ、それは他者によって眺められるし、その節々は痛む。居場所がないとは、たんなる精神的な問題ではなく、身体が悲鳴を上げるということなのである。

支援を拒む子ども

学校が居場所だと感じられないことは、どんな身体経験となるのか。このことを、上述した「活動」での出来事から探ってみたい。

「活動」は、学校の休み時間を利用して、ボランティアが生徒たちと交流の時間をもつ課外の活動だ。「学習・キャリア支援」と銘打ってはいるものの、多くの場合、生徒たちはただ食事やおしゃべりやゲームを楽しんでいる。ボランティアの多くは大学生で、筆者も含め、無資格の素人だ。生徒は休み時間の間活動の教室に自由に出入りすることができ、1日に2回、1回あたり1〜1.5時間程度の活動には、平均で4、5人の生徒が参加している。ここではボランティアは、生徒を指導する立場でも支援する立場でもなく、ただともに時間をすごすということを目指している。そのため、生徒たちが個人的に自分の悩み等を打ち明けることはあっても、基本的には、家庭環境や障がいの有無など、個々の抱える事情は知らされていない。

活動に参加する生徒のなかには、クラスにどうしてもなじめない生徒もいる。まさに、クラスに居場所のない生徒だ。活動はこうした生徒にたいしてこそ向けられた支援であるにもかかわらず、先に述べたように、こうした生徒はかえって活動には参加してこない、という実態がある。

次の高橋君（仮名、以下同様）は、中学時代に同級生から「くさい」などの

暴言を浴びせられた体験があるらしく、学校にはどこにも居場所がない、とのちにしきりに訴えるようになる男子生徒である。高橋君がいったいなぜ活動に参加したがらないのかを、居場所のなさから考えてみたい。

　教室の入り口で、凍りついたように立ち止まっている高橋君は、ぼさぼさの前髪が長く伸びていて、おまけにうつむいているので、顔が見えない。私が「こんにちは」と声をかけても、びくっとして体をかがめてしまう。「おいでよ」と手招きすると、しばらくじっと固まっていたが、やがて大柄な体を引きずるようにずるずると足を運んで近づいてきた。私が隣の座席の椅子を引いて、「ここにどうぞ」と言うと、また凍りついたように立ち止まり、「え？　え？　え？　そこ？」と悲鳴をあげるように言う。私は「あ、ここが嫌だったら、別のところでもいいんだけどね」と言うと、「違う違う違う違う違う」と激しく手を振り、「僕、くさいでしょ、くさいでしょ」とうなるように小さな声でつぶやいた。「そんなことないよ、よかったらお話しようよ」と言うと、私の差し出した座席の椅子を後ろに引いて、私からなるべく距離を取るように座る。「ねえ、○○先生がさっき言ってたけど、小説が好きなの？」と、私が話しかけると、高橋君はひきつった顔を上げて私を眺め、と同時にあとずさりし、「え、なんで知ってるの？　誰かチクった？」と、また悲鳴のような声をあげる。「え、さっき○○先生が、高橋君のことをそう紹介してくれたよ、聞こえなかった？」と慌てて言うが、高橋君は、言葉にならない声で、ぶつぶつと何かをつぶやいている。固まってしまっている高橋君をよく見てみると、シャ

ワーク10−2

①高橋君のように「自分はくさい」と言って周りからの支援を拒んでしまう人を、皆さんはどう思いますか？　意見を共有してみよう。

②高橋君はこのとき、自分の身体をどのように感じていると思いますか？　ワーク10−1をもとに考えてみよう。

ツが薄汚れ、爪が黒く伸びている。

　高橋君は、教室に入ること、筆者の隣に座ることを、悲鳴のような声で、繰り返し拒む。担任の先生がしてくれた「小説好き」という紹介も「チクった」と言い、それ以降は声にならない声でつぶやく。このときの高橋君は、先生にムリヤリ連れてこられた活動でひどく不快な思いをしており、教師の用意した支援を、自ら拒んでいるようにもみえる。

場にいることと身を削ること

　高橋君のこうした姿は、何を表しているのだろうか。くさいのではないかというおそれも、誰かが「チクった」という理解も、すべて高橋君の思い込みでしかない。だとしたら、それは高橋君自身の自己責任の問題だ、と感じる人もいるかもしれない。前髪で顔を隠したり、爪を伸ばしたままにしておくなど、自分でも対処できる問題を放置しているのは、高橋君のほうが周囲に溶け込んでいくことを拒んでいることだ、という解釈もありえるかもしれない。

　しかし先ほどワーク10−1でも確認したように、居場所のなさは、身体が実際に覚える痛みとして感じられる。このことをふまえると、高橋君は、教室に入りたくないから入らない、という意図的な選択をしているのではないと考えられる。そうではなく、自分はくさくて人に迷惑な存在だという感覚は、過去の痛ましい体験もあいまって、身体に刻み込まれたまぎれもない事実として、いまもなおありありと経験されているのだろう。そうだとしたら、高橋君がこのとき何とか着席してくれて、筆者と会話をしてくれたということは、彼にとってくさく耐えがたい自分の身体を引きずって、その身を削りつつその場にいたということだった、と考えられる。

支援を活用できない子どもへの理解

　居場所がないとは、身の置き所がないということ、その場のどこにも自分のこの身体は置きえない、ということだ。自分の身体をそのように感じている当事者にとっては、決して、周りを信頼せず意図的に支援を拒んでいるのでも、まして周囲の厚意を無下にしているのでもないのではないだろうか。

そうだとしたら、居場所がないと悩む子どもたちの支援では、「支援がある
のに活用しないのは本人の自己責任だ」という思い込みを捨てて、「支援を活
用できないほどのつらさとはどのようなものか」という視点で、子どもたちの
悩みをとらえ直す必要がある[4]。ワーク 10‐1 でとらえたような居場所のな
いときの苦しさが、中長期的に続いている子どもたちの身体感覚。支援は、ま
ずはその痛みに想像をめぐらすことからしか、始められない。

3．居場所感と自己肯定感

身体の拒否感と自己肯定感の低さ

　高橋君の身体感覚に着目してみると、そこには、耐えようもないほどの自分
の身体への拒否感がある。身体へのこうした拒否感は、活動に参加している他
の生徒たちからも、感じられることがある。

　たとえば、「ダイエット」と称して食事を拒み、どんどん痩せていってしま
う生徒。夏も長袖のシャツを着て、その腕についたたくさんのリストカットの
傷を隠している生徒。こうした生徒たちは、しばしば、「みんな私をバカにし
た目で見る」という他者からの拒絶感と、「自分がきらい」「自分なんか生きる
価値がない」という自分自身からの拒否感とを繰り返し吐露する。

　自分には生きる価値がないという絶望的な感覚は、自分を肯定することがで
きないという自己肯定感の低さを表すものだろう。活動に参加する生徒たちに
限らず、そもそも居場所感がなければないほど自己肯定感は低くなることは、
統計的な調査でもあきらかになっている[5]。

自己肯定感の身体性

　高垣忠一郎は自己肯定感を、「自分が自分であって大丈夫」という感覚、と
表現する[6]。つまり自己肯定感とは、あるがままの自分で良いのだ、たとえ
欠点があっても周りに迷惑をかけることがあっても自分は存在する価値がある
のだ、という無意識のレベルでの自分自身への信頼感のことだ。

　自己肯定感は、自分の存在が無条件に受け容れられる関係のなかで育まれ
る[7]。だれでも失敗をすれば、恥ずかしさや負い目を感じ、自信をなくす。

第 10 章 あるがままの自分をゆるせるってどういうこと？

しかしそんなときも、安定的な自己肯定感があれば、自分はそもそもいてはいけないのだと自分の存在価値そのものが脅かされ、いても立ってもいられなくなり、パニックに陥る、というようなことにはならない[8]。

また高垣は、自己肯定感の礎となる「無条件に受け容れる」関係とは、すべてを好きになる関係でも、丸ごと良いと評価する関係もでもなく、欠点のあるその存在を「ゆるす」関係だ、という[9]。リストカットや摂食の困難を示す生徒たちは、高垣の言葉にならえば、自分のあるがままの身体、たとえば太っている（としか彼女には思えない）身体を、ゆるすことができない、と考えられる。

こうしたことからすると、自己肯定感が低いということも、その身体感覚に想像をはせて理解することが、まずは必要になる。「みんな私をバカにした目で見る」と語る生徒は、実際に自分の身体に向けられる視線を感じ取り、そのような自分の存在をゆるすことができない。こうした生徒の被害感覚をやわらげるためには、生徒自身が自分の身体を含めて自分自身をゆるすことが必要なはずだ。したがって、「誰もそんな目を向けてない」「ひがんではいけない」といういまのあるがままの生徒たちをゆるさない言葉では、生徒自身を安心させることはできないのではないだろうか。

4．理解からゆるしへ

理解を超える他者と出会う

本章では、居場所がないときや自己肯定感が低いときのつらさを、ワーク等をとおして自分の経験を手がかりに想像することを試みてきた。ほかにも、表現力豊かな小説やマンガ、映画などから、「自分もこう感じる」と追体験もできるかもしれない。このように他者の体験を理解するためには、まず自分の身体感覚に即して想像をめぐらせ、その痛みに接近することが必要だ。

しかしながらそうした理解は、あくまで想像にすぎないのであって、他者の気持ちや感覚を正確に当てることではない。にもかかわらず、人は、共感したり、お互いにわかりあった気持ちになることがある。しかもその体験をとおして、当事者同士が少し楽になったり救われたりすることが、起こりうる。

137

つまり、自分の理解をこえる他者を前にして必要なのは、相手の自己肯定感を測定したり、心理状態を言いあてたりすることではなく、相手とより良い関係を築くことのはずである。そうすれば少なくとも、「なぜ支援を自分から拒み、勝手なことを言うのか」という問いからは解放されるだろう。

　では、理解できないにもかかわらず相手を楽にするというような実践的な関係づくりには、何が必要なのだろうか。活動における生徒同士のかかわりあいから、このことを探ってみたい[10]。

理解できない行動への戸惑い

　活動には、ボランティアには詳細は伝えられていないが、何らかの障がいがあると想像される生徒も参加する。そのうちの1人、菊田君は、明るくニコニコしているが、こだわりが強く、1人でスマホをいじってばかりいるなど、周りとコミュニケーションをとることが難しい生徒だ。彼には、突然大きく前後にジャンプを繰り返すという癖があり、その癖とどうかかわるか、ボランティアや他の生徒たちはいささか戸惑うことがあった。

　　　昼食を食べていた菊田君は、突然立ち上がり、両足をぴっとそろえて立つと、両腕を思い切り振って、大きく前にジャンプした。そのままピッと両腕を前方にあげた姿勢を保つ。その唐突な動きに、びっくりした生徒、気づかなかったふりをする生徒と、場には一瞬、何ともいえない空気が流れた。しかし菊田君は、周りを気にする様子もなく、両側の机に腕を立てて、今度は後方へとジャンプすると、元の位置に戻ってくる。

　菊田君のジャンプは、一般的には「常同反復行動」と説明される。これは、儀式的な行動や姿勢、発声などを繰り返すもので、何らかの神経的な理由による、と医学的には考えられている。つまり、行動そのものに意味はなく、本人も半ば無意識のうちに繰り返している言動である。そのため、その目的や菊田君の気もち、身体感覚は、多くの人にとっては自分とはかけ離れた体験で、想像をめぐらせようがないだろう。このような理解できない行動を見たときに、私たちはどのように感じるだろうか。

138

第10章　あるがままの自分をゆるせるってどういうこと？

「楽しそう」という意味づけ

　多くの人は、菊田君の振る舞いを嗤（わら）ったり、そのことでもって菊田君を差別してはいけない、と思うだろう。と同時に、そうした思いゆえに、菊田君にたいして腫れ物に触るような、不自然な態度をとってしまう危険性もある。
　ところが、この場面に同席していた森川君は、次のように言う。

>　菊田君は楽しそうに着席し、再びスマホをさわり始めた。その瞬間、森川君は体を縦に大きくゆすって大笑いをし、「菊田君、めっちゃ楽しそう！」と言う。菊田君は振り返ってニコっと笑うが、返事をせず、また大きな音を立てて立ち上がり、今度は空になったペットボトルを手に、二歩、三歩とジャンプでゴミ箱まで行く。それを見た森川君はくるりとみんなの輪を振り返り、相好を崩しながら「すごくね？　あのジャンプ力。いいわあ、めっちゃ楽しそう。ゴミ捨てるの、あんなに楽しそうにできない」と最後は感心したように言う。最初は戸惑っていたみんなも、森川君の笑顔につられて、緊張がゆるんだように笑ったり、うなずいたりする。

　このときの森川君の「楽しそう」という言葉や大笑いする様子は、それに

――― ワーク 10-3 ―――
①自分がこの活動にいる生徒やボランティアだったら、この場面でどのように振る舞いますか？
②森川君の言葉をきっかけに、周りの生徒たちと菊田君との関係が変わっていったのは、なぜだと思いますか？　他の人とも意見を共有してみましょう。

よって菊田君が傷ついたり、パニックに陥ったりするリスクがあったことは、否定できない。また、森川君の言葉に一瞬他の生徒たちが戸惑っているように、周囲の者に不快感を与える可能性も、あっただろう。少なくとも、教師やカウンセラーという、生徒とは異なる立場の人には、許容されない発言だ。

しかしこの場面で、森川君の言葉は菊田君にも周りの生徒たちにも受け容れられ、場は和やかになる。それどころか、このあと、ジャンプの癖を含めた菊田君の個性は、「かわいい」「楽しそう」と周りから評されるようになり、菊田君は活動には欠かせない人気者になっていく。森川君の言葉にこのような効果があったのは、なぜだろうか。

ゆるす――自らをゆるめ全面的に与えること

このヒントは、先ほど紹介した、人が人を全面的に受け容れるということは「ゆるす」ことだ、という高垣の言葉に見いだすことができる。ゆるすとは、「ゆるめる」と同じ語源をもつ語だ。たとえば防犯の基準をゆるめれば犯罪をゆるしてしまうことになるし、自分自身の怒りをゆるめれば、相手の罪をゆるすことになる。また欧米語では、「ゆるす」は「贈与」という言葉とつながっている[11]。英語の forgive は、for＝全面的に give＝与えることである[12]。つまり、ゆるすとは、何かの基準をゆるめることで、相手に何かを全面的に与える行為だ、といえる。

繰り返しになるが、「楽しそう」という森川君の笑いは、言葉の一つひとつに細心の注意を払うカウンセラーら専門家からみれば、緊張のゆるんだ雑な、そして危険なものだろう。けれども、菊田君と同じ一生徒という立場である森川君は、この言葉によって、さまざまなものをゆるし、同時に、自分自身のありようをも周囲に投げ出し与えている、と考えられる。

森川君はまず、理解不能な菊田君の突然のジャンプが、この場で行われることを、当然のようにゆるしている。ジャンプは大きな音をたてるもので、また動きも唐突でなめらかさに欠けており、菊田君の身体はこの場では異物のように目立ってしまっていた。周りの生徒たちは、いささか大げさに述べれば、その身体に脅かされたかのように自分の身体にこわばりを覚え、それを解消するために、あたかも菊田君のジャンプが存在しないかのように目を逸らしたりせ

第10章　あるがままの自分をゆるせるってどういうこと？

ざるをえなくなっている。それにたいし森川君は、菊田君の身体の異物感をなかったものにして無視するのではなく、あえてとりあげて、そこに位置づけている。つまり、この場に菊田君の身体も、その身体の動きもたしかに存在していることを認め、ゆるしているのである。

　また同時に森川君は、周りの人たちが菊田君や自分にたいしてどのように振る舞おうとも、そのありようをゆるしている。たとえば常同反復行動に関する一定の知識をもちあわせており、菊田君のジャンプにあえて触れずにいた筆者は、触れないことが菊田君の行動を特別視することでもある、ということも薄々感じていた。かといって、触れる勇気もなく、この瞬間まさに筆者は、にっちもさっちもいかずにその場にいた。しかし、森川君のリラックスした姿勢やゆるんだ表情と言葉は、筆者のその特別視も、いたたまれない気持ちをも、「そういうこともありえる」と受け容れているように感じられる。

　と同時にここで注目したいのは、森川君は、決して菊田君や周りの人を一方的にゆるしているわけではない、ということである。常同反復行動に関する知識の不足、デリカシーのなさ。そういったものを、森川君は包み隠すことなく、素直に周りに呈示している。ゆるすという言葉の「全面的に与える」という側面は、たとえばこのように、自分自身を包み隠さず差し出し、相手に与えるという姿勢のことではないだろうか。そう思わせるのは、森川君がくるりと振り返ることで自分の発言をも後ろにいる同級生たちへと差し向けるしぐさである。森川君は、おそらくはそんな自分の発言を周りがゆるしてくれるよう期待してはいただろうが、同時に、仮に非難されたとしてもそれもゆるしてしまうゆるさで、周りに自分の身体をさらしている。だからこそ周りも、森川君の発言に一瞬戸惑いつつも、笑ってしまうのではないだろうか。

　言うまでもなく、森川君はこうしたことを、意識してやっていたわけではないだろう。菊田君をはじめとする周りの人をゆるそうとしていたわけでも、自分の振る舞いをゆるしてもらおうとしていたわけでもないはずだ。ただ、森川君のゆるんだ表情や、そこから生みだされるやわらかな雰囲気は、結果的にこうした効果を生んだのだ、と考えられる。少なくとも菊田君は、森川君の言葉に楽しそうに笑っていた。菊田君自身は言葉にすることはないけれども、自分の身体があたたかく見つめられていることを感じるからこそ、教室空間のなか

でのびやかに安らいでいたのではないだろうか。こうした、その場にいること
をあたたかくゆるされ肯われるという体験が積み重なれば、菊田君は自分は周
りからも自分自身からもゆるされる価値のある存在なのだ、ここにいてよいの
だ、というたしかな自己肯定感を育んでいく可能性に開かれる、と考えられる。

　事実、菊田君はその後、トランプなどみんなの遊びに加わるようになるなど、
周囲とのかかわりを増やしていっていった。周りの生徒たちも、菊田君が欠席
すると「めずらしいね」「どうしたんだろう」と心配するなどしており、菊田
君がジャンプ癖のあるあるがままの姿で活動の場にいることを、当然のことと
して受け容れるようになっていったことがうかがえる。そして、活動が終了す
ると、「すっごく楽しかった」「また来てね！」と言って送り出してくれる菊田
君の満面の笑顔には、ボランティアたち自身が、自分はこの場にいることを菊
田君たちにゆるされているのだ、という安心感を味わうのである。

5．おわりに

　本章では、学校に身の置き所がないと感じている子どもをどう理解し、どう
支援するのかを、子どもたち同士や、あるいは子どもと非専門家であるボラン
ティアとのかかわりあいから考えてきた。理屈などぬきに、ときに傷つけあう
リスクを背負いながら、ラフにかかわりあう。子ども同士には、ときに自然に
こうしたかかわりあいが可能である。しかし、子どもと立場の異なる大人に求
められる役割は、まず何よりも、子どもをより深く理解することであろう。正
しい知識と適切な言葉かけ、アセスメントや周りの大人との協働。これらはみ
な重要な子ども理解の試みである。

　と同時に、理解には限界がある、ということも知っておく必要があるのでは
ないか。むしろ、ゆるされている、とお互いに感じるためには、障がい名等の
正しい「理解」は妨げになることさえある。自分の体験に思いをはせ身体感覚
をとらえ、それでも想像の及ばない体験もあるという事実に向きあう。相手の
存在をゆるすと同時に、自分のわからなさをゆるしてもらう。

　実際のところ、そうした相互関係は、子ども同士という関係の対等性にもと
づくことで、可能になりやすい。しかも、子どもたちにとって、自分が、この

第10章　あるがままの自分をゆるせるってどういうこと？

身体が存在することをゆるされたい場所とは、あくまでもたくさんの同級生たちがいる空間なのであるから、このとき大人の役割は、ゆるしあいの場を整え、そこで起きている受容やゆるしが一歩間違えれば陥る拒否や差別を、注意深く避けることにすぎないのではないだろうか。ただそれだけしかできないことをどうかゆるしてほしいと、この身を子どもたちにゆだねながら。

注

（1）　「支援」という言葉は、支援者から被支援者への一方的な働きかけを連想させることもあるため、場合によっては不適切な表現でもある。生徒にたいする働きかけ全般を指す用語として広く理解されているため、本章では、「支援」という言葉を用いるが、その表現は今後考えていくことが課題の一つだろう。

（2）　大塚類「臨床現象学から描く生きづらさ」『エピソード教育臨床——生きづらさを描く質的研究』創元社、2014 年を参照。

（3）　綿谷りさ『蹴りたい背中』河出書房新社、2003 年、3 頁より引用。

（4）　人が自分の抱える困難に際して、何らかの援助を求めるかどうかの認知的枠組みを「被援助志向性」と呼び、被援助志向性の低い人はどのような条件や背景があるのかが近年研究されている。本章ではその志向性そのものではなく、志向性の低い人とどうかかわるかを検討したい。

（5）　甲村和三・飯田沙依亜「居場所のなさと自己肯定感情の関係」『愛知工業大学研究報告』第 49 号、2014 年、82 頁を参照。

（6）　高垣忠一郎『生きづらい時代と自己肯定感——「自分が自分であって大丈夫」って？』新日本出版社、2015 年。

（7）　同上、56 頁。

（8）　同上、57 頁。

（9）　同上、81 頁。

（10）　本章の事例に出てくる生徒たちは、筆者を含めたボランティアには知らされていないさまざまなハンディキャップがあることが想像される。学校からの情報によれば、必要に応じて医療も含めさまざまな支援がなされている。こうした生徒の指導においては、学校の教員やカウンセラーには、諸機関との連携や教員同士の情報共有などが求められる。学校教職員に求められるこうした専門性については、本書の第 7 章を参照されたい。本章ではあくまで、友人同士による非援助的な関係のなかでの、お互いの認めあい、受け容れあい、つまりゆるしあいについて検討したい。

(11)　ジャック・デリダ『赦すこと——赦し得ぬものと時効にかかり得ぬもの』（守中高明訳）、未來社、2015 年。

(12)　デリダ（Derrida, J. 1930–2004）は、フランス語の pardon（赦し）に含まれる don（贈与）という言葉のつながりを指摘している（同上、7 頁以下）。フランス語の don は donner（与える）という動詞からなっている。

【読書案内】

①榛野なな恵『Papa told me 22 巻』（EPISODE.108「モーニンググローリー」）集英社、1999 年。

　　離婚した父親を「許さない」ことが自分のアイデンティティだ、と筆を執る若い小説家の痛々しくも凛々しい生き方を切り取った小編。ゆるすこと、ゆるさないことの重みを透明なタッチで描いている。

②鷲田清一『ちぐはぐな身体——ファッションって何？』筑摩書房、1995 年。

　　身体の不確かさ、居心地の悪さの理由を解き明かす哲学書。服をまとうことで私たちはあるがままの身体を隠し、そこに切れ目を入れている。身体とはやっかいな代物、だから楽しいと思わせる一冊。

参考文献

ジャック・デリダ（守中高明訳）『赦すこと　赦し得ぬものと時効にかかり得ぬもの』未來社、2015 年。

甲村和三・飯田沙依亜「居場所感のなさと自己肯定感情の関係」『愛知工業大学研究報告 第 49 号』2014 年。

大塚類「臨床現象学から描く生きづらさ」『エピソード教育臨床　生きづらさを描く質的研究』創元社、2014 年。

高垣忠一郎『生きづらい時代と自己肯定感「自分が自分であって大丈夫」って？』新日本出版社、2015 年。

綿矢りさ『蹴りたい背中』河出書房新社、2003 年。

（遠藤野ゆり）

第11章
高校中退に至る前に高校教師にできることは何か？
高校中退の問題と予防プログラムについて考える

１．高校を中退することは、どこが問題か？

　「高校中退」を「予防」するとは、どういうことだろうか。そもそも、なぜ高校中退を予防せねばならないのだろう。高校はそれまでの教育課程と異なり、義務教育ではなく、基本的には生徒の自由意志にもとづいて進学してくる学校である。そのため、生徒の意志で中退していくことは、特に問題がないことであるように思える。いま、本テキストで学んでいる皆さんの多くは、高校を無事に卒業し、大学へと進学してきた人たちであろう。そこで、この高校中退について、何が問題なのかいま一度考えてみてほしい。

ワーク11-1

高校中退について、中学校の不登校問題と比較しながら、どういった特徴や問題があるか考えてみよう。

....

....

....

　では、文部科学省の調査（2017、2018年）を参考にしながら、高校中退の問題点を整理してみよう[1]。まず、高校への進学率であるが、平成29（2017）年は98.8％であった。この数値は現在でも上昇を続けており、高校が限りなく義務教育化してきている状況がうかがえる。高校中退率をみてみると、平成13（2001）年の2.6％をピークに徐々に減少し続けており、平成28（2016）年は1.4％であった。この1.4％という数値をどうみるかが問題である。同じ調査のなかで中学校の不登校をみてみると、その出現率は平成28年が3.01％で

145

あり、それと比較すると高校中退率は非常に低く感じる。

　しかしながら、上記の中退率は当該年度の在籍生徒数に占める中退者の割合を示しており、この中退率の算出方法だと見かけ上の中退率は低くなってしまう。中退してしまった生徒は翌年からはカウントされなくなる一方で、不登校の場合は不登校である限りカウントされ続けるため、必然的に不登校のほうが出現率が高くなる。正確な中退率を算出しようとすると、ある年度に入学した生徒たちのうち、卒業までに何名が中退したのかを明らかにする必要があるが、そうした調査は行われていない。参考までに平成 27（2015）年度に入学した生徒を例に挙げると、111 万 4281 人が入学したが、平成 29（2017）年度に卒業した生徒は 106 万 9568 人であり、じつに 4 万 4713 人が何らかの理由で卒業していないことがわかる。仮に、これを中退率として算出すると 4.01％であり、中学校の不登校よりも多くなるのだ。

　では、高校中退と中学校の不登校の違いは人数だけかというと、そうではない。高校中退は若者の貧困と密接に関係しており、これが中学校までの不登校と大きく異なる点であるといえる。先ほどのワークで、中退者の進路に考えをめぐらせた人はいるだろうか。中退者の追跡調査はほとんど行われていないが、各自治体の教育委員会が独自に行っているケースがいくつかある。東京都教育委員会は平成 22（2010）年度と平成 23（2011）年度に都立高校を中退した生徒 5526 名に追跡調査を行い、20.4％の中退者から回答を得た[2]。その結果、調査時点でフリーターまたはニートの立場から抜け出せずにいた中退者は 47.6％を占めた。回答率の低さを考慮すれば、中退者に占めるフリーターやニートの実際の割合が、これよりさらに高いことは想像に難くないだろう。高校が限りなく義務教育化してきている現状のなかで、そこからドロップアウトしてしまうと、正規雇用への道が狭くなってしまうのである。こうした現状について、内閣府は「高校中退は、フリーターや若者無業者など社会的弱者に至るリスクが高く……高等学校在学中における早い段階から計画的に支援を行っていくことが必要である」と指摘したうえで、高校は若者が社会的弱者に至る前の「最後の砦」と表現している[3]。つまり、高校教師は最後の砦の「番人」ということになる。

　もちろん、上で論じたのは一般論である。本書を手に取ってくれている皆さ

んのなかには、高校を中退しながらも、高等学校卒業程度認定試験を受けたり、転学するなどして、教職の道を目指している人もいるだろう。どれほど予防的なアプローチをしても防げない中退もある、それが実際である。そうした場合、「中退に向けた支援」も必要となってくる。紙幅の関係でここでは触れられないが、小栗貴弘と吉永恵子の論文[4]などを参照して、「中退に向けた支援」のこともぜひ知っておいてほしい。

２．予防プログラムとは、何をどうすることだろう？

一言で「予防」といっても、その中身はさまざまである。まず、皆さんが考える「高校中退を予防する」ための取り組みについて、アイディアを出してみてほしい。

---**ワーク11−2**---

高校中退を予防するための取り組みとして、どのようなことが考えられるかアイディアを出してみよう。アイディアを出したら、周りの人とアイディアを共有してみよう。

自分で出したアイディア

....

....

周りの人から出たアイディア

....

....

....

さまざまなアイディアが出てきたことと思うが、それらは高校中退予防プログラムのなかでは、どういった位置づけなのだろうか。ムラゼックとハガティーは心理学における予防を、リスク集団を同定せずすべての集団に予防的介入を行う普遍的予防（universal prevention）、問題の兆候は示していないものの何らかのリスクが高い集団へ予防的介入を行う選択的予防（selective prevention）、問題の兆候を示し始めている人へ予防的介入を行う指示的予防

（indicated prevention）の三段階に分けて整理している[5]。本邦における予防的な理論としては第1章で触れられた開発的・予防的カウンセリングのほかに、石隈利紀の提唱する心理教育的援助サービスによる枠組み[6]が一般的である。

　本章では、これらの理論を参考にしながら、高校中退予防における予防的介入を以下のように定義し、各段階の予防的取り組みを概観していこう。

　①普遍的予防とは、すべての生徒を対象とする介入であり、学習スキルや対人関係スキルに関する授業をいう。

　②選択的予防とは、欠席や問題行動といった中退の兆候は示していないものの、スクリーニング・テスト等において高リスク群と判断された生徒にたいして行う、個別の支援や日常生活での配慮をいう。

　③指示的予防とは、中退には至っていないものの、不登校、いじめ、障害、非行など、中退に至る兆候を示している生徒に対して行う、個別の支援のことをいう。

　さて、皆さんがワーク11−2で出したアイディアは、この定義のなかでは、どこに位置づけられるか考えてみてほしい。普遍的予防、選択的予防、指示的予防のそれぞれに該当するアイディアを満遍なく出せた人は少ないのではないだろうか。逆にいえば、自身のアイディアでどの段階の予防的視点が不足しがちか把握できたことと思う。「高校中退予防プログラム」を考えるとき、これらのすべての段階における支援をバランスよく実行することが大切である。

3．普遍的予防としてのソーシャルスキルトレーニング

　文部科学省の調査（2017年）によれば、高校生の不登校でもっとも多い要因は「学業の不振」であり、その次が「いじめを除く友人関係をめぐる問題」である。つまり、学習と友人関係は高校生の不登校、ひいては中退に直結してくる問題といえる。ここでは、そういった友人関係に起因する中退を減らすためのアプローチとして、ソーシャルスキルトレーニング（以下、SST）について扱う。高校生を対象にSSTをわかりやすく伝えるとすると、ソーシャルは人間関係、スキルはコツ、トレーニングは練習といったところだろうか。コツがあるということは、練習すれば上手になるということでもある。

第 11 章　高校中退に至る前に高校教師にできることは何か？

表 11-1　友人関係がうまくいかないとき

考えられる状況	対応
①（ソーシャルスキルに関する）知識が不足している	①知識を教える
②誤った知識を学んでいる	②誤った知識が間違いであることに気づかせ、正しい知識を教える
③知識はあるが行動に移せない	③スキルを練習する
④知識があり行動もできるが、状況をモニターできない	④いまがスキルを使うときであると気づかせる

　友人関係がうまくいかないときはソーシャルスキルに関して表 11-1 の四つが考えられ、それぞれによって対応が異なってくる。

　表 11-1 の①〜③は SST のなかで扱えるが、④は教師が学校生活のなかで適宜指導していかねばならないものである。だからこそ、スクールカウンセラー（以下、SC）のような心理職だけでなく、教師が SST のノウハウを知っておく必要があるのだ。

　一口にソーシャルスキルといっても、その種類はさまざまである。たとえば、友人を遊びに誘うといった「関係開始スキル」、友人と会話を広げたりする「関係維持スキル」、断ったり頼んだりといった「主張スキル」、謝るといった

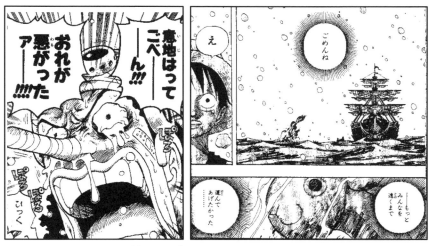

図 11-1　『ONE PIECE』のワンシーン
出所）尾田栄一郎『ONE PIECE』集英社、45 巻、2007 年、165 頁、44 巻、2006 年、222 頁。

「問題解決スキル」などがある。ここでは「謝る」というスキルを例に挙げてSSTを解説しよう。皆さんは、図11−1を見てどう思うだろうか。これらはそれぞれ、漫画『ONE PIECE』（尾田栄一郎、集英社、1997年−）のワンシーンである。左はウソップが仲間に謝っているシーンで、右は主人公ルフィたちとともに旅をしてきた海賊船ゴーイング・メリー号の最期で、船に宿っていた精霊が謝るシーンである。この二つのシーンの謝り方には共通点があるが、お気づきになるだろうか。それが基本的な「謝り方」のスキルである。では、適切な、そして基本的な謝り方とはどのようなものか。そういったスキルを学ぶためにSSTがあると思ってほしい。

SSTは一般的に、①教示（コツを言葉で教える）、②モデリング（お手本を見せる）、③ロールプレイング（実際に生徒がやってみる）、④フィードバック（よかった点や改善点を伝える）といった過程を経る。50分の授業のなかで上記のプロセスを踏みながら、一つのスキルをターゲットとして扱うのである。しかし、ここで一つ問題が生じる。高校中退予防プログラムで対象としている

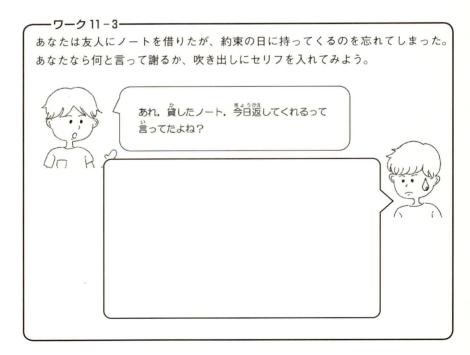

―― ワーク11−3 ――
あなたは友人にノートを借りたが、約束の日に持ってくるのを忘れてしまった。あなたなら何と言って謝るか、吹き出しにセリフを入れてみよう。

あれ，貸(か)したノート，今日(きょう)返(かえ)してくれるって言(い)ってたよね？

第11章　高校中退に至る前に高校教師にできることは何か？

生徒たちには、友人関係が苦手な生徒が多く、みんなの前で演じる「③ロールプレイング」が苦痛になる可能性が考えられる。そこで、筆者はロールプレイングを行うかわりに、ワークシートを用いた SST を実施するようにしている。いわば、紙上のロールプレイングだと思ってほしい。

　筆者がつくった SST プログラムから 1 問出題してみよう。皆さんは、ワーク 11‒3 のような場面で、どのように謝るだろうか。自分で回答を作成したあとは、ぜひ周りの人とも意見を交換してみてほしい。

　どうだっただろうか。ワークの問題は、皆さんにとってはやや簡単なものであったかもしれない。しかし、謝るのが簡単な場面であっても、難しい場面（たとえば、仕事で大きな失敗をしてしまったなど）であっても、基本的なスキルは同じである。簡単な問題で基本を身につけておくことで、そのスキルは社会に出てからも活きてくるものだと思ってほしい。

　それでは、具体的に「謝る」スキルの基本をみていこう。筆者が教えているのは、①「謝罪の言葉」、②「謝罪の理由や自分の気持ち」、③「提案」の 3 点で、これらをうまく盛り込むことが基本となる。先ほどの図 11‒1 をみてみると、ウソップが①「意地はってごべーん」、②「俺が悪がったァー」、ゴーイング・メリー号が①「ごめんね」、②「もっとみんなを遠くまで運んであげたかった」と、どちらも①「謝罪の言葉」、②「謝罪の理由や自分の気持ち」の要素が入っていることがわかるだろう。実際の物語ではこのあと、ウソップは「アレ（一味をやめると言ったこと）……取り消すわけにはいかねェがなァー」と③「提案」が続き、無事に仲間に返り咲く。また、ゴーイング・メリー号は「今まで大切にしてくれて、どうもありがとう」とお礼を述べて沈んでいく。実際の日常生活のなかでは、基本的なスキルを盛り込みつつ、状況にあわせて適宜変えていくことも、ときには必要になってくる。

　同様にワーク 11‒3 も考えてみよう。基本的なスキルに則ると、①「ごめん」（謝罪）、②「約束は覚えていたんだけど、持ってくるの忘れちゃった」（理由）、③「明日必ず持ってくるね」（提案）ということになる。他の例として、皆さんが社会に出たときのために、職場での失敗も例に挙げてみよう。①「大変申し訳ございません」（謝罪）、②「当方の確認不足でご迷惑をおかけしております」（理由と気持ち）、③「今後はこのようなことがないよう、社内で

151

の確認体制を改善いたします」(提案)という感じだろう。難易度は違えども、基本的なスキルは同じであることがおわかりいただけたと思う。

こうした対人関係上の基本的なスキルを、生徒集団を対象として教えることで、友人関係を要因とした不登校や中退を減らしていくこと、それが普遍的予防としてのSSTである。そのためには、生徒たちがどういったスキルを身に付けるべきか、ぜひ考えてみてほしい。

4．普遍的予防としての学習スキル教育

先に示したとおり、高校生の不登校でもっとも多い要因は「学業の不振」である。ここでは、その「学業の不振」による中退を減らすためのアプローチとして、学習スキル教育について取り上げてみよう。学習スキルとは、簡単にいえば「勉強方法」のことである。図11-2をみてほしい。これは漫画『ちはやふる』(末次由紀、講談社、2008年-)での百人一首の「記憶」に関するシーンである。肉まんくんは歌全部を覚えることはせずに、必要最小限に絞って、より反応速度を重視した覚えかたをしていることがわかる。いわゆる、「音で覚える」方略である。一方で、かなちゃんには歌の背景となる知識があり、「春

図11-2 『ちはやふる』百人一首の記憶に関するシーン
出所）末次由紀『ちはやふる』講談社、4巻、2009年、76頁。

第11章　高校中退に至る前に高校教師にできることは何か？

の歌」「夏の歌」などとグルーピングして覚えている。いわゆる、「精緻化」と呼ばれる方略である。

　このように、「覚えかた」一つでも、さまざまな学習スキルがあることがわかる。さて、皆さんの学習スキルについて振り返るために、ワーク11-4をやってみよう。

　さまざまな覚え方をしている人がいたと思う。たとえば、ひたすら書いて覚えた人、見て覚えた人、正解を隠して解いてみた人、自信のないものに重点を絞って繰り返し練習した人、その漢字を使う場面を想像した人、漢字の意味を考えた人など、それぞれが勉強方法の工夫をしていたことと思う。そうした「自分なりの工夫」が、高校の学業で適応していくうえでは非常に重要になるが、一方でそうした「工夫」はほとんど学校で教わることはない。皆さんの場合も、学校で教わった勉強方法というよりは、自分たちが受験勉強やテスト勉強をするうえで、経験的に身に付けてきた方法ではないだろうか。こうした学習スキルについて、本邦の学校教育では、小学校のドリル学習に代表されるような「繰り返し書いて覚える」ということが教えられる以外に、特に教わることはない。

　しかしながら、この「繰り返し書いて覚える」という学習スキルは効率が悪く、学習者や学習内容によっては記憶が干渉してしまったり、場合によっては抑制されてしまうことも実験で明らかになってきている。皆さんのなかでも、1分という短時間で、ひたすら書いて覚えようとした人は少なかったのではないだろうか。おそらく、皆さんはこれまでの学習をとおして、そのあたりのこ

┌─**ワーク11-4**─────────────────────┐
以下は「日本漢字能力検定1級」に出てくる漢字である。これを、自分なりの勉強の仕方で、「1分」でできるだけ覚えて、テストしてみよう。
テストのあとは、周りの人と「どのような覚え方をしたか」を共有してみよう。
①熱狂のルツボ……………………………………………………坩
②タタる………………………………………………………………崇
③灰ジンに帰す………………………………………………………燼
④アツラえる…………………………………………………………誂
⑤炭火をオコす………………………………………………………熾
└──────────────────────────────┘

とを経験的に把握し、自分にあった学習スキルを工夫しているのだろう。大学受験のときに、数千と出てくる英単語を、すべて書いて覚えたという人は少ないはずだ。赤いセロハンを使って日本語訳を隠したり、単語カードを使うなど「見て覚える」方法を多くの人が採ってきたことと思う。ところが、学業の不振で中退してしまう生徒は、そうした自分にあう学習スキルを考えるのが苦手であることが多い。「勉強の仕方がわからない」ので、教科書を丸写ししたり、プリントを丸写しするといった効率の悪い学習スキルを選択してしまう。こういった生徒にたいし、学習スキルを教授することで学業不振による中退を減らしていくことが必要になってくるのだ。

　では、こうした学習スキルを教えるうえで、授業としてはどういった構成が好ましいのだろうか。学業不振の生徒にたんに学習スキルを教えても、その学習スキルをすぐには使い始めないことが多いといわれている。さまざまな要因が考えられるが、代表的なものに「コスト感」がある。学業不振の生徒は、改まって勉強の仕方を考えることが少ないため、いつもと違う勉強の仕方を採用することは負担が大きいのである。そうした生徒にたいして効果的な学習スキルを教えるだけでなく、それを使用してもらうようにするには、教え方に工夫が必要になってくる。つまり、「習った方法のほうが役立ちそうだから、次からこのように勉強しよう」と思わせることが肝要である。そこで、筆者が学習スキルに関する授業をするときは、①出題→自分なりの勉強方法で勉強してみる→テスト、②新たな学習スキルを教える、③出題（先ほどと同レベルのもの）→新たな学習スキルを使って勉強してみる→テスト、という段取りにしている。このように、新たな学習スキルの「効果」を実体験させることで、その使用を促すことができるのである。

　皆さんも、これまでにたくさんの学習スキルを自分なりに工夫してきたことと思う。本節で扱った記憶スキル以外にもノートテイクの仕方、教科書のまとめ方、ラインマーカーの使い方など、いろいろとあるだろう。皆さんが教師として現場に出たときには、勉強「内容」を教えるだけでなく、皆さん自身がどのように勉強してきたのか、その学習スキルについても、ぜひ教授してほしい。

5．選択的予防とアセスメント

　高校中退における選択的予防は、中退の兆候を示していないものの、高リスクであると考えられる生徒を対象として日常生活のなかで配慮や見守りをしていくアプローチである。つまり、早期発見・早期対応につなげるための準備段階であると考えてほしい。そのためには、高校中退につながるリスクをしっかりとアセスメント（評価）できることが重要となってくる。では、高校中退の高リスク要因とはどのようなものがあるだろうか。ワーク11-5をやってみよう。

┌─**ワーク11-5**─────────────────────
高校中退について、あなたが高リスク要因だと考えるものを、いくつか挙げて、
周りの人と意見交換してみよう。

　　　　　　　　　　　　　　　　　　　　　　　　　　　　　　　　　　　

　　　　　　　　　　　　　　　　　　　　　　　　　　　　　　　　　　　

　　　　　　　　　　　　　　　　　　　　　　　　　　　　　　　　　　　
└──────────────────────────────────

　こうした選択的予防を実行するうえで、つねに問題として挙げられるのが、「ラベリング（ラベルを貼ること）」による偏見である。選択的予防で対象となるのはまだ兆候がみられない生徒であり、そこに援助ニーズがないことも、しばしばである。ここに選択的予防の難しさがある。援助ニーズがない生徒にたいして、こちらがリスクを把握し援助を提供するという、やや「お節介」とも考えられるアプローチなのである。この「お節介」ということを教師側が視野に入れて柔軟な対応を取らなければ、それは偏見と受け取られてしまい、トラブルに発展する危険もある。

　ここで、ワーク11-5の答えの一例を考えてみたい。高校中退の理由は先の文部科学省の調査のなかで出てくるが、ここでいう高リスク要因と必ずしもイコールにはならないことに注意してほしい。たとえば、先の調査のなかで「学業不振」としてカウントされていたとしても、その背景にはひとり親家庭で学費を捻出するためアルバイトを昼夜掛け持ちし、テスト勉強時間が確保できなかった、という事情も考えられる。このように複数の要因が絡みあっているこ

ともあり、この例では「試験の点数が悪い」ということ以外に、「ひとり親家庭」「経済的困窮」なども高リスク要因だといえる。ほかには、「中学時の不登校経験がある」「発達障がいあるいはその傾向がある」「何らかの精神疾患がある」「何らかの理由で家庭の協力が得られない」なども挙げられよう。

上記の高リスク要因に当てはまる生徒に対して、「どうせ○○だから、援助しても無駄だ」という態度をとることは、もちろんラベリングにもとづく偏見である。一方で、「あなたは不登校経験者なのだから、私たち教師の援助が絶対に必要なはずだ」という「援助の押し売り」のような態度も、やはり偏見にもとづくものである。先に述べたように、選択的予防は兆候がみられない時期から行うものであり、「お節介かもしれない」ということを自覚しながら、いざというときにスムーズに援助につなげられるよう、普段から気にかけたり声がけするといった対応が重

表11-2　具体的な援助

領域	つまずきの内容	対応の例
学習面	・試験の成績が悪い ・アルバイト等で学習時間の確保ができない ・発達の偏りが疑われる	・補習を実施したり、学習の仕方を本人と考える ・提出物のスケジューリングや学習計画を、本人と一緒に考える ・SCの相談につなぐ
友人関係面	・友人とのトラブル ・学級内で友人がいない ・いじめの対象となっている	・具体的なトラブルがあるのであれば、話し合いの場を設定する ・クラスのなかで気のあいそうな生徒と同じ班にするなど可能な配慮をする ・管理職や生徒指導担当と連携し、即座に解消に向けた介入を行う
家族関係面	・家庭が経済的に困窮 ・虐待の疑いがある	・スクールソーシャルワーカー（以下、SSW）につなぎ、利用できる社会資源がないか検討する ・18歳未満であれば児童相談所に通告、18歳以上であれば警察やSSW等と連携しながら自立の方策を探る

要となってくる。

6．指示的予防と具体的な対応例

　高校中退予防において、選択的予防は早期発見・早期対応につなげるための準備段階であると上述した。一方で、実際に欠席やつまずきといった中退の兆候がみられた生徒にたいして早期発見・早期対応を行うのが指示的予防段階である。ただし、これらの分類については、明確に境目があるわけではなく、重なる部分もあると考えてほしい。

　指示的予防では、選択的予防のように事前に把握できる情報に限らず、実際にどのような部分でつまずいているのかを総合的にアセスメントし、それにたいする具体的な援助を行っていく。たとえば、表11－2のようなことが具体的な援助として考えられる。

　ここに挙げたのは、ほんの一例である。実際に皆さんが現場に出れば、さらに多くの問題に直面するはずである。それらは、皆さん自身に大きな負担となるかもしれない。しかし、そうしたときにぜひ思い出してほしい、高校中退は目の前の生徒の人生に多大なる影響（多くの場合は負の影響）を与えるということを。一方で、そうした人生の大きな岐路にかかわれることに喜びを感じられる教師になってくれることを、切に願っている。

注

（1）　文部科学省「学校基本調査——平成29年度結果の概要」2017年、「平成28年度「児童生徒の問題行動等生徒指導上の諸問題に関する調査」（確定値）について」2018年。

（2）　東京都教育委員会「「都立高校中途退学者等追跡調査」報告書」東京都教育委員会、2013年。

（3）　内閣府「子ども・若者支援地域協議会運営方策に関する検討会議報告書」2010年。

（4）　小栗貴弘・吉永恵子「高校中退の指示的予防を通した社会的自立の支援——中退のセーフティネットを目的とした外部機関との連携」『作大論集』9号、2019年。

（5）　Mrazek, P. B. & R. J. Haggerty, "Institute of Medicine," in Committee on

Prevention of Mental D., *et al.*, *Reducing Risks for Mental Disorders: Frontiers for Preventive Interventron Research*, National Academy Press, 1994.

（6）　石隈利紀『学校心理学——教師・スクールカウンセラー・保護者のチームによる心理教育的援助サービス』誠信書房、1999 年。

【読書案内】

①青砥恭『ドキュメント高校中退——いま、貧困がうまれる場所』筑摩書房、2009 年。
　　公立高校の元教師である著者が、若者をサポートするなかで出会った事例とともに、高校中退と若者の貧困問題についてわかりやすく述べている。

②水野治久・石隈 利紀『学校での効果的な援助をめざして——学校心理学の最前線』ナカニシヤ出版、2009 年。
　　学校心理学の一次的・二次的・三次的援助サービスといった視点から、各段階での予防的な対応について、具体的な実践事例が多数掲載されている。

参考文献

石隈利紀『学校心理学——教師・スクールカウンセラー・保護者のチームによる心理教育的援助サービス』誠信書房、1999 年。

東京都教育委員会「「都立高校中途退学者等追跡調査」報告書」東京都教育委員会、2013 年。

内閣府「子ども・若者支援地域協議会運営方策に関する検討会議報告書」内閣府、2010 年。

Mrazek P. B. & R J Haggerty, "Institute of Medicine," in Committee on Prevention of Mental D., *et al.*, *Reducing risks for mental disorders : Frontiers for Preventive Intervention Research*, National Academy Press, 1994.

文部科学省「学校基本調査——平成 29 年度結果の概要」文部科学省、2017 年。

文部科学省「平成 28 年度「児童生徒の問題行動等生徒指導上の諸問題に関する調査」（確定値）について」文部科学省、2018 年。

小栗貴弘・吉永惠子「高校中退の指示的予防を通した社会的自立の支援——中退のセーフティネットを目的とした外部機関との連携」『作大論集』9 号、2019 年。

（小栗貴弘）

第 12 章
文化的に多様化する子どもたちに教師はどのように対応するか？
外国人児童生徒への支援・対応

1．教育をめぐる環境の国・地域による違い

　まず、以下のような、筆者が中国の中学校で経験した出来事（プライバシーのために少し内容を調整してある）を読み、自分が授業見学者だったらどのように感じるか、考えてみてほしい。

　　日本から授業見学に訪れたある先生は、これから授業を見学させていただくお礼に、日本から持ってきたお菓子を「生徒の皆さんで分けてくださいね」と言って中国の先生に渡した。授業が始まると、中国の先生はおもむろにお菓子の包み紙をとり、生徒に配り始めた。生徒たちはわらわらと教卓の前に集まってお菓子を受け取り、席に戻ると、授業中にもかかわらず、先生の話を聞きながらむしゃむしゃとお菓子を食べ始めた。自分のペットボトルの飲み物を飲みながら食べている生徒もいる。日本から来た先生は「なんという風紀の乱れた学校か」と思った。

　学校のなかで起こる出来事やルールにたいして、教師の間で意見が異なることは、同じ国や文化のなかでも起こりうることである。ただし、ここで挙げた例の場合には、その背景に日本人の教師と、中国の教師の間で、教室の中で常識として「やってもいいこと／やってはいけないこと」についての考え方が文化的にズレており、それが日本人の教師の中国の学校にたいする否定的な評価につながっている。

　日本の教師からすれば、授業後（もしくは授業以外の時間）に渡してほしいと考えてお菓子を渡しており、特に言わなくても中国の教師は「当然」そうし

てくれるだろうと思い込んでいた。それにたいして中国の教師は学生へのプレゼントを受け取ったのだから、「ごく自然に」学生に渡してあげようと思って渡しただけである。また、中国の生徒たちと日本の教師の考えもズレているのであり、学校の授業中に食事をしながら授業を受けるというのは、「日本的感覚では」是とされることはないが、教室の中で、机の中にお菓子の袋を入れて食べているという子ども（そしてそれが教師からは見えないが、教室の後ろから見ている見学者には丸見えである）を中国で見かけることは少なくない。

　国や地域が違えば、人々のものの考え方や習慣には異なった部分は存在している。それは学校の中についても同様であり、教室の中の様子（教室の中にある物、雰囲気など）は共通しているところも多くありつつ、違いも多く存在し、校則や学校内でのルールのあり方、学校の中での人間関係のあり方（たとえば、教師と児童・生徒とのかかわり方、教師同士の関係など）などもまた同様である。学校の中だけでなく、学校や教師、子どもたちを取り巻く社会制度や教育制度（たとえば、カリキュラムや入学試験制度など）まで、違いを挙げていけばきりがない（ワーク 12−1）。

── ワーク 12−1 ──

図 12−1 は、中国の中学校の教室の中の様子である。この写真を参考にしつつ、自分（たち）が経験してきた学校の教室の中の様子を思い出して比較してみよう。また、自分（たち）が経験してきた中学校の教室と中国の中学校の教室の中の違いについて指摘してみよう。

　学校のある国や地域のもつ文化的な特徴の違いは、それぞれの国や地域で育った人々が、お互いによく知っている環境のなかで教育を行っている場合には、特に大きな問題にならないことも多い。そうした違いが問題になってくるのは、異なった文化的背景のもとで育った人々が交流し、同じ場（学校）において学習・教育活動を行う場合であろう。先ほどの事例でみたような、考え方や習慣のズレからくる誤解（中国の教師や生徒たちの立場に立ってみれば）も、

第 12 章　文化的に多様化する子どもたちに教師はどのように対応するか？

図 12-1　中学校の教室の中の様子（中国）[1]

人々の国境を越えた移動がますます増加するこれからの学校の教室の中では、頻繁に生じる可能性があるのである。

　本章では、学校の中でそうした文化的背景の違いから生じる問題と、それにたいして教師が果たすべき役割について考えていきたい。特に、近年増加をたどる外国人児童生徒の問題とそうした子どもたちへの教師のサポートのあり方について注目してみよう。なお、日本国内における外国とつながりをもつ子どもたちについては、「外国にルーツをもつ子ども」や「外国人児童生徒」をはじめ、さまざまな呼び方と定義が存在するが、本章では、文部科学省の定義[2]にならい、「外国籍の児童生徒に加え、日本国籍であるが、両親のいずれかが外国籍である等の外国につながる児童生徒」と定義したうえで「外国人児童生徒」の呼称を用いることとする。

2．外国人児童生徒と言葉・学習の問題

　グローバル化の進んだ今日の世界では、子どもたちの留学時期が早期化・低

161

図12-2　日本語指導が必要な外国籍の児童生徒数

出所）文部科学省「「日本語指導が必要な児童生徒の受入状況等に関する調査（平成28年度）」の結果について」2017年。

年齢化する[3]と同時に、親の仕事などの関係で、子どもだけではなく家族そろっての文化間移動も頻繁に起きるようになってきている[4]。そのため、学校において、教師が多様な国籍や文化的な背景をもつ子どもたちやその保護者に対応しなければならない場面も多くなってきており、特に言葉の問題や（就学や出席の問題も含めて）学習上の問題が取り上げられることが多い。

　児童生徒の文化的多様化という学校の中における状況変化は、日本においても同様である。図12-2と図12-3は、日本の学校において、日本語の指導が必要な外国籍・日本国籍をもつ児童生徒の人数の推移を表すものであるが、これをみると、日本語の特別な指導が必要な児童生徒は、ここ10年の間に外国籍の場合には約1.5倍程度（2006年度：2万2413人→2016年度：3万4335人）、日本国籍の場合には約2.5倍程度（2006年度：3868人→2016年度：9612人）と急激な人数の伸びが生じていることがわかる[5]。

　こうした調査結果や日本国内における子どもたちの状況から考えれば、外国人児童生徒の問題は、たとえ日本で生まれ育ち、海外に出た経験がまったくない教師にとってさえ、もはやテレビや新聞の向こう側にある「対岸の火事」のようなものとして第三者的に考えていればいいという問題ではなく、いつ対処

第12章 文化的に多様化する子どもたちに教師はどのように対応するか？

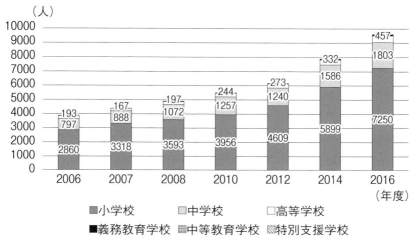

図12-3 日本語指導が必要な日本国籍の児童生徒数
出所）図12-2に同じ。

を求められることになるかもわからない、身近にある「喫緊の課題」になってきている[6]。実際、2017年改訂の学習指導要領では、「海外から帰国した児童（生徒）など」の問題だけでなく、「日本語の習得に困難のある児童（生徒）」への指導の問題についても明記されるようになった[7]。

また、2017年11月に策定された「教職課程コアカリキュラム」のなかで、「特別の支援を必要とする幼児、児童及び生徒に対する理解」のうち「(3) 障害はないが特別の教育的ニーズのある幼児、児童及び生徒の把握や支援」において、「母国語や貧困の問題等により特別の教育的ニーズのある幼児、児童及び生徒の学習上又は生活上の困難や組織的な対応の必要性を理解している」ことが到達目標とされており[8]、外国人児童生徒の言葉や学習上の問題が、現職の教員だけではなく、すでに教員養成の段階において意識されるべき問題となってきていることもわかる。

3．外国人児童生徒への政策上の支援

文部省（現在は文部科学省）でも、特に1990年代以降になって本格的に外国

163

人児童生徒の学校での教育の問題にたいする政策面での対応を実施するように
なった[9]が、対応は大きく言語・学習指導（支援）の面と就学・進学指導（支
援）の面とに分けて考えることができる。

　まず、言葉と学習の面での支援・指導については、JSL カリキュラム（Japanese
as a Second Language：日本語教育と教科教育を統合したかたちで指導を行うカリ
キュラム）や DLA（Dialogic Language Assessment：主に日常会話はできるが教科
の学習に困難を感じている外国人児童生徒の言語能力について、対話を通じて把握）
の開発といった、日本語教育のための道具の整備が進められた。また、1992
年以降、外国人児童生徒にたいして日本語指導を行う教員を通常の教員の定数
とは別に加配するとともに、子どもに母語での対応が可能な「外国人子女等指
導協力者」の派遣を行い、日本語を指導する教員や外国人児童生徒にかかわる
教員などにたいして、「教師研修マニュアル」の作成や日本語指導法などの研
修を行うようにしている。さらに、2014 年 1 月に学校教育法施行規則の一部
が改正されることによって、同年 4 月からは、学校における日本語指導が「特
別の教育課程」として編成・実施が可能になり、正規の教育課程のなかに位置
づけられるようになった。

　次に、就学・進学の問題については、文部科学省が 2005 年から 2006 年にか
けて日系ブラジル人が主に集住する地域の 12 の自治体で行った調査（「外国人
の子どもの不就学[10]実態調査の結果について[11]」）によれば、義務教育の就学年
齢にある外国人の子ども（9889 人）のうち約 1.1%（112 人）が公・私立学校、
外国人学校等のいずれにも通っていない不就学児童であった。しかし、不就学
の状態にある外国人児童生徒についてその実態がこれまで十分に調査されてき
たとはいえず、さらに多くの不就学外国人児童生徒が存在する可能性はある[12]。

　文部科学省では、児童生徒向けには「外国人児童生徒のための就学ガイド
ブック」を 7 言語で作成し、教育委員会や在外公館などで配布する[13]とともに、
学校側にたいしては「外国人児童生徒受入の手引き」を作成し公開している[14]。
また、進学についても、就学相談窓口の設置や、進路ガイダンスの実施など、
日本語の面で悩みを抱える児童生徒でも、就学や進学の機会を逃さないように
するために相談する場が設けられるようになってきている。

4．外国人児童生徒の抱える問題とその支援

先述した文部科学省の調査（「外国人の子どもの不就学実態調査の結果について」）では、不就学の外国人児童生徒にたいして、その理由を質問した結果がある（図12-4）。

これをみると、同じ不就学の問題を抱えている児童生徒であっても、その背景には、学校・生活環境の違い、人間関係の問題、言葉の問題、家庭の（特に経済的な）状況など、多様な要因が存在していることがわかる。不就学の問題に限らず、また外国人児童生徒の問題に限らず、個別の子どもが抱える問題は千差万別であり、支援や対応において第一に重要なことは、個別の児童生徒が抱える問題について、その背景にある要因も含めてじっくり丁寧に理解しようとしたうえで、その子にあった対応・支援を考えることである。その意味では、有効な指導・支援の方法も子どもにあわせて千差万別なのであるが、この節ではそうした多様な指導・支援方法のなかでも特に留意しておくとよいポイントについていくつかまとめておきたい。

言葉・コミュニケーション上の配慮と学習指導

前節でもみたように、これまでの外国人児童生徒が抱える問題にたいする日

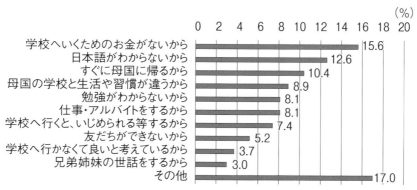

図12-4　不就学の理由（複数回答）
出所）文部科学省「外国人の子どもの不就学実態調査の結果について」2005年。

本の教育政策は、主に子どもたちの言語面・学習面での問題に焦点を当てたものとなっている。実際、日常的に外国人児童生徒と接する機会が多い教員を対象に、外国人児童生徒との間で生じているトラブルの内容について筆者らが行った調査[15]でも、「社会性」（謝らない、割り込み乗車など）、「生活面」（基本的生活習慣など）、「欠席」（登校しない、特定の授業に出席しない）、「人間関係」といった面でのトラブル（「その他」として分類したものも含めて、教師たちに挙げられたトラブルには七つの側面が存在していた）が挙げられているなかで、「言葉・コミュニケーション」や「学習」といった面でのトラブルは特に重要なものとして指摘されていた。学習面の指導・支援においても、生活面での指導・支援においても、基礎となる「言葉の面での支援や配慮」は重要である。また、言葉やコミュニケーションの面での問題から、お互いの意思疎通が図りにくい場合や授業に出席していても教師の説明内容が理解できないといった場合には、それらの一次的な問題から派生して、自尊心・自己効力感の低下、学習意欲（動機づけ）の低下、精神的に不適応・不健康な状態になるといった、二次的な問題も生じやすくなる。

　したがって、言語的コミュニケーションの面で問題のある外国人児童生徒やその保護者にかかわる場合、可能であれば、通訳者などの子どもたちの母国語と日本語の両方を理解できる支援者に同席してもらう、子どもたちや保護者が理解可能な言語や表現で文書化・図示する、などの配慮を行うことが望ましい。それは、子どもや保護者にとってだけでなく指導者・支援者自身にとってもコミュニケーションがうまくいかないことからくるストレスフルな状況や誤解を避けるための手段の一つともいえる。

受け入れ体制・環境の整備と連携・チーム援助の重要性

　外国人児童生徒もその指導・支援にあたる教師も、保護者や外国人児童生徒以外の子どもたち、他の教師たちをはじめとして、多様な人間関係のなかで生きている。したがって、指導・支援を行う際にも、たとえば担任教師が単独で対応するのではなく、スクールカウンセラーやスクールソーシャルワーカー、養護教員なども含め、他の教師や保護者などと連携しながら対応するほうが、子どもについての情報収集の面でも、適切な対応方法を考えるうえでも、有効

なものとなる可能性が高い。特に、先述のような言葉の面での問題を抱える児童生徒の場合、児童生徒の出身国・母語がますます多様化していく現状のなかでは、教師ひとりの力で対応していくことにはどうしても限界があるといえる。また、何かの問題が起こってから対応を考えるのではなく、普段から外国人児童生徒が生活しやすい学校の環境づくり、受け入れ体制づくりはさらに重要なことといえる。具体的には、外国人児童生徒以外の人々も含めて、普段から異文化理解教育や研修を実施することや、外国人児童生徒と他の生徒や地域の人々との関係づくりを図るなどといった活動を行っていくことである。

　これらのチーム援助、地域援助、予防教育といった対応は、文化的な不適応の問題にたいして臨床的な介入を行う「異文化間カウンセリング」(cross-cultural counseling[16]) においてもその必要性が強調されてきたものといえる（表 12 - 3 参照）。

保護者への対応と教師の異文化理解の必要性

　指導・支援を行ううえで、外国人児童生徒だけではなく、子どもたちの保護者への対応に特に困難さを感じることもある。一つは、保護者によっては日本語でのコミュニケーションに問題がある場合もあり、また日本の文化的背景をもつ教師や支援者と、日本以外の文化的背景をもつ保護者の間では、考え方や習慣的な行動のうえで違いも存在する。そうした違いのなかには、子どもの教

表 12 - 3　外国人の異文化適応のための援助・介入活動

援助のレベル	活動の性質と具体例	
	(a) 治療的・発達的活動	(b) 予防的・発達的活動
(1) 個人に焦点をあてた援助	(1a) 個別カウンセリング	(1b) 異文化理解教育、オリエンテーション
(2) 個人＋集団への直接的介入	(2a) グループカウンセリング、グループワーク	(2b) ソーシャルスキルトレーニング、予防教育・心理教育、集団創造活動
(3) 個人＋集団＋社会への構造的介入の各システム	(3a) 紛争解決、集団間の調停、諸機関の間の連携、地域社会政策	(3b) 集団創造活動、地域社会の啓蒙、地域計画・制度、外国人政策の改善

出所）井上孝代「これからの社会に求められる異文化間カウンセリング——「マクロ・カウンセリング」の視点から」『異文化間教育』第 20 号、アカデミア出版会、2004 年、40-55 頁（一部筆者により改変）。

育をめぐる考え方（たとえば、子どもが学校に毎日通うことをどの程度優先させるべきかについての考え方の違いなど）や子どもと保護者、子どもと教師の間の人間関係のあり方の違いなど、子どもの教育にとって重要な点での違いも含まれており、そのため教師と保護者の間で相互不信や深刻な対立関係に陥ることも少なくない。

　たとえば、図 12-5 は中国の高考（全国統一で年に一度行われる大学入学試験）の日の試験会場の門の前の写真である。早朝にもかかわらず、受験生の親たちが多数門の前に集まり、子どものことを応援している。近年、日本でも親が入学試験に付き添いをすることも多くなったといわれるが、日本の大学入学試験の日に、ここまで多くの親が試験会場である大学の門の前に集合することはないだろう。つまり、子どもの進学や学習について、親がどの程度積極的にかかわりをもつのかについての違いや、それにともなう学習面での子どもへのプレッシャーのかかり方、あるいは、逆に受験生である子どもたちを心理的に支える親のソーシャルサポートのあり方も国や文化の間で違いがある。

　このことは、外国人児童生徒だけでなく保護者にたいしても連携をとったり

図 12-5　高考試験会場の門の前の様子
出所）2013 年 6 月 7 日午前 8 時頃筆者撮影。

支援を行ったりする場合に、日本的な文脈で子どもや親をとらえるだけでは十分ではなく、その子どもや保護者の文化的な背景についてもしっかりと聞き取り、理解しようと努めたうえで、指導・支援を行っていく必要があることを示している（ワーク 12-2）。

ワーク 12-2

身近にいる外国から来た留学生に、日本の学校での生活で違和感を覚える出来事や母国との学校の様子の違いについて聞き、それについての彼らの考え方をまとめてみよう。

5．文化的背景の異なる子どもたちとどう共生していくか？

　前節では、多少簡潔に指導・支援を行っていくうえでのポイントのようなものを述べた。そのなかで、言葉・コミュニケーションについての対応だけでなく、教師自身が子どもたちや保護者の文化的背景を理解することの重要性についても指摘した。では、実際に指導する立場の教師は、文化的背景を考慮に入れながら、どのように子どもたちに接していけばいいのだろうか。

　文化間で違いがあることを理解したうえで、それに優劣をつけず、それぞれの価値観や考え方を否定せずにそのまま相手の文化のことを理解しようとする立場を「文化相対主義」という。外国の学校環境や生活環境で育ってきた子どもたちが、日本の環境のなかで問題を起こしている場合に、そうした子どもたちと接するうえでまず重要なことは、子どもたちが背景としてもつ異文化を理解しようとするなかで、まず知らず知らずのうち

169

に形成されている自らの思い込み（たとえば、Ａという国の文化や教育はこう に違いない、といった思い込みや、そうした思い込みに従って日本の教育観や 日本の学校の一般的な規律が絶対的に正しいと考える、など）について気づく ことや、それを相対化してみることだといえる（ワーク 12 - 3）。

---**ワーク 12 - 3**---

以下の文章を読んで、これが地球上のどの地域の人々のどのような生活を描写 したものか、考えてみよう。

「〈ナシレマ族の生活[17]〉

ナシレマ族は、口腔に関してほとんど病的なまでの恐怖と強い関心を抱いて おり、口腔の健康状態が、すべての社会関係に対して超自然的な影響力をもつ と信じている。かりに口腔儀礼を執り行わなかった場合、歯は抜け落ち、歯茎 は出血し、顎の骨は萎縮して、友人からは見捨てられ、恋人には肘鉄砲をくら うことになる、とナシレマ族は信じている。口腔の特徴と性格との間には強い 関係があると信じている。たとえば、精神力を高める効果があると考えられて いる、子ども向きの口腔洗浄儀礼が存在する。

誰もが毎日おこなう身体儀礼には、口腔儀礼が必ず入っている。ナシレマ族 の人びとは口腔の手入れには非常に几帳面であるという事実にもかかわらず、 この口腔儀礼は、まだこの儀礼の奥義を授けられていない部外者には不快感を 催す習慣を伴っている。報告によれば、この儀礼では、何かの魔法の粉をつけ た豚の毛の小さな束が口の中に差し込まれ、それから一連の高度に儀式化され た動作でもってその束を動かしていくのである。」

　文化相対的な視点に立ち、文化的な背景を異にする子どもや保護者たちの立 場からあらためて自分たちの文化的行動や考え方を眺めてみれば、いままで自 明のもの、当然のこと、と考えていた考え方や行動が、違ったふうに感じられ てくることもある。たとえば、ワーク 12 - 3 のなかの「ナシレマ族」は、じつ はわれわれが比較的よく知っている人々のことであり、そこで行われている風 習や行動は、日本においても普遍的に行われているものなのだが[18]、この文

170

第 12 章　文化的に多様化する子どもたちに教師はどのように対応するか？

章では、民俗学的な記述をされていることもあり、われわれの多くにとっては、ある種の異様さを感じてしまうものとなっている。

　しかし、自分たちの文化を相対化し、それと相手の文化との両方に価値を認める、というだけでは教師として実際に子どもたちに接していくうえでは十分ではない。たしかに、相対主義的な考え方をとり、外国人児童生徒やその保護者のもつ文化的背景を深く理解しようとすることによって、子どもたちが暮らしてきた文化的背景や子どもたちがなぜ日本の学校環境のなかで問題とみられる行動を起こすのかについてはある程度の「理解」は可能であろう。しかし、教師としてそうした子どもたちを指導していく必要があるとき、そうした相対主義的な考え方では、「文化は違うことはわかるが、ここは日本なのだから日本のやり方にあわせるべき」という、結局のところ文化的な押し付けに近い指導になってしまうことも多い[19]。そこには、1 人ひとりの子どもが抱える状況や問題の多様性[20]を考慮したうえで、その子どもが日本の学校の中で生き生きと過ごすためのその子にあった指導を行う、という視点が欠けている。また同時に、われわれはわれわれ自身が気をつけたり外国の状況についての知識を増やしたりすることだけでは、すべての価値観や自らのものの見方から自由になることは不可能である。だからこそ、必要なのは、教師自らの固定された教育観や文化的価値観を子どもに押しつけることではなく、子どもたちの声をしっかり聞き取り、それと自らの考え方との違いに注意しながら話し合っていくこと、つまり、子どもや保護者の話を聞き、同時に教師自身の考えも子どもたちや保護者に理解してもらいながら、子どもたちと「対話」していくことが重要である。そのうえで、それぞれの子どもや保護者が学習や生活を行いやすい環境や関係を、子どもたちの特性にあわせて、一緒に作り上げていこうとする姿勢が必要である。

注

（1）　写真は、2014 年 11 月に筆者が中国の中学校で授業を行ったときの写真。教室の中の環境の違いについては、たとえば、キリーロバ・ナージャ「5 カ国の小学校の座席システム。実は、全部違った。」『電通報』2015 年 12 月 14 日（https://dentsu-ho.com/articles/3465）、および、渡辺忠温「学校の中の「事」と「物」

『Child Reseaech Net』「比較から考える日中の教育と子育て」2013 年 6 月 28 日（https://www.blog.crn.or.jp/lab/08/02.html）。

（2）　文部科学省（学校における外国人児童生徒等に対する教育支援に関する有識者会議）「学校における外国人児童生徒等に対する教育支援の充実方策について（報告）」2016 年（http://www.mext.go.jp/b_menu/houdou/28/06/1373387.htm）。

（3）　たとえば、小林和美「韓国における早期留学の変遷——統計分析による各政権期の特徴」『大阪教育大学紀要　人文科学』61 巻 2 号、2013 年、1–18 頁。

（4）　歴史的にみれば、戦後の日本における、いわゆる「外国人児童生徒」を構成する人々には時代ごとの特徴がみられ、現在も変化していく途中にあるといえる。外国の子どもたちが増え始めるのは 1970 年代後半に入ってからのことであり、1980 年代までにかけては、中国帰国者の子どもたちやインドシナ系難民（ベトナム・ラオス・カンボジア）の子どもたちが来日した。「バブル経済」のピークの時期を迎えた 1980 年代後半になると、日本経済を支える労働力不足から、韓国、中国、フィリピン、マレーシア、インドネシア、イランなどから労働者が流入し、この時期以降の長期滞在外国人は、以前からの在留外国人である「オールドタイマー（オールドカマー）」にたいして「ニューカマー」と呼ばれるようになったが、さらに 1990 年代以降は、出入国管理及び難民認定法（入管法）の改正にともない、ブラジルやペルーなど、南米の日系人が家族（子どもたち）をともなって多数来日した。また、こうした社会の情勢の変化に国際結婚の増加や留学生の増加もあいまって、21 世紀に入り、外国人児童生徒の国籍の多様化や、滞日の長期化が進み、外国人児童生徒教育の課題は学校への適応から教科内容の理解、進路の問題へと広がっている（国立教育政策研究所国際研究協力部『外国人児童生徒の教育等に関する国際比較研究報告書』2015 年、1–17 頁；山ノ内裕子・齋藤ひろみ「外国人児童生徒の教育」小島勝・白土悟・齋藤ひろみ編『異文化間に学ぶ「ひと」の教育』明石書店、2016 年、83–108 頁）。

（5）　こうした外国籍児童の増加は、全日制の学校よりも夜間中学などで顕著にみられる。文部科学省の調査によれば（文部科学省「平成 29 年度夜間中学等に関する実態調査」、2017 年）、2017 年 7 月の時点で、夜間中学校に在籍する日本国籍を有しない生徒の数は 1356 人であり、全生徒（1687 人）の 80.4％を占めていた。また、生徒の出身国・地域をみれば、中国（568 人：日本国籍を有しない生徒の 41.9％）が多く、ネパール（225 人：16.6％）、韓国・朝鮮（202 人：14.9％）、ベトナム（122 人：9.0％）、フィリピン（108 人：8.0％）なども多い。

（6）　荒川智「特別の支援を必要とする子どもの教育に関する政策動向——日本語指導を中心に」『茨城大学教育実践研究』36 巻、2017 年、189–195 頁。

第 12 章　文化的に多様化する子どもたちに教師はどのように対応するか？

（7）　小学校・中学校・高等学校の学習指導要領はともに、総則において、それまで「海外から帰国した児童などについては、学校生活への適応を図るとともものある児童に対する日本語指導に、外国における生活経験を生かすなどの適切な指導を行うこと。」と記述されていたが、さらに「日本語の習得に困難のある児童（生徒）については、個々の児童の実態に応じた指導内容や指導方法の工夫を組織的かつ計画的に行うものとする。（小中のみ：特に、通級による日本語指導については、教師間の連携に努め、指導についての計画を個別に作成することなどにより、効果的な指導に努めるものとする。）」が追加されている。すなわち、それまでの「帰国子女」を中心として想定された記述から、外国人児童生徒も含めた記述へと変化したといえる。

（8）　荒川智「特別の支援を必要とする子どもの教育に関する政策動向――日本語指導を中心に」『茨城大学教育実践研究』36 巻、2017 年、189–195 頁。

（9）　文部科学省初等中等教育局国際課「外国人児童生徒等教育の現状と課題」2016年。外国人児童生徒の問題にたいする対応の動きは、文部科学省や地方自治体によるところも大きいが、NPO 等の働きも大きい。制度的な整備が行われる前から、日本語に問題を抱える子どもたちの就学や進学、学校の中での学習上の問題を扱ってきた NPO は、進学ガイダンスの開催、外国から来た子どもたちの日本における進学のための複数言語によるパンフレットの作成、学校への支援員の派遣など、時には文部科学省や地方自治体と協力しながら、長年の支援の経験を活かして、支援制度の基礎を提供してきたといえる。

（10）　学校に在籍しながら、その学校に通っていない状態である「不登校」とは異なり、「不就学」とは、学校に在籍せず、教育を受ける機会をもたない状態を指す（太田晴雄・坪谷美欧子「学校に通わない子どもたち「不就学」の現状」宮島喬・太田晴雄（編）『外国人の子どもと日本の教育　不就学問題と多文化共生の課題』東京大学出版会、2005 年、18 頁。

（11）　文部科学省「外国人の子どもの不就学実態調査の結果について」（http://www.mext.go.jp/a_menu/shotou/clarinet/003/001/012.htm）。

（12）　奴久妻駿介「日本における外国人児童生徒「不就学」の実態調査：都道府県教育委員会への質問調査より」『多文化関係学』11 巻、2014 年、87–98 頁。

（13）　7 言語とは、英語、韓国・朝鮮語、ベトナム語、フィリピン語、中国語、ポルトガル語、スペイン語である。「外国人児童生徒のための就学ガイドブック」は文部科学省 HP でみることができる（http://www.mext.go.jp/a_menu/shotou/clarinet/003/1320860.htm）。

（14）　文部科学省「外国人児童生徒受入の手引き」2011 年（http://www.mext.go.jp/a_

menu/shotou/clarinet/002/1304668.htm）。

(15)　渡辺忠温・榊原知美「外国人児童生徒の指導者・支援者から見た子どもおよび保護者の抱える問題とその原因」『国際教育評論』15 号、2019 年（印刷中）。

(16)　「異文化間カウンセリング」（cross-cultural counseling）とは「異なる文化圏にまたがる生活経験が原因・きっかけとなって生じる"不適応"の援助のためのカウンセリングの総称」のことであり、「多文化間カウンセリング」（multicultural counseling）とは「別の文化的背景をもつ個人の間で行われるカウンセリング」のことである。前者はクライエントの不適応の原因が文化的な要因によって生じている点に注目しており、後者はクライエントとカウンセラーとの間の文化的な違いから生じる問題に注目している。

(17)　アンソニー・ギデンズ（松尾精文・西岡八郎・藤井達也・小幡正敏・叶堂隆三・立花隆介・内田健 訳）『社会学』2004 年、而立書房、45-46 頁。

(18)　ナシレマ族は、じつは American（逆から綴れば Nacirema になる）のこと、つまりアメリカ人のことであり、ここで描写されている「口腔儀礼」は「歯磨きの習慣」のことである。

(19)　ほかにも、子どもたちが日本で生活していくことを考えれば、日本の言葉や文化を優先して学校の中で身につけさせるべき、という考え方もある。しかしながら、その結果その子どもが母国でせっかく身につけていた言葉や文化が忘れられたり、抑圧されたりしてしまうことにも十分な配慮が必要である（杉原薫「多文化社会おいて求められる教員養成に関する予備的考察」『鹿児島大学教育学部研究紀要　教育科学編』67 巻、2015 年、96 頁）。

(20)　外国人児童生徒の問題に限らず、文化的背景の異なる人々と、一緒に生きていくさいに生じる問題には、その問題が「文化」からくる問題なのか、その人特有の「個性」からくる問題なのか、という判断上の悩みが生じることも多い。発達障がいを例にとれば、教室の中で授業中に席に座っていない子どもについて、それが教室の中での行動の文化差に由来するものなのか、多動傾向があるのか、という問題理解上の困難さや、言葉での指示が伝わらない、といった問題が、言葉の習得の問題なのか、発達の遅れによるものなのか、といったことである。本章では、そうした問題について（紙幅の関係もあり）主に文化的な違いの面から論じているが、実際の指導・支援のさいには、当然のことながら、その人が抱える問題について、文化的側面以外の面からも検討し、情報収集や対話を粘り強く行っていくべきである。

第12章 文化的に多様化する子どもたちに教師はどのように対応するか？

【読書案内】

①川上郁雄『私も「移動する子ども」だった』くろしお出版、2010年。

　親の事情などで、国境を越えて、複数の言語環境の中で幼少期を過ごしてきた、外国にルーツをもち、現在は日本で暮らす現在の大人たちが自らの体験を語るインタビュー集。

②井上孝代『留学生の異文化間心理学——文化受容と援助の視点から』玉川大学出版部、2001年。

　留学生が抱える心理的問題について、事例検討などを交えながら、その状況や支援の方法、などについて詳細に解説した本。

（渡辺忠温）

第13章
親になるための発達をどう支援するか？
学校が担う親育ち支援

1．親をめぐる今日的諸問題

　2018年8月の厚生労働省の発表によると、2017年度中に全国の児童相談所で対応した児童虐待相談件数は13万3778件（速報値）と、過去最多を更新した。これは、10年前の2007年度（4万639件）のじつに3倍超に当たる数値であり、特にこの2017年度からは、面前DV（子どもが同居する家庭における配偶者などにたいする暴力や暴言）の心理的虐待としての通告が厳格化されたことで、水面下に隠れていた虐待がいっそう表面化したと考えられる。
　また学校現場では、学校にたいして無理難題要求をする親、いわゆるモンスターペアレントの問題も深刻さを増している[1]。やや古いデータではあるが、2007年にベネッセが実施した小中学校教員にたいする意識調査によると、「学校にクレームを言う保護者」が増えたと回答した教員の割合は、小中学校とも

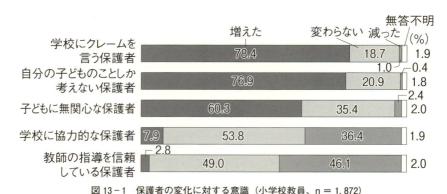

図13-1　保護者の変化に対する意識（小学校教員、n＝1,872）
出所）Benesse 教育研究開発センター「第4回学習指導基本調査報告書——小学校・中学校を対象に」2008年、167頁より（https://berd.benesse.jp/shotouchutou/research/detail1.php?id=3247）。

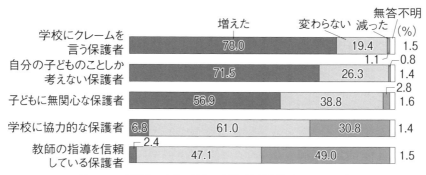

図13−2　保護者の変化に対する意識（中学校教員、n＝2,109）
出所）Benesse教育研究開発センター「第4回学習指導基本調査報告書――小学校・中学校を対象に」2008年、168頁より（https://berd.benesse.jp/shotouchutou/research/detail1.php?id=3247）。

に約8割に上った。もちろん、そうしたクレームのなかには正当性の高いものも含まれるであろう。しかしこの調査では、同時に「自分の子どものことしか考えない保護者」や「子どもに無関心な保護者」が増えたと回答した教員が過半数を占める結果となっており、ここからは決して少なくない親が、学校にたいし無理難題要求を突きつけている実情が垣間見える。

2．親としての適格性とは何か

　このように、親としての責任を果たすことができない身勝手な親の存在は、今日の社会において無視できないものとなっているのである。そしてこの点に関連して、アメリカの児童精神医学者ウェストマン（Westman, J.C., 1927-）は、こうした無責任な親を「不適格な親」（incompetent parent）、逆に「まともな」親のことを「**適格性を有する親**」（competent parent）と呼称し、子どもの健全

───ワーク13−1───
適格性を有する親（まともな親）の要件とは？

な成長発達における親の役割の重要性を指摘している[2]。

それでは、じつのところどういった親が、親としての適格性を有する「まともな」親といえるのであろうか。どのような資質やパーソナリティが必要で、また具体的にどのような行為をすることが求められるのか。その要件（必要条件）について、不適格な親がどういった親かという点とも対比させつつ、以下で考えてみよう。

この問いにたいする回答の一例として、先のウェストマンのものを紹介しておこう。ウェストマンは、これまでの親研究の蓄積によって、適格性を有する親の要件は大まかながらも整理されつつあるとして、暫定的に①自分自身の生にたいする責任を負うことができること、②自身の子に衣食住を提供することができること、③自身の子に健康管理と教育を用意することができること、④自身の利益のいくらかを、自身の子のために犠牲にできること、⑤自身の子の行動に限度を設けることができること、⑥自身の子に将来への希望を与えることができることの六つを挙げている[3]。

これらの要件は抽象的で、いまいちピンと来ないかもしれないが、それぞれ逆の場合を考えると理解しやすいかもしれない。図13-3をみてほしい。わが子のことにまったく無関心で、親としての愛情を子どもに注ぐことができない人は、親として適格であるといえるだろうか。このほかにも、「社会的、経済的、あるいは心理的に不安定で自立していない親」「子どもに衣食住を提供できない親」「子どもが病気のときでも病院に通わせなかったり、正当な理由なく子どもを学校に通わせないような親」「自分本位で、子どものために時間や労力を割くことができない親」「子どもに適切なしつけを施せない親」「子どもに、「あんな親にはなりたくない」「どうせ

図13-3　不適格な親の養育態度
出所）山口かこ・にしかわたく『母親やめてもいいですか』（文庫版）かもがわ出版、2016年、105頁。

大人なんて」「私なんて生きていても仕方ない」といった思いを抱かせてしまうような親」などが、不適格な親の代表例であり、反対にこういった親にならないことが適格性を有する親の最低条件だといえる。なお、図13−3は、娘が発達障害と診断された原作者（山口かこ氏）が、自身の子育て体験や幼少期の親子関係、夫との関係などを、にしかわたく氏の作画で描いたエッセイ漫画の一コマである。子育てに悩み、母親失格とまで思いつめた山口氏が、その自らの半生を赤裸々につづった同作品は、一方では強い共感を、他方では激しい批判や議論を巻き起こした。この山口氏が母親失格であるかどうかについて、そして親としての適格性／不適格性についてより深く、より具体的に考えたい人には、ぜひとも一読してほしい作品である。

3．自然に親になれない時代の親育ち支援

　話をウェストマンの議論に戻そう。彼によれば、冒頭で挙げた児童虐待などの問題に示されるように、いまや必ずしもすべての大人が、適格性を有する親に自然となれるわけではない。適格性を有する親とは、子ども期から成人期へと続く成長発達のなかで、しかるべき能力やスキル、道徳性や態度などを身に付けることで到達される一発達段階なのであって、そのために社会は、子ども期から**「適格性を有する親になる権利」**（right to be a competent parent）を保障していくことが不可欠であるとする[4]。これと同様の主張は、わが国でも見いだすことができる。たとえば教育社会学者の斎藤嘉孝（1972-）は、現代を親たちが自然に親になることができなくなった時代[5]と位置づけて、親としての発達を促し支援していくための公的な制度設計の拡充、具体的には学校教育における**親への準備教育**の充実のあり方を模索している[6]。

　このようにウェストマンと斎藤の両者の主張は、次の3点で共通していることがわかる。すなわち第一に、親（特に適格性を有する親）とは必ずしも自然になれるものではなく、一定の発達段階を経て達成されるものであること。第二に、親としての発達（親育ち）とは親になってから開始するのではなく、すでに子ども期からその準備段階が始まっていること。第三に、親育ちとは、たんに個々人の努力によるのではなく、法的・制度的に公的な保障・支援がなさ

れるべきものであること、である。特に第三の点に関連しては、2006年に改正された教育基本法の10条2項において、「国及び地方公共団体は、家庭教育の自主性を尊重しつつ、保護者に対する学習の機会及び情報の提供その他の家庭教育を支援するために必要な施策を講ずるよう努めなければならない」と明記されたことからも、今後の公的な親育ち支援のいっそうの充実が求められるところである。

　以上のことをふまえるならば、公的機関としての学校も、今後親育ち支援に一定の役割を担うことが期待されよう。そのためには、まずは①教師には親がどのような段階を経て発達し、その段階ごとにいかなる課題が存在するのかを知る必要がある。そのうえで、②個々の教育相談や保護者対応の場面では、教師は子どもや親が直面している問題に対処すると同時に、その背景にある親の発達上の課題は何なのかという視点をあわせもつことが大切である。そこで本章の残りの部分では、親の発達段階についての理論を紹介したあと、具体的な想定事例の検討を通じて、親育ち支援の観点に立った保護者対応とはどういったものなのかを考えていくことにしよう。

4．親の発達段階

　親の発達段階に関しては、児童虐待研究が盛んなアメリカでは、すでに1980年代には一定の研究成果が報告されている[7]。しかしながらここでは、そうした先行研究の蓄積をふまえて、日本の社会的・文化的文脈における親の発達段階を理論化した、前出の斎藤による所論[8]を概観していくことにしたい。斎藤は、親発達は子どもとの関係において変化するものであり、結婚の時期や子どもをもつ時期などで個人差が非常に大きく、年齢でくくることはできないとしながらも、大まかな目安として**①原体験期（幼少・青年期）、②直前期（妊娠期）、③育児期、④学童親期、⑤青年親期、⑥巣立ち期**の6段階に整理できるとする。以下、それぞれの段階の特徴と発達課題について、やや長くなるがみていこう。

第13章　親になるための発達をどう支援するか？

第一ステージ——原体験期（幼少・青年期）

　子どもをもつ前（正確には女性が妊娠するまで）の時期である。その後の人生で自らが子どもをもち、親として振る舞うための原体験となるもので、いわば親としての準備期間である。親とどんな関係性をもったか、親は自分に何をしてくれたか、そういった原体験は心の奥底に残っていくし、またこの時期に小さい子たちとの接触経験が豊富な人ほど、育児への肯定的な感情が強い傾向にある。要するに、親から受けた体験や他の子どもとの接触体験などの原体験が、親になるための準備として蓄積されていき、のちの子育てにおける態度・行動に大きく影響を与えることになる。

　そのため、この時期の発達上の重要課題は、いかに原体験を多く積むかである。少子化が進む今日の日本社会では、こうした原体験が不足したまま親になる場合が、かつてより多くなったと考えられるが、原体験不足はその後長期にわたってネガティブな影響を及ぼすがゆえに、この時期にいかに多様な原体験を蓄積させるかが肝要である。

第二ステージ——直前期（妊娠期）

　第一子の妊娠がわかり、はじめて親になる直前の時期である。この時期、母親と父親はどちらも独特の心理状態をもつ。まず母親は、体の変化を直接に感じ、親になることの喜びや期待をもつ反面、それまでなかった体調不良やストレスを経験するようになる。就労している母親であれば、仕事の継続も考え直す必要が出てくるし、気持ちとしても「本当に出産できるだろうか」などいろいろな思いをめぐらす。一言でいえば、ポジティブな感情とネガティブな感情を同時に強くもつのが、この時期の母親の特徴である。

　父親のほうも、親になることへの喜びや期待をもつが、父親のあり方にはかなり個人差があることが指摘されている。肯定的にとらえる人もいれば、子をもつことを重荷に感じる人や、親になることに無自覚な人もいる。また、母親（妻）のサポート役として人間的に成長する可能性がある一方、たとえばつわりで苦しむ妻に何をしてよいかわからず、無力感や疎外感を覚えていく可能性もある。

　したがってこの時期は、親になることへの不安感などのネガティブな感情を

181

（ある程度はしかたないにせよ）軽減させるすべを身に付けることが課題となる。そしてこうしたネガティブ感情を軽減させる糸口は、一つは原体験のなかにある。原体験いかんによっては、妊娠期の不安を少なくする可能性がある。

第三ステージ——育児期

　子どもが誕生してから小学校に入学するまでの、乳幼児期の親として過ごす期間である。この時期、母親は授乳したり、身の回りの世話をしたり、身体的に接触したりして、子どもと一緒に過ごす。出産という一大事を乗り越えた経験を獲得しているのも、前ステージとは大きく異なる点であり、子どもをもった責任感や、わが子を守る自覚なども出てくる。

　父親にとっても、子どもができたことの責任感や自覚などはもちろん母親と同様である。ただし、少なくとも生後1年ほどは、前ステージに近い気持ちをもつ傾向が強い。つまり、乳児と接する時間が母親よりも平均的に少ないのが日本の子育ての現状であるし、自らの体で授乳することもできず、ときには無力感や疎外感を感じるかもしれない。

　この時期の発達課題としては、特に第一次反抗期を迎えるなかで、子どもを「自分の分身」ではなく「1人の別の人間」としてとらえていく姿勢を身に付けていくことが挙げられる。また少したって、保育園や幼稚園などに通うようになれば、他の家の子どもたちの様子も見聞きするようになる。子どもは家庭の外で友人をつくるようになり、保育園や幼稚園の先生たちともかかわるようになる。それを子どもの発達のために望ましいと思って見守るのも、親のたいせつな役目である。こうした子どもとの適切な距離感をつかみ損ねると、場合によっては児童虐待に走ってしまうこともある。

　親が虐待をする理由はさまざまであり、またこの時期に限った問題でもないが、たとえば子どもに暴力をふるったり、暴言を吐いたりするのは、わが子を自分だけの所有物のように扱ってしまっていることが一因である。つまり第一次反抗期には、子どもは親の思うようにばかり振る舞わないものだが、そのなかで親は、子どもとは個性をもった1人の人間であることを体で感じていく。しかし、虐待をする親にはそういう距離の置き方ができない人が多い。反抗期に行う自己主張を生意気として理解してしまい、忍耐できずについかっとなっ

て、声を荒げ、手をあげてしまうのである。

第四ステージ——学童親期

　子どもが小学校に入学してから、反抗期（第二次反抗期）の前までの間である。子どもは学校生活を送るなかで、社会性がより高度に求められるようになり、あわせて勤勉さも求められる。また、他者からの正当な評価を気にするようになり、家族外の人たちに認められることを喜びと感じ、仲間の大事さも体感する。そうして子どもは、前ステージまでとは違った基準を自分のなかに有するようになる。以前は親の言うことを守り、良い子でいるのが行動基準だった。しかし、その基準だけがすべてでないことを知る。親が依然として一番重要な存在であることは変わらないのだが、一方で自分のことを指導したり教育したりするのが親だけではないことを知る。

　そのため親は、この時期の子どものこうした特徴をよく理解することが求められる。つまり、自分だけがしつけの主体ではないことを認識し、親のいいつけを守ることだけが子どもの生きてゆくすべでないことを知ることが、重要な課題となる。そして、「子どもがわが子だけではない」ことも心底から理解せねばならない。このステージの親は、微妙な立ち位置にいる。唯一の答えや、誰でも通用する正解はおそらく存在しない。自分たちの置かれた状況や子どもの個性などにあわせて、そのつど答えを模索していく必要がある。

　また、とりわけこの時期に問題となる親の典型例として、いわゆるモンスターペアレント、特に学校にたいして批判的・敵対的に振る舞ってしまったり、過度に子どもの交友関係に口出しをしたりするタイプの親の存在が指摘できる。本来この時期に親は、「子どもの成長にかかわっているのは自分だけではない」と認識できているはずである。しかし親としての発達に欠けていると、子どもが乳幼児のときのままの関係性を持ち越してしまう。つまり、自分だけが子どもと真剣にかかわっているのであり、守ってあげられると思い込んでしまうのである。結果、些細なことで日常的に子どもの交友関係に口を出したり、不条理なクレームを教師に突き付けたりすることがある。

第五ステージ──青年親期

　子どもが思春期と青年期の時期、つまり第二次反抗期のころの期間である。第二次性徴を迎え、身体が急激に大人に近くなると、子どもたちは親との付き合い方をかなり転換させる。一緒に外出することを避けるようになったり、友人に話せても親には話せない秘密をもったりする。親の生き方や毎日の生活のあり方に疑問をもつようになり、親が自分に指図してくるのがうっとうしくなる。さらに、自分探しのためにそれまで生きてきた人生を振り返り、ときに否定し、自己というものを再構築していく。親の言うとおりに生きてきたことを否定的に解釈し、親に反抗することもある。

　この時期の親は、まず「反抗期に子どもが親に反抗するのはある意味当然である」という前提に立つ必要がある。そのため、過度にべたべたしたり、あれこれ指導・教育し続けたりすることは、子どもの独立性を衰退させかねない。他方、「子どもが反抗するのはあたりまえだ」と開き直り、反抗すべてを肯定し放任することも、親の最適な選択とはいえないだろう。したがってこの時期、親には毅然とした態度が求められる。人間としての成長度をこれほど意識することもないというぐらい、親は自分をしっかりさせねばならない。どれだけ自信をもって現在の生活を送っているか、人生を過ごしてきたかが問われるといっても過言ではない。自分の姿を毅然と見せつつ、必要に応じて子どもと正面から向きあうことが大切である。

第六ステージ──巣立ち期

　子どもが第二次反抗期を終えて、成人になる時期である。第二次反抗期を終えると、子どもは健全にいけばアイデンティティを確立しており、成人として歩み始めている。学生か、就職した社会人かなどはともかく、少なくとも親から心理的に独立している。場合によっては、子どもが生家から巣立つようになる。子どもが結婚し、子どもをつくる可能性があるのもこの時期の特徴である。つまり孫が誕生する可能性であって、その場合親はそれまでの「子どもとの関係」だけでなく、もう一つ「孫との関係」をも築くことになり、自分からみて複数の親子関係を抱えることになる。

　そして子どもが生家から巣立つ場合、「空の巣症候群」（empty nest syndrome）

第13章　親になるための発達をどう支援するか？

という症状が現れるのもこの時期である。それまで子育てに奮闘してきた親が大きなものを喪失してしまい、虚脱感を覚え、何事にもやる気を欠いてしまう。こうした事態に陥らないことがこの時期の課題であるが、そのために前もって親は、「子どもはいつか家を出る存在だ」と認識しておく必要がある。またこの時期には、家族の再編成も経験する。わが子の結婚だけではなく、自分の親が亡くなることも経験するだろう。要するに家族人員の出入りが激しく、家族としての境界が流動的な時期であることを心得て、柔軟に対応する必要がある。

　以上が、斎藤による親の発達段階説の概要である。彼自身繰り返し指摘しているように、この分類はあくまで抽象化・理論化のための目安にすぎないが、親がどのような段階を経て発達し、各段階でいかなる課題を有しているのかを大まかにでも把握するうえでは有用であろう。そしてこうした発達段階を教師が把握し、親という存在をより深く理解することで、よりよい教師－保護者関係を築くための一助とすることが期待できるのではないだろうか。

5．保護者対応のケーススタディ

　そこで最後に、上述した親の発達段階説をふまえて、保護者対応のケーススタディを行っていきたい。なお、本来であれば、各発達段階における想定事例を検討したいところではあるが、ここでは紙幅の都合上、育児期と学童親期における架空のケース検討を行うこととする。

想定事例①　育児期の保護者対応事例

　ある保育園で、朝に熱を計っても通常の体温なのに、昼過ぎから熱が上がり始め、午後になると、ぐにゃっとしてしまっている子どもがいた。どうやらその子の保護者が、早朝に解熱剤を使用して一時的に子どもの熱を下げ、登園させているようである。

　午後、保護者の勤務先に電話連絡し、子どもの様子を伝えながらお迎えのお願いをすると、「もう少し待ってください。仕事が一段落してから向かいます」と言いながら、結局午後5時過ぎ、いつものお迎えの時間になるまで来なかった。仕事が忙しいという事情はわからなくもないが、園と

185

しては病気のわが子への対応の仕方について、もう少し考えてほしいところである。

　いわゆる、病児・病後児保育をめぐる保育園（幼稚園を想定してもよい）での対応事例である。それでは、このように子どもが発熱していても登園させようとする親にたいして、どのような働きかけや対応をしていくべきか、親育ち支援の観点も含めて考えてみよう[9]。

┌─── ワーク 13−2 ──────────────────────┐
│ この事例で親にどう働きかけや対応をする？   │
│ ‥‥‥‥‥‥‥‥‥‥‥‥‥‥‥‥‥‥‥‥‥‥‥‥‥‥‥‥‥‥‥‥‥‥‥ │
│ ‥‥‥‥‥‥‥‥‥‥‥‥‥‥‥‥‥‥‥‥‥‥‥‥‥‥‥‥‥‥‥‥‥‥‥ │
│ ‥‥‥‥‥‥‥‥‥‥‥‥‥‥‥‥‥‥‥‥‥‥‥‥‥‥‥‥‥‥‥‥‥‥‥ │
└───────────────────────────────────┘

　前節で述べたように、育児期の親の重要な発達課題は、子どもを1人の別の人間として認め、適切な距離感を身に付けていくことであるが、この事例の場合はそれ以前の問題として、原体験不足が大きく影響している可能性が考えられる。つまり、親育ち支援の観点に立つならば、この親の不適切な病児対応の根本要因には、もしかしたら小さい子どもとの接触経験不足や病児に接した実体験不足があるかもしれない、という可能性に目を向ける必要がある。そしてもしそうであるならば、このケースにおいて教師（ここでは保育士）は、たんに親の行為をたしなめるのではなく、保育の専門家として親のそうした原体験不足を補うような働きかけをすることが大切である。子どもが病気になったときにどう対応すべきか（朝のうちに、電話などでその病状を園に知らせる、場合によっては病児・病後児保育を専門に行う保育施設を活用するなど）についての正しい情報を伝え、病児にたいする不安を軽減しつつ、適切な対応ができるように支援していくのが重要であろう。

想定事例②　学童親期の保護者対応事例

　保護者が突然小学校に来校し、「昨日、児童相談所の職員がうちに来て、子どもにたいして児童虐待の疑いがあるので、話を聞かせてほしいと言わ

第13章　親になるための発達をどう支援するか？

れた。連絡を入れたのは学校じゃないのか、個人の家庭の情報を勝手に流すな」と言い、校長室に長時間居座り帰ろうとしなかった。対応した担任が授業に行こうとしても、「逃げるのか」と大声で制止され、やむをえず、他の教員にかわりに授業をしてもらうことになった。

　実際、5日前にその子が顔に青あざをつくって登校し、担任が事情を聞くなかで食事もまともに与えられていないと判明したことや、洋服がいつも汚れていることもあり、学校から児童相談所に連絡を入れていたのは事実である。

　学校は、児童生徒が虐待を受けたおそれがある場合、児童相談所などに通告する義務がある（児童虐待防止法5条）。その意味で、今回の学校の虐待対応には何ら問題はない。とはいえ、実際に学校に乗り込んできて帰ろうとしないこの親に対し、学校としてどのような働きかけや対応をしていくべきか、先ほどと同様に親育ち支援の観点も含めて考えてみよう[10]。

---ワーク13-3---
この事例で親にどう働きかけや対応をする？
....
....
....

　今回のケースの場合、この親にはしつけをされた原体験が不足しており、その結果虐待を疑われるようなしつけを行ってしまったのかもしれない。そしてそのようななかで、自分なりに必死でやってきたしつけに外部から「けち」を付けられたことにたいする憤りが、この親にはあったのかもしれない。とはいえこの時期の親の発達課題は、自分だけがしつけの主体ではないことを認識し、

187

教師や友人といった子どもの成長にとって重要な他者のことを、正当に尊重することである。そのため学校としては、学校でのその子の様子や教師の指導状況などを伝えるなかで、その子にたいする責任ある教育主体としての学校・教師の姿を、毅然として示していくことが大切だと考えられる。

　以上、ここでは二つの保護者対応の想定事例を紹介した。じつのところ、親の発達段階についてはまだ研究の蓄積が不十分であり、実際の保護者対応や教育相談の場面では、前節で示した発達段階説では十分に説明できないようなケースも出てくるかもしれない。しかしながら、教師が親育ち支援という視点をもって親と向きあうことは、親が自然に親になれない時代にあってきわめて重要であり、今後の教師に強く求められるものであることを、最後にあらためて指摘しておきたい。

注

（1）　いわゆるモンスターペアレントの問題については、河野桃子「保護者とつながるには？――「モンスターペアレント」を考え直す」井藤元編『ワークで学ぶ教職概論』ナカニシヤ出版、2017年、171–182頁もあわせて参照されたい。

（2）　Westman, Jack C., *Breaking the Adolescent Parent Cycle: Valuing Fatherhood and Motherhood*, University Press of America, 2009, pp.30–32.

（3）　*Ibid.*, p.xiv.

（4）　*Ibid.*, pp.101–102.

（5）　なお、斎藤は、自然に親になれない親が増加した主な要因として、①少子化の進展、②科学技術や社会制度の進歩、③母親の孤立の三つを挙げている（斎藤嘉孝『親になれない親たち――子ども時代の原体験と、親発達の準備教育』新曜社、2009年、31頁）。

（6）　もちろん、人によっては親にならないという選択もありうるが、親になることは多くの人が経験することになるのもまた事実である。そのため斎藤は、「他教科では自分の将来に直接関係しない事項も含まれているかもしれないが、親子関係はだれもが経験しうる重要な事項である」として、教育現場での親への準備教育の充実を提言している（斎藤、前掲書、163頁）。

（7）　代表的なものとして、ハーバード大学の心理学者ニューバーガー（Newberger, C.M., 1941–）による親の発達段階説が挙げられる。具体的には、彼女は利己的（egoistic）段階、慣習的（conventional）段階、個別的（individualistic）段階、

統合的（integrative）段階の4段階を、親の発達段階として提示した（Newberger, Carolyn Moore, "The Cognitive Structure of Parenthood: Designing a Descriptive Measure" in *New Directions for Child Development*, Vol.7, 1980, p.50）。

（8）　斎藤、前掲書、71–116頁。

（9）　松田順子『親育ち支援のための保護者対応』フレーベル館、2017年、10–11頁をもとに、内容を一部改変して作成。

（10）　東京都教育委員会「学校問題解決のための手引」2010年、35頁をもとに、内容を一部改変して作成。

【読書案内】

①柏木惠子『親の発達心理学——今、よい親とはなにか』岩波書店、1995年。

　著者は、わが国における親の発達心理学研究を代表する人物であり、子育てをつうじて親がどのような成長発達を見せるのかを具体的に論じたのが本書である。平易な文章で書かれており、この分野のよき入門書である。

②斎藤嘉孝『親になれない親たち——子ども時代の原体験と、親発達の準備教育』新曜社、2009年。

　上記の柏木の著書に大きく依拠したうえで、わが国の社会的・文化的文脈における親の発達段階について理論化した著作。さらに本書では、子ども期からの親発達支援の観点から、親への準備教育を公的に進めていくことの重要性が指摘され、その具体的な施策提言がなされている点でも興味深い。

③藤後悦子『中学生のナーチュランスを形成する発達教育プログラム』風間書房、2012年。

　子育てに必要なナーチュランス（養護性）を育成するための発達教育プログラムを開発・実践し、その教育効果を検証した成果がまとめられた労作。子育ての原体験不足を、学校教育でいかに補完していくかを考察するうえで有益である。

（帖佐尚人）

第14章

PTA とは何か？

家庭と学校をつなぐ巨大組織 PTA を可視化する

1．はじめに

「PTA ってあの PTA？」「（筆者）そう、あの PTA」。筆者が PTA の研究を始めた当初、知人たちとはこんな会話が飛び出すことがあった。PTA はあまりにも「あたりまえの存在」で考えたこともなかったという様子である。ところが、最近、「あの PTA」が議論の的になっている。PTA は終戦直後から結成され始め今日に至る。しかし、この 10 年間で、急激に、メディアでは PTA のあり方が取り上げられるようになった。いったい PTA に何が起きているのだろうか？　PTA は保護者と教師の共同活動の場である。教師も PTA の委員やクラスの担任として PTA にかかわることもあるだろう。PTA とは何なのか。いま、PTA に何が起きているのか。PTA についてどう考えたらいいのか。本章を読んで、考えてみよう。

2．PTA はどれくらい大きいのか？

PTA は「あたりまえの存在」と書いたが、その実態について考えよう。筆者は大学生を対象に PTA についてのアンケート調査を実施した[1]。「あなたの学校には PTA がありましたか？」という質問にたいする大学生の回答は図 14−1 のとおりである。幼稚園、小学校、中学校、高校といずれにおいても、50％以上の人が「PTA はあった」と回答している。小学校に至っては 98％の人が PTA はあったと回答している。幼稚園、小学校、中学校、高等学校のいずれにも PTA はなかったと回答したのはたったの 1 人！

PTA はほとんどの学校にある。そして、ほとんどの保護者が子どもの入学

第 14 章　PTA とは何か？

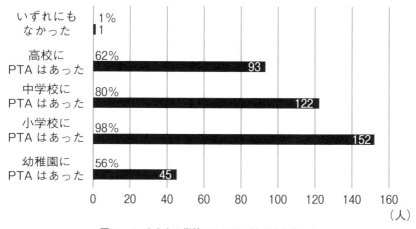

図 14-1　あなたの学校には PTA がありましたか？
出所）著者作成。

とともに PTA に入会する。このことは長い間、保護者にとって「あたりまえ」のことだった。このあたりまえを前提に、PTA は国内最大級の民間の団体といわれるほどの規模になっている[2][3]。

さらに、各学校にある PTA である「単位 PTA」には、その上部組織があることを読者の皆さんはご存じだろうか。単位 PTA の上には郡・市 PTA 連合会等、その上には各都道府県・政令指定都市 PTA 協議会または連合会、その上には日本 PTA 全国協議会とつながっている[4]。縦のつながりだけではない。PTA は他のさまざまな組織に関連づけられ、それは町内会、青少年育成委員会など地域の組織とのつながりも濃い[5]。全国的に広がる単位 PTA は、縦の組織に組み込まれ、横の他の組織と連携し、縦にも横にもつながっている。一民主的団体がここまで広くつながっている。すばらしいことなのだろうか。危惧するべきことなのだろうか。こういったことにも PTA 議論が広がりつつある[6]。

3．PTA はどのように始まったのか？

PTA の設立当初の状況に詳しいのが『日本 PTA 史』である[7]。これを参考に、PTA がどのようにして始まったのかをみてみよう。日本の PTA 設立の動き

191

は、終戦直後の 1946 年ごろから始まった。当時の日本は連合国軍占領下にあった。そのようななか GHQ（連合国軍最高司令官総司令部：General Headquarters）が PTA の設立を強力に推奨したといわれている。何のために推奨したのか？

それを知る手掛かりは 1947 年の極東委員会が GHQ にあてた『日本教育制度改革に関する極東委員会の指令』という文書の一部にある。その一部を以下に記そう。「教育団体、父母と先生の会の結成と頭の切り替えが奨励されなければならぬ。そして日本人に、民主日本における教育方針の意味深い改革を認識させるために、それらの団体が具体的な教育上の問題を考究することを奨励しなければならない」。つまり、民主日本における教育方針の意味深い改革、そして、父母と先生の会が、具体的にそれを考え取り組むこと。これを実現されるために、GHQ は父母と先生の会である PTA の設立を強く推奨したのである。

GHQ に強く推奨された PTA。当時の文部省はその結成の準備作業に入ることになる。その準備作業のなかでつくられたのが『父母と先生の会──教育民主化のために』である。文部省はこの手引きを 1947 年に全国都道府県知事あてに送付し、各学校にいきわたるように求めた。やはり、PTA の設立の理念は、教育の民主化にあったようだ。その 1 年後の 1948 年 4 月の全国における PTA の結成状況は小・中・高等学校を平均して 82％であった。1950 年 1 月の結成状況をみると結成率は小・中・高等学校で 87.7％と 90％近い（いずれも文部省調べ）。なんという普及率の目覚ましさだろう！　しかし、読者のなかには、教育の民主化って「民」が主になって進められるものではないの？と思う人はいないだろうか。この矛盾を川端裕人は「「上から指導されて自発的に始まった」日本の PTA」と表現している[8]。

一方、世界ではじめて PTA ができたのは、1897 年アメリカでの出来事である。アリス・マクレラン・バーニー（Birney, Alice McLellan）とフィービー・アパーソン・ハースト（Hearst, Phoebe Apperson）という 2 人の女性が先導して全米母親議会（National Congress of Mothers）が開催された。これがアメリカ PTA の前衛である。その後、この会はセレナ・スローン・バトラー（Butler, Selena Sloan）という黒人女性が立ち上げた全米保護者教師議会（National Congress of Colored Parents and Teachers）と合流し、いまのアメリカの PTA が

第 14 章　PTA とは何か？

できたという[9]。アメリカの PTA は設立当初から女性たちによって推し進められたのである。

4．PTA は社会制度のなかでどのように位置づけられているか？

　PTA は社会教育関係団体の一つである。社会教育関係団体とは何だろうか？　社会教育法では、社会教育関係団体について、「この法律で「社会教育関係団体」とは、法人であると否とを問わず、公の支配に属しない団体で社会教育に関する事業を行うことを主たる目的とするものをいう」（第 10 条）と定義されている。

　社会教育関係団体にはどのようなものがあるだろうか？　ネットで検索すると各自治体のホームページで、社会教育関係団体が紹介されている。それをみていると、社会教育関係団体はじつに数多く多岐にわたって存在していることがわかる[10]。社会教育関係団体の認定の申請手続き等をみると、構成員が 5 名や 10 名以上などの少人数でも申請できることがわかる。数多の大小さまざまな社会教育関係団体のなかで PTA は日本最大級、しかも、ブッチギリで最大級の規模をもつ。

社会教育法は社会教育関係団体をどう定めているか？

　社会教育法第 11 条では、文部科学大臣および教育委員会との関係が定められ、第 12 条では、国および地方公共団体との関係が定められている。これらは、文部科学省および教育委員会、また、国および地方公共団体が、社会教育関係団体に、社会教育関係団体の求めなしに介入しえないことを示している。一方、PTA への加入、組織、活動といったことに関する定めは存在しない。次節では、PTA における強制的な加入・役員選出・活動選択といった問題を扱うが、これらを定める法律は社会教育法以外にも存在しない。

　しばしば、PTA の役員から「これは会則に書いてあるから」という言葉を聞くことがある。しかし、会則は絶対的なものではない。つねに、会員自らの手で見直し改善されうるものである。現行の会則が上位法との乖離がないか、民主的団体としての本来の姿にかなったものかなど、さまざまな観点から検証

193

され、よりよいものへと改善されるうるものだ。

5．PTA は誰が支えているか？

　先に述べた日本 PTA 全国協議会は、日本 PTA 創立 60 周年にその記念誌を出版している[11]。その最終章は「日本 PTA を支えた人々」というタイトルになっていて、日本 PTA 歴代会長一覧、および、三役・理事・監事・常任幹事各委員長一覧が掲載されている。それを眺めていると、なんと男性の名前の多いことか！　この記念誌に掲載されている写真もほとんどがスーツ姿の男性ばかり。とても、ベルマーク集計などの日常の PTA 活動からは想像もつかない光景である。「日本 PTA を支えた人々」に掲載されている日本 PTA 歴代会長の 33 名の名前のうち、女性の名前と判断されるものは三つしかない。しかも、その会長年数は短く、昭和 27（1952）年度から平成 20（2008）年度の 57 年のなかでこの 3 名が会長についていたのは通算 3 年間だけであった。日本 PTA 全国協議会だけではない。表 14−1 が示すように、都道府県、政令市 PTA 協議会、単位 PTA での会長に占める割合は圧倒的に男性が多い[12]。

　図 14−2 は石川県 PTA 連絡協議会（現在の石川県 PTA 連合会）が発行した『石川の PTA』という冊子の表紙の写真である[13]。多くの母親たちが熱心な様子で PTA の会合と思われる集まりに出席している。後ろのほうには乳児を負

表 14−1　PTA における役員

	総数 （人）	女性 （人）	男性 （人）	女性割合 （％）	男性割合 （％）	調査時点
日本 PTA 全国協議会*1	15	2	13	13.3	86.7	平成 30 年 10 月
都道府県、政令市 PTA 協議会	64	3	61	4.7	95.3	平成 30 年 10 月
全国高等学校 PTA 連合会*2	18	2	16	11.1	88.9	平成 30 年 10 月
都道府県、政令市高等学校 PTA 連合会	50	7	43	14.0	86.0	平成 30 年 10 月
単位 PTA 会長（小中学校）	25,605	3,541	22,064	13.8	86.2	平成 30 年 10 月

各団体調べ

（注）＊1．協議会会長（各県ならびに政令指定都市の代表）を兼任する理事 15 名、外部登用の監事 2 名。
　　　＊2．会長、副会長を含む全国理事・監事。
出所）内閣府男女共同参画局「（7）PTA における役員、スポーツ団体における役員」2018 年（http://www.gender.go.jp/research/kenkyu/sankakujokyo/2018/pdf/5-7.pdf）。

ぶった母親もいる。戦後間
もない時期に母親たちが学
校とかかわる。戦前ではと
うてい考えられないこので
きごとに当時の母親たちは
どれほど胸躍る思いだった
ろう。筆者の父は80歳代
半ばの高齢だが、その母親
がPTAで「生き生き」と
働いていたことを懐かしそ
うに話していた。

図14-2 『石川のPTA』の表紙の写真
出所）石川県PTA連絡協議会『石川のPTA』1958年。

　PTAの光景（式典ではなく、通常の活動での光景）といえば、母親ばかり
というのはいまも昔も変わらない。しかし、いまも、「生き生き」かどうかに
ついてははなはだ疑問である。筆者自身がPTA役員をしていたときに接した
周囲の母親たちのPTAにたいする不満、昨今のメディアでのPTA批判、そし
て、本章では紙面の制約上扱いきれなかったが、筆者が実施したアンケート調
査の別の質問の回答には、大学生が「子どものときにみた母親の負担感」が如
実に表れていた。「生き生き」は一部の母親にしかあてはまらないのが現状だ
ろう。PTAに根強く存在するジェンダーバイアスはもはや限界であろう。

6．何が問題になっているか？

　いま、PTAは過渡期を迎えようとしている。それはこの10年間ほどのメ
ディアでのPTAに関する批判や議論によるところが大きい。では、いったい、
PTAの何が批判や議論の的になっているのだろうか。それはネットでPTAと
検索すれば一目瞭然である。活動内容の煩雑さ、役員選出、強制加入の問題で
ある。これらはPTAの三大課題といってもいい。朝日新聞フォーラムのアン
ケート結果[14]では、PTAに改善してほしいところとして、選択頻度の多いも
のから「活動内容の簡素化」（67.5%）、「役員・係の決め方」（59.5%）、「全員
加入が当たり前のこと」（43.2%）と続き、一般の人々にもPTAの問題トップ

3 として受け止められている。一つずつみていこう。

PTA 加入問題

　先に示した社会教育法をはじめ、PTA の入会や活動を定める法律は存在しない。ところが、長らく、保護者の間では、子どもが入学したら PTA も入会するのがあたりまえと思われてきた。この 10 年間の PTA 議論のなかで、もっとも多く取り上げられたのが、この加入問題ではないだろうか。加入問題は、2008 年にいち早く、加藤薫は自身のブログ[15]で、川端裕人は自著で取り上げた[16]。そこでは、PTA の任意加入は当然で、その周知徹底が、PTA のさまざまな問題の解決の第一歩であることが主張されている。憲法学の分野からは木村草太は、結社の自由（憲法 21 条）には、「結社する自由」と「結社しない自由」があり、公益上の必要や法律的な根拠のない任意加入団体である PTA への、加入の強制は許されないと発言した[17]。さらに、加入問題をめぐって訴えられた PTA が出てきたことも大きな話題となった。いわゆる「熊本 PTA 訴訟」である。法史学者の神野潔は、「熊本 PTA 訴訟」での重要な点は、裁判所が「前提となる事実」として被告 PTA が「入退会自由の任意加入団体」であることを認定した点であるとしている[18]。

　このような流れのなかで、PTA は任意加入団体であるということが広く再認識されるようになった。しかし、加入の問題が落着したわけではない。最近では、メディアで、非加入の家庭の子どもにたいする不当な扱いが取りざたされている。非加入家庭の子どもは集団登校に入れてもらえない、運動会のテントにも入れてもらえない、卒業式のコサージュや記念品、まんじゅう（祝い菓子）が与えられないといった事例である。一社会教育関係団体である PTA が公教育の場で、会員限定でのサービスを提供し、特定の子どもに不利益や精神的苦痛を与えることについては、厳しい批判がなされている[19][20]。

PTA 役員選出方法

　「PTA ハンター！」、2015 年 2 月 13 日に放送された「ノンストップ！」（フジテレビ）の「ノンストップ！　サミット」のコーナーでは、選考委員をこう命名した。その活動実態として「PTA 役員決めを巡る熾烈な闘い」が取り上

げられたところ、視聴者から1000件を超える反響があったという[21]。選考委員による役員の選出は、一般に本部役員といわれる、会長・副会長・書記・会計等の重めの役職においてよくなされる。しかし、その選出の過程には、候補者の選出が秘密裏に行われたり、候補者の依頼や交渉が過度に執拗だったりと、そのあり方が問われるケースもあるという。

　一方、役員選出方法のニューメニューはポイント制である。役の従事をとおして所定のポイントを集め、ポイントの低い人が役員として選出されるという方法である。このポイント制と、従来からのくじ引き、じゃんけんは、本部役員よりは比較的軽めの役職、たとえば、部長、委員長などの役職や部員、委員などの選出のさいに用いられることが多い。特にくじ引きによる選出方法は全国的に広がる、ごくポピュラーな選出方法といえるだろう。くじ引きさえやっておけば、公平にPTAの義務が配分される。そんな意識が役員選出でくじ引きを採用することの背景にあるのではないだろうか。

　しかし、そもそもPTAの活動とは公平に分配されるべきもののだろうか？ 山本浩資はくじ引きなどにより役員が決められることを、あたかも罰ゲームのようだと形容し、PTAは義務ですか？ と問いかける[22]。川端は、公平・公正が行き過ぎると「義務・強制・負担」になるという[23]。また、くじ引き、じゃんけん、ポイント制という役員選出方法は、PTAは義務であるという認識を人々に植え付け、それはPTAへの否定的なイメージを醸成する[24]。つまり、くじ引きやポイント制の裏にある「義務を公平に配分する」という発想は、PTAの求心力や当事者の自発性を弱めてしまう。PTAが民主的団体であることを目指すならば、これらの選出方法はかえってマイナスであるということだ。

PTA活動内容の煩雑さ

　先にみたとおり、『朝日新聞』のウェブ上でのアンケートでPTAに改善してほしいところとして、じつに70％近くの人が「活動内容の簡素化」（67.5％）を選択した。多くの人々が簡素化してほしいと願うPTAの活動内容とはどのようなものか。

　川端は自著のなかで「166日・403時間の現実」と銘打ってその気の遠くなるほどの拘束時間の中身を語っている[25]。山本はめまいがするほどの検討事

項や会議の数々についてその実態を語っている[26]。大塚玲子は「「ベルマークは勘弁して！」母たちの切実な叫び」という章のなかで「要求される作業のハンパない複雑さ」を記している[27]。PTA の活動の複雑さと煩雑さは枚挙にいとまがないほどである。山本が述べるようにそれはいったい「誰のために、何のためにやっているのだろうか？」という疑問が残る[28]。

誰のために、何のために？

先に紹介したアンケートの「PTA の存在はあなたにとってどのくらい有意義でしたか？」という質問にたいする回答結果をみてみよう。「どちらともいえない」を選んだ人が圧倒的に多い（図 14–3）。その続きの質問、「このように答えた理由を書いてください」の回答結果もみてみよう。自由記述による回答をカテゴリーに分類し、言及頻度を算出した（表 14–2）。「有意義ではない」の選択理由と「どちらともいえない」の選択理由では、言及頻度の多い五つのカテゴリーのうち、四つのカテゴリーが共通している。これらの四

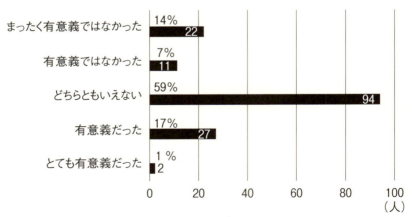

図 14-3　PTA の存在はあなたにとってどのくらい有意義でしたか？
出所）著者作成。

第14章　PTAとは何か？

表14-2　PTAの有意義度の回答理由（言及数上位5カテゴリーの言及数）

有意義 「とても有意義だった」 「有意義だった」			どちらともいえない			有意義ではない 「有意義ではない」 「まったく有意義ではなかった」		
行事にPTAが貢献していた	12	44%	活動内容がわからなかった	27	28%	子ども（自分）と関係ない・関係希薄	5	15%
PTA行事の楽しい思い出	4	15%	子ども（自分）と関係ない・関係希薄	21	21%	恩恵・メリット・意味がない・わからない・記憶がない	5	15%
何らかの支援や貢献があった	3	11%	記憶がない	14	14%	活動内容がわからなかった	4	12%
PTAからの物品（飲食物も）の提供	2	7%	恩恵・メリット・意味がない・わからない・記憶がない	12	12%	親の活動や役割への負担・負担感	3	9%
存在自体の価値	2	7%	関心・興味がない	6	6%	記憶がない	2	6%
全言及数	27	100%	全言及数	98	100%	全言及数	33	100%

出所）著者作成。

つは、子どもとPTAの関係が希薄であったことを示すカテゴリーとなっている。一方、「有意義」の理由の言及頻度上位五つのカテゴリーには、PTAのポジティブな意味が反映されている。しかし、全体的には、その言及数から、PTAが自分（子ども）にとってあまり関係ないものとしてとらえられている、といわざるをえない。PTAの膨大で煩雑な活動の理由としてよくいわれるのが「前例主義」である。この前例主義を手放して、「いまのPTA会員」が「いま、目の前にいる子どもたち」にとって意味のある活動を選ぶという、「いまこのとき主義」ともいうべき態度を推し進めてはどうだろうか。もっと子どもにかかわった意味のある活動ができるのではないだろうか。

── ワーク 14-1 ──

あなたがもしPTA会員で、PTAを改革できる立場にあったら、どのような改革をしますか？　具体的に考えてみよう。

7．PTA の最近の議論は、PTA に変化を生みだし始めている

　今後の PTA を考えるうえで、参考になる事例を以下に紹介しよう。

おやじの会

　最近、増えているのが一般に「おやじの会」といわれる父親を中心としてつくられた会である。PTA と同じで、保護者が中心になってつくり、学校に付随する任意団体である。その名のとおり、現状では父親中心であるところが多い。PTA と大きく異なる点は、やりたい人がやりたいことをやる、という基本方針がある点である。しかし、筆者がある「おやじの会」にインタビューをしたとき、あるお父さんが、「こっち（おやじの会）は楽しいけれど、あっち（PTA）は大変そうです」と語っていた。父親はおやじの会、母親は PTA という棲み分けができてしまっているようだ。そのため、PTA の問題は「おやじの会」が発足しても棚上げされたままになっているのではないだろうか。同様の指摘をする大塚は、「おやじの会」は保護者によるボランティアの本来の姿であるとし、いっそのこと「おやじの会」だけにしてしまってはどうか、と提案している[29]。

沖縄には PTA 事務がある

　筆者は 2017 年に沖縄をフィールドに PTA に関する調査を行った。調査に協力してくれた 6 校の単位 PTA のうち、5 校の単位 PTA に有償の PTA 事務が配置されていた。PTA の会費、名簿、資料の管理のほか、PTA の会議の資料づくり、PTA 役員や会員と教師の連絡等も担当している。一般に PTA の業務の

━━ワーク 14-2━━

PTA 改革がブームではなく、持続可能なものにするためには、どうしたらいいか。あなたの考えを以下に記し、周りの人と意見交換をしてみよう。

第 14 章　PTA とは何か？

煩雑さは多岐にわたるが、そのうち、会計、資料、連絡を有償で引き受けてくれる人がいたら、PTA 自体が「おやじの会」化する可能性も高くなる。つまり、PTA の活動そのものを楽しみ、楽しいから人が集まり、人が集まるからやらされ感が消えていくという流れである。

PTA 改革はブームなのか？

　PTA を変えようという動きが、この 2 年ほどの間に各地で起きている。活動のスリム化、役員選出を含む活動の自由選択、任意加入の徹底などが実践され始めている。一方で、PTA 改革を推奨してきた大塚は、「トラブルの温床！ PTA 改革「ここが危険」──絶対に省いてはいけないただひとつのこと」というタイトルで、活動のスリム化のなかで、省いてはいけないことがあるという。それはただ一つ、対話や話し合いなど、「合意形成のためにかける労力」という [30]。いずれにしても、PTA 改革では対話や話し合いの活性化が促され求められている。PTA 結成が試みられてから 74 年。いまようやく、当事者主導の PTA が誕生するのだろうか。

8.「学校カウンセリング」の学びに PTA は必要か？

　最後に、そもそも、学校カウンセリングの学びに PTA の学びは必要か、ということについて記しておこう。

　PTA は学校と家庭を媒介する組織として、暗黙裡に、直接的に、また、教師や保護者を介して間接的に、子どもの育ちに影響を与えうる。その PTA が、いま、議論の的となり、揺れている。家庭や学校を介在する組織の揺れが、それにかかわる保護者や教師、そして子どもにいかなる影響を与えているか。これを理解することは、子どもの理解とサポートを目指す学校カウンセリングにおいて必要なことだろう。

　昨今、学校と地域の連携や、学校内外の連携が学校教育や学校カウンセリングの一つの大きなテーマとなりつつある [31]。この「連携」の質に、戦後 PTA が担い続けてきた学校と家庭と地域の連携のあり方が入り込むことは想像に難くない。PTA 問題の十分な可視化がなければ、日本の教育における「連携」

の本質と課題を十分に理解することは難しい。ゆえに、PTA は学校カウンセリングの重要なテーマになるだろう。

注

（1）　本章で紹介するアンケート結果は、2018 年に筆者が 160 名（男 114 名、女 41 名、不明 5 名）の大学生を対象に実施した PTA に関するアンケートの回答結果である。

（2）　川端裕人『PTA 再活用論──悩ましき現実を超えて』中公新書ラクレ、2008 年。

（3）　岩竹美加子『PTA という国家装置』青弓社、2017 年。

（4）　公益社団法人日本 PTA 全国協議会（http://nippon-pta.or.jp/about/rkra7f00000001kl.html）。

（5）　岩竹、前掲書。

（6）　小林明子「PTA という国家組織に組み込まれる親──あきらめる前に知っておくべきこと」『BuzzFeed News』2018 年 1 月 20 日（https://www.buzzfeed.com/jp/akikokobayashi/pta-mikakoiwatake）。

（7）　PTA 史研究会『日本 PTA 史』日本図書センター、2004 年。

（8）　川端、前掲書。

（9）　S. Suzuki, "The PTA Education Inequity in the United States," in K. Takeo, K. Jinno, S. Suzuki, C. Lewis, and Y. Omi, *Structures and Issue of PTA in Socio-Cultural Context in Japan, USA, and UK, Research Presented and Future View Discussed at 2016 ICP Symposium*, Studies in liberal arts and Sciences, 2017,pp. 197-201.

（10）　たとえば、東京都中央区では、2018 年において、約 319 の社会教育関係団体が存在する（https://www.city.chuo.lg.jp/bunka/syogaigakushu/torokuseido/sakurushokai.html）。

（11）　社団法人日本 PTA 全国協議会記念誌編纂委員会編『日本 PTA 創立 60 周年記念誌』社団法人日本 PTA 全国協議会、2009 年。

（12）　内閣府男女共同参画局「（7）PTA における役員、スポーツ団体における役員」2018 年（http://www.gender.go.jp/research/kenkyu/sankakujokyo/2018/pdf/5-7.pdf）。

（13）　石川県 PTA 連絡協議会『石川の PTA』1958 年。

（14）　朝日新聞デジタル「PTA は必要？　不要？」『朝日新聞 DIGITAL』2015 年 5 月 8 日～19 日（http://www.asahi.com/opinion/forum/004/）。

（15）　加藤薫「PTA よ成仏してくれ！」「まるおの雑記帳──加藤薫（日本語・日本文化論）のブログ」2008 年 11 月 27 日（https://ameblo.jp/maruo-jp/entry-10170545789.html）

第 14 章　PTA とは何か？

（16）　川端、前掲書。

（17）　木村草太「【木村草太の憲法の新手】（5）憲法からみた PTA　強制的な加入　許されない」『沖縄タイムス＋プラス』2015 年 4 月 5 日（http://www.okinawatimes.co.jp/articles/-/12850）。／木村草太「PTA 改革、憲法の視点から「結社しない自由」侵す強制加入」『朝日新聞』2013 年 4 月 23 日（https://www.asahi.com/articles/ASK4M4RXDK4MULZU00V.html）。

（18）　神野潔・竹尾和子「PTA の今日的課題——「任意加入」・「強制加入」に関する法学的・歴史学的考察」『東京理科大学教職教育研究』2 巻、2017 年、15–24 頁。

（19）　大塚玲子「非会員家庭の子は登校班に入れません、コサージュをあげません——PTA の対応は何が間違っているのか」『YAHOO！JAPAN ニュース』2018 年 9 月 10 日（https://news.yahoo.co.jp/byline/otsukareiko/20180910-000963171）。

（20）　木村草太「【木村草太の憲法の新手】（52）PTA 加入問題　非会員の子排除は許されぬ」『沖縄タイムス＋プラス』2017 年 3 月 19 日（http://www.okinawatimes.co.jp/articles/-/89182）。

（21）　大塚玲子「PTA でいちばん大変！ "役員決め" の舞台裏——知られざる要職 "PTA ハンター" の悲鳴」『東洋経済オンライン』2015 年 2 月 27 日（http://toyokeizai.net/articles/-/61529）。

（22）　山本浩資『PTA、やらなきゃダメですか？』小学館新書、2016 年。

（23）　川端、前掲書。

（24）　大塚玲子『PTA がやっぱりコワイ人のための本』太郎次郎社エディスタ、2016 年。

（25）　川端、前掲書。

（26）　山本、前掲書。

（27）　大塚玲子「「ベルマーク」は勘弁！母たちの切実な叫び——PTA で今なお続く、途方もない手作業」『東洋経済オンライン』2015 年 7 月 2 日（http://toyokeizai.net/articles/-/75218）。

（28）　山本、前掲書。

（29）　大塚、前掲書。

（30）　大塚玲子「トラブルの温床！PTA 改革「ここが危険」——絶対に省いてはいけないただひとつのこと」『東洋経済オンライン』2016 年 4 月 27 日（https://toyokeizai.net/articles/-/115354）。

（31）　たとえば、中央教育審議会の答申「新しい時代の教育や地方創生の実現に向けた 学校と地域の連携・協働の在り方と今後の推進方策について」（2015 年 12 月 21 日）など。

【読書案内】

①川端裕人『PTA 再活用論——悩ましき現実を超えて』中公新書ラクレ　2008 年。

　PTA とは何か、何が問題か、どうしたらいいか、こういった問いを抱いた人は、まずはこの本から読んでほしい。現代の PTA 問題を本格的に扱った最初の本であり、筆者自身の会長としての経験と精緻な調査にもとづいた手堅い書でもある。

②大塚玲子『PTA がやっぱりコワい人のための本』太郎次郎社エディタス　2016 年。

　PTA 問題を、メディアをとおして積極的に発信してきた著者の本は、一般の読者の視点に立った、大変読みやすく、引き込まれる本である。この本に限らず大塚氏の本は、PTA で起こる多様で重要な問題をリアルタイムで扱っている。

③山本浩資『PTA、やらなきゃダメですか？』小学館新書　2016 年。

　PTA の入会、活動、役員選出のあり方、また、それへの改革のプロセスが、筆者の会長としての経験をふまえて丁寧に、かつ、リアルに語られている。同時に、海外5 か国の PTA 事情にも触れられており、平易な文章ながら、多角的な PTA 理解が可能になる。

参考文献

石川県 PTA 連絡協議会『石川の PTA』1958 年。

岩竹美佐子『PTA という国家装置』青弓社、2017 年。

神野潔・竹尾和子「PTA の今日的課題——「任意加入」・「強制加入」に関する法学的・歴史学的考察」『東京理科大学教職教育研究』2 巻、2017 年、15–24 頁。

川端裕人『PTA 再活用論——悩ましき現実を超えて』中公新書ラクレ、2008 年。

PTA 史研究会『日本 PTA 史』日本図書センター、2004 年。

社団法人日本 PTA 全国協議会記念誌編纂委員会『日本 PTA 創立 60 周年記念誌』公益社団法人日本 PTA 全国協議会、2009 年。

大塚玲子『PTA がやっぱりコワい人のための本』太郎次郎社エディタス、2016 年。

竹尾和子「PTA の学際的可視化の試み——歴史・文化・当事者の視覚から」『教育と医学』766 号、2017 年、298–306 頁。

S. Suzuki, "The PTA and Education Inequity in the United States," in K, Takeo., K, Jinnno., S, Suzuki., C, Lewis., and Y, Omi., *Structures and Issues of PTA in Socio-Cultural Context in Japan, USA, and UK, Research Presented and Future View Discussed at 2016 ICP Symposium*, Studies in liberal arts and sciences, 2017, pp.197-201.

山本浩資『PTA、やらなきゃダメですか？』小学館新書、2016 年。

（竹尾和子）

第 15 章
なぜ教師にカウンセリング・マインドが必要なの？
学びのための、マインドフルな、他者との存在の仕方

１．教師がカウンセリングを学ぶ意義

教師の役割とその立ち位置——教育者／評価者としての教師

　学校という組織のなかで、教師が、カウンセリングを学ぶ意義はどこにあるだろうか。教師の役割は多岐にわたる。授業をとおして教えることが主になるが、そこには評価するという役割も入ってくる。また学級経営や生徒指導、進路指導も教師が担う役割になる。ここでは特にカウンセリングという観点から、評価するという役割に注目してみよう。子どもにとって教師は、授業を教える人間であると同時に、自分を評価・選抜する人間でもある。そして、教師においても成績評価するという役割を担うことは、自分自身が思っている以上に思考枠組を狭めることになる。評価という観点からしか子どもをみられなくなってしまうのである。学校という組織のなかに、また現在の教育制度のなかにいる限り、教師は評価者という立ち位置から抜け出すことは難しい。教師がどんなに評価を意識しなくても、評価する／されるという構造は確実に存在するのである。そしてそれにより、子どもは、心のどこかではつねに、自分たちを学ぶ者としてではなく、評価の対象として意識することになる。

　子どもの自己意識を評価の対象から学び手へと転換させること。構造的には動かしがたい評価する／されるの図式を、子どもの意識にはのぼらなくさせること。教師に評価されるために勉強するのではなく、一心に学びに向かう姿勢をつくること。それが教育者としての教師の仕事である。そのさいに教師の意識のあり方は大きな役割を果たす。教師の意識が評価者としての視点だけでなく、それとはまったく別の相反する視点を同時にもつこと。あるいは、それぞれ進む方向の違う二足の草鞋を履いて股裂き状態になったまま、どちらにも進

205

めずその場でぎりぎり踏みとどまっていること。それが、教育者であると同時に評価者でもある教師に課せられた二律背反の永遠の課題である。

そして、その評価者とはまったく異なった視点を獲得するために、教師はカウンセリングを学ぶ必要があるのである。

ロジャーズとカウンセリング・マインド

カール・ランソム・ロジャーズ（Rogers, C.R., 1902–1987）が創始したクライエント中心療法は日本で広く受け入れられ、また彼の考え方を土台として、「カウンセリング・マインド」という言葉も生まれた。この概念、態度は教育現場において普及していった。ロジャーズが『クライエント中心療法』を出版したのは1951年である。このクライエント中心療法は、次のように要約される。「問題は何か、どう解決したらよいかについて、もっともよく知っているのは、クライエント自身である。したがってセラピストはクライエントに何かを教える必要はない。クライエントの体験に心を寄せて、その体験を尊重することが重要である。このような「クライエント中心」の態度によって、クライエントは本来の力を十分に発揮し問題を解決していく[1]」。セラピストが問題の解決策をもち、それをクライエントに教えたり指導したりするのではなく、クライエントの体験に寄り添うことで、クライエント自身が力を発揮して、問題を解決していく。このあり方は、戦後日本の民主主義的な雰囲気や1960年代の人間性回復運動（Human Potential Movement[2]）ともあいまって、日本のカウンセリング界に浸透し、さらにはそれが教育界にも広まっていき、「すべての教師がカウンセリング・マインドを」といった提唱にまでつながっていくことになる。カウンセリング・マインド[3]とは、カウンセラーがクライエントに接するように、他者にあたたかく接することという意味をもち、その背景にはロジャーズの「純粋性、真実性、一致性」「無条件の肯定的配慮」「共感的理解」という、いわゆる三条件がある。

ロジャーズの三条件とプレゼンス

「自己一致、受容、共感」といういわれかたもするロジャーズの傾聴の三条件であるが、これは「セラピーによるパーソナリティ変化の必要にして十分な

条件⁽⁴⁾」という論文のなかで、カウンセラーのクライエントにたいする態度として考察され、カウンセラーがこの三つの条件を達成、維持できたときにクライエントに有益な変化が生じるとされるものである。

「自己一致」とは、カウンセラーが自分自身が感じていることや考えていること、価値観や体験に気づいていて、それを否定したりゆがめたりせず、そのままに受け入れて、クライエントの前に存在すること。次に、一般に「受容」とされる「無条件の肯定的配慮」であるが、これはクライエントがどうあっても、クライエントへの関心は変わらず、人間としてのクライエントの存在を受容しようとする心のあり方。そして「共感的理解」とは、クライエントの主観的な見方や感じ方、考え方を、その人の立場に立って感じたり、考えたりすることである。これらは傾聴の技法として語られることが多いが、そう簡単なものではない。自己一致も無条件の肯定的配慮も共感的理解も、何の訓練も受けていない人間にとっては、非常に難しいものである。それは教師においてはなおさらである。先にみたように、教師にはどうしても評価者としての役割がついてまわる。その評価者の役割が、無条件の肯定的配慮や共感的理解を難しくする。さらに自己一致においても、教師という仮面をかぶったとたんに、少しでも偉くみられようと構えたり、感情的になってはいけないと思ったりして、本来の自分自身から遠ざかってしまう。

さらに、ロジャーズは、1986年、死の前年に公刊された論文⁽⁵⁾のなかで、この三条件を挙げたうえで、「もうひとつの特徴」というものについて論じている。それが「プレゼンス」である。これをどう理解し、どう訳すのかは非常に難しい問題であるが、ロジャーズは、自身がセラピストとしてもっともよく機能しているときの状態を、「内面の自己、直感的な自己に私が最も接近している」、「内面にある未知の領域に何かしら接触している」、クライエントとの「関係のなかで軽い意識変容状態にある」と表現している。そしてそのようなときには、「そこに存在している」だけでクライエントにたいして援助的になっているのだという。これを第四の条件とするかは論者によって見解は分かれるが、少なくともロジャーズ自身がそのような経験をしていたのは間違いないことである。クライエントとただそこに存在しているだけで、クライエントの問題が解決されていく。そのような不思議な事態を晩年のロジャーズは重視

していたのである。これを教育に当てはめて考えてみると、教師としては理想の状態だろう。教師がただそこに存在しているだけで、子どもたちは学んでいく。そこには教えるという行為は発生しない。子どもはいい成績をとってほめられたり、罰を受けるのを避けたりするために勉強するのだという、アメとムチの発想とは真逆の考え方である。評価者ではなく教育者としての教師がカウンセリング・マインドを学ぶ意義はここにある。子どものもつ学びへと向かう力を最大限信頼して、子どもの学びの体験を尊重し、そのプロセスに寄り添う。そうすると自然と子どもは学んでいく。その、子どもの学びへと向かう力にたいする、教師の信頼感の土台をカウンセリング・マインドは育むのである。

　しかし、三条件すら難しいのに、「プレゼンス」の状態になるのはさらに難しいだろう。ロジャーズ自身、先の論文で「どうすればこうした経験をすることができるのかはわからない」と述べている。ここでは、近年注目されているマインドフルネスという概念・技法を手がかりに、この難問に挑戦していってみよう。

2．プレゼンスの技法としてのマインドフルネス

マインドフルネス

　マインドフルネス（mindfulness）とは、古代インド語であるパーリ語の「念」や「記憶」、「注意深さ」といった意味をもつ「サティ（sati）」の英訳語である。東南アジアに伝播したテーラワーダ（上座部）仏教で悟りを開くために用いられる瞑想法がこれに当たる。この概念・技法は、グーグル社が社内研修に導入したり、アメリカの『タイム』誌が2014年1月に特集を組んだりと、近年医療、心理、ビジネス、スポーツ、教育と多くの領域で注目されている。慢性疼痛の軽減、うつの再発予防をはじめ、創造性や集中力の高まり、ストレスの軽減、作業記憶の向上、他者への思いやりや共感力の深まりといった効果があることが実証的な研究で明らかにされている。そしてマインドフルネスが広まり、注目されている一因には、仏教の瞑想法を出発点としながらも、宗教色を排し、純粋に技法として理解されていることが挙げられるだろう。

　マインドフルネスの普及に大きく貢献したジョン・カバットジン（Kabat-

Zinn, J., 1944-）の定義によると、マインドフルネスとは「瞬間瞬間立ち現れて
くる体験に対して、いまの瞬間に、判断をしないで、意図的に注意を払うこと
によって実現される気づき[6]」、あるいは日本マインドフルネス学会の定義に
よると、「今、この瞬間の体験に意図的に意識を向け、評価をせずに、とらわ
れのない状態で、ただ観ること[7]」であるとされる。教育との関連でいえば、
アメリカでは 2007 年にマインドフル・スクールズ（Mindful Schools[8]）という
組織が設立され、学校からの依頼に応じて生徒にたいしてマインドフルネスを
基礎とする 4 週間のプログラムを提供している。またイギリスでも国を挙げて
初等・中等教育にマインドフルネスを取り入れようと、マインドフルネス・イ
ン・スクールズ・プロジェクト（Mindfulness in Schools Project[9]）という組織
が学校教育のなかで実施するマインドフルネスのプログラムの開発と教師の教
育を行っている。これらの多くは、生徒にマインドフルネスのプログラムを実
施するものであるが、ここではマインドフルネスを教師のカウンセリング・マ
インド育成のためのものとして取り上げてみたい。先のロジャーズの三条件、
さらには「プレゼンス」を実現するための技法としてマインドフルネスは有効

━━ ワーク 15−1 ━━

自分の内側を感じる

①立った状態で、あくびや伸びをして、気持ちの良いからだの状態をつくります。
　肩を揺らして、首を回して、足を揺さぶって、からだをほぐします。

②そのままリラックスした状態で椅子に座り、軽く目を閉じます。

③呼吸に意識を向けて、丁寧に観察していきます。息がどのように入り、どの
　ように出ていくのか。吸いやすさ吸いにくさ、吐きやすさ吐きにくさ、ある
　いは、呼吸しているときの身体の感覚や気分を観察していきます。

④呼吸の観察に慣れてくると、さまざまな考えや記憶、感情や感覚、気分、イ
　メージなどが湧き上がってきます。それを丁寧に眺めてみましょう。

⑤個々の考えや感情にこだわるのではなく、ただ眺めて、流します。考えや感
　情等を眺め、ある程度満足したら、呼吸に意識を戻します。

⑥湧き上がっていた考えや感情等を丁寧に眺めたあと、呼吸に意識を戻すこと
　を繰り返しながら続けていきます。

⑦ある程度（5〜10 分程度）、自分の内側を眺めたら、呼吸に意識を戻し、深呼
　吸を 2、3 回してから、ゆっくり目を開けます。

であると考えられるからである。まずは、ワーク 15 - 1 から取り組んでみよう。

呼吸を観察し続けていると、自然に思考や感情が湧き上がってくる。それを「雑念だ」と否定するのではなく、丁寧に眺めていくのである。これは「自己一致」や「無条件の肯定的配慮」につながる。まずは自分自身を受容していくのである。そして思考や感情は、丁寧に眺めていると自然と消えていく。まるで自己主張の激しい子どものようである。子どもは大人の注意を惹きたくて、さまざまなかたちでアピールしてくる。それを無視したりぞんざいに扱ったりすれば、ますますエスカレートする。しかし、それをちゃんと受け止めて、みてあげれば、子どもは満足して自分の世界に戻っていく。それと同じことがこのワークでは起こるのである。次に、他者との関係性のなかでのマインドフルネスについてみていこう。

関係性のなかのマインドフルネス

ワーク 15 - 1 に続いて、次ページのワーク 15 - 2 に取り組んでみよう。

このワークでは、手を当ててもらう人も手を当てる人もどちらも他者という存在の影響を受けることになる。自分の内側の感覚に丁寧に意識を向けていくと、非常に繊細な状態になり、ちょっとした刺激でも強く感じられるようになる。普段では気にならないようなことが気になるようになる。その状態で、手を当ててもらう人は、自分のなかのピタッと来る感覚を相手の手を使って探し、また手を当てる人も相手の繊細なニーズに応えようとする。これは身体レベルでの「共感的理解」となる。

次に、このマインドフルネスを基盤にした心理療法であるハコミセラピーについてみていこう。

ハコミセラピー

ハコミセラピーは、ロン・クルツ（Kurtz, R., 1934-2011）によって1980年代にアメリカで開発された、身体と心とのつながりを重視した心理療法である。ハコミセラピーは、「有機性」「マインドフルネス」「ノンバイオレンス」「心と体の統合」「ユニティー」という五つの原理から成り立っており、その一つがマインドフルネスである。これらの基本原理の上に「テクニック」「方法論」

第15章 なぜ教師にカウンセリング・マインドが必要なの？

━━ ワーク15−2 ━━

自分の身体感覚とともにいるワーク／他者とともにいるワーク

①2人1組になり、椅子を背もたれのない状態にして、前後に座ります。
②2人とも上体を揺らしリラックスしてから、軽く目をつむります。
③先のワークの要領で、呼吸に意識を向け、自分の内側を観察していきます。
④ある程度自分の内側を観察できる状態になったら、前に座っている人は、自分の背中（首から腰あたりまで）に意識を向け、背中の感じを観察していきます。こわばりや痛み、暖かさや冷たさ、あるいはやわらかさやのびのびとした感じなど、部分部分によって感じられることは違ってくると思います。それを丁寧に感じてみましょう。後ろの人は、自分の内側の観察を続けるか、目の前の人の背中を軽く眺めるかします。
⑤前に座っている人は、後ろの人に手を当ててもらう背中の場所を探してみます。後ろの人は目を開けて、前の人の背中を軽く眺めています。
⑥前の人は、手を当ててほしい場所が見つかったら、目を閉じたまま、それを後ろの人に伝えます（見つからない場合は「もう少し時間がほしい」と、触れてほしくない場合は「いまは触れてほしい感じではない」と伝えます。触れてほしくない場合は、そのまま触れることなく、一緒にいながら、互いに自分の内側を観察してワークを終えます）。
⑦後ろの人は、相手のリクエストに応えてその場所にやさしく手を置きます。
⑧前の人は、後ろの人に、触れている位置や触れ方について、自分の感覚と対話しながら、できるだけ細かくリクエストして、自分の感覚と相手の手の触れ方がぴったりくるよう調整します。自分の感覚と相手の触れ方がピタッと一致したら、それを相手に告げて、その感覚に意識を向けます。後ろの人は、できるだけ丁寧に相手のリクエストに応えて、触る位置や触れ方、圧力のかけ方を調整します。
⑨前の人は、手の当たっているところに意識を向け、その感じを味わいます。後ろの人は、当てている手に意識を向け、相手の呼吸を感じます。
⑩前の人は、手が当てられている背中の感じを充分に味わったら、後ろの人に手を離すタイミングや離し方を伝えて、手を離してもらい

211

ます。

⑪前の人は、手が離れた感覚を感じながら、再び自分の内側を感じます。後ろの人は、相手のリクエストに応えて手を離したら、自分の内側に意識を向けて、その感覚を味わいます。

⑫前の人は、しばらく1人で自分の内側の感覚を味わったら、深呼吸を2、3回してからゆっくり目を開けます。後ろの人も前の人の深呼吸を合図に、自分のペースで深呼吸を2、3回してからゆっくり目を開けます。

⑬お互いに、ワーク中の自分の感じについて、シェアします。

⑭交代して、同じことを行います。

「癒しの関係性」の三つのレベルが存在する。具体的な技術である「テクニック」をいつ、どのように使うのかを教えてくれるのが「方法論」である。しかしこの「方法論」もセラピストとクライエントとの「癒しの関係性」があってはじめて機能する。クルツは、「癒しの関係性」においてセラピストは自己の全人格、人間性そのものを道具として使うという。これはまさに先にみた、ロジャーズの「プレゼンス」である。この「癒しの関係性」において重要となってくるのが「愛をもって他者とともにいまここにいること」とされるラビング・プレゼンスという技法である。

　ハコミセラピーにおけるマインドフルネスにおいて重要となるのは、マインドフルネスがたんなる技法や意識状態としてではなく、この療法の基本原理の一つとされているところにある。クルツによれば、マインドフルネスは、「意図的にコントロールを手放そうとすること」であり、「明け渡しを練習する方法[10]」である。手放すこと、明け渡すこと、つまり何かを「しない」ということがマインドフルネスという心の状態への重要な道筋なのである。これはハコミセラピーがタオイズム[11]の影響を多分に受けていることによる。タオイズムの中核思想は「無為」である。ハコミセラピーにおけるマインドフルネスとは、その「無為」につながるものなのである。そしてそれに関連するもう一つの基本原理が「ノンバイオレンス」である。これは「流れに逆らわない、なるがままに任せるというポリシー[12]」であり、具体的にはセラピストが自分の「やりかたを押しつけないこと[13]」である。それにたいしてバイオレンスとは「セラピストのうぬぼれであり、人の癒しのプロセスに自分の方針を強要

第15章　なぜ教師にカウンセリング・マインドが必要なの？

すること」とされる。

　ここの「セラピスト」を「教師」に、「癒し」を「学び」に置き換えてみれ
ば、即教育に当てはまるだろう。教師は教えることが役割だと思い、結果を求
めて、つい教えてしまったり強制的に勉強させてしまったりする。それは教師
のエゴであり、うぬぼれである。そうではなく、マインドフルネスを基盤にし
た教育では、子どもの学びのプロセスの向かうがままにまかせるのである。

　ハコミセラピーは結果ではなくプロセスを志向し、クライエントの自然な癒
しのプロセスに従っていく。しかし「ノンバイオレンス」は、たんにセラピス
トがクライエントにたいして強引なアプローチをしないということではない。
生命存在にたいする深い尊敬と共感をもとに、クライエントのプロセスをコン
トロールしないという、より積極的な意味での操作性の排除を意味する。操作
性の排除とは、「しない」をする仕掛け、「無為」の技法である。クライエント
のプロセスを促進させるためにセラピストはあえて「しない」をする。それは
受動的であり、明け渡すこと、手放すことである。逆説的だが、「しない」を
すると、プロセスは動き出すのである。ハコミセラピーでは、この「しない」
をすることによって、プロセスを動かしていく。そしてその技法であり、基本
原理であるのがマインドフルネスなのである。次に、このハコミセラピーで重
要な位置を占めるラビング・プレゼンスについてみていこう。

3．ラビング・プレゼンス

ラビング・プレゼンス[14]という技法

　ハコミセラピーにおいて、最大の課題がクライエントをマインドフルネスの
状態に導くことである。オープンかつ無防備な状態であるマインドフルネスに
なるためには、安心感のある場が必要となる。そのため、セラピストはクライ
エントのマインドフルネス確立のために、説明や指示によってではなく、それ
を誘発するような、「ゆっくりで、簡潔で、直接的な、しかも集中力に富みか
つ緊張感や決めつけのない」言動をし、さらにはペース、調子を落とし、調整
していく。つまり、クライエントをマインドフルネスに導く、安心・安全の環
境としてのセラピストの存在に焦点を当てるのである。それがセラピストのマ

213

インドフルネスの一つであるラビング・プレゼンスである。

　ラビング・プレゼンスの状態をつくるには、次のような手順がとられる。

　まず、セラピストは、興味、喜び、共感などセラピスト自身のなかに呼び起こされるクライエントについての何かに注意を向ける。セラピストは、その何かに意識を向け、自分自身を満たしてくれる、その感じを味わう。そして、アイ・コンタクト、声のトーン、顔の表情を使って、セラピストのなかに湧いてきたラビング・プレゼンスの感じをクライエントに伝える。

　教師も、セラピスト、カウンセラーも、基本的には人に何かをしてあげようとしてしまう傾向をもつ。しかし、そうすることにより、押しつけがましくなったり、あるいはバーンアウトしたりと、自分をおろそかにして枯渇していってしまう。ラビング・プレゼンスは、相手に何かをしてあげるのではなく、まずは自分自身を相手によって満たすという逆転の発想をとる。相手に満たされることによって、セラピストの身心の状態は肯定的に変化し、その状態はクライエントとの関係性にも影響を与える。「ラビング・プレゼンスの感じをクライエントに伝える」と書いたが、本来それは自然に伝わるものである。セラ

━━ワーク15-3━━

自分のなかの「心地よさ」を味わう
①4人1組になって、順番を決め、1番目の人から始めます。
②1番目の人は、リラックスして座り、日々の生活のなかで実際にあった「いい体験」を一つ思い出し、それについて簡単に話します。
③話し終えたら、目を閉じ、その時の場面や状況を、できるだけ具体的にイメージしながら、じっくりと無言でその体験を自分のなかで振り返っていきます。
④目を閉じたまま、その具体的な場面をイメージしながら、そのときに自分がどんな「心地よさ」を感じていたのか確かめて、言葉にしていきます。
⑤「心地のよさ」の感覚に気づいたら、その感覚を無言のままできるだけ時間をかけて味わっていきます。
⑥1番目の人が③～⑤のプロセスにいるときに、他のメンバーはその様子を見守っています。
⑦十分に「心地よさ」を満喫できたら、ゆっくり目を開けて、イメージや内容ではなく、いまの身心の感覚についてメンバーにシェアします。
⑧次の人に移り、順番に行っていきます。

214

第15章　なぜ教師にカウンセリング・マインドが必要なの？

ピストの肯定的雰囲気が自然にクライエントに伝わる状態をつくりだすのが、ラビング・プレゼンスという技法なのである。

自分のなかの「心地よさ」を味わうこと

　ラビング・プレゼンスのポイントは、相手に何かをするのではなく、まず自分自身を満たすことから始めるところにある。他者とともにいるなかで、自分自身の身心の状態を調えることを最優先の課題とするのである。それではワーク15-3をやってみよう。

　「心地よさ」を味わうことができただろうか。身近なささやかな幸せを丁寧に思い出し、そのときの身心の感覚を呼び起こし、それを心ゆくまで味わう。はじめのうちは難しいかもしれない。あるいは「いい体験」を思い出せても、味わうところまでいかないかもしれない。日常生活においては、そういった体験を思い出すことはあっても、あらためて身心の感覚に意識を向けて、味わうことまではしない。しかし、ここで重要なのは、思い出したうえで、味わうことにある。感覚にアクセスすることで、私たちの身心の状態は変化する。その変化は、ワークを注意深く見守っている他のメンバーにも感じられたはずである。味わうことによって、私たちの身心の状態は変化し、その変化は雰囲気の変化となって、周囲に伝わるものなのである。次に目の前の相手をつうじて、自分自身のなかに「心地よさ」をつくりだすワーク15-4をやってみよう。

周りの人をつうじて自分のなかに「心地よさ」を生みだすこと

　それでは、次ページのワーク15-4をやってみよう。

　このワークのポイントは、相手のいいところを探すのではなく、相手をとおして自分自身の「心地よさ」を探し、それを味わうことにある。そのために、考えるのではなく感じることを優先させる。それが、相手をじっくり見るのではなく、1秒程度見たらすぐに目を閉じるという仕掛けである。目を開けたまま相手を見ていると、私たちの意識はすぐに思考を働かせ、いいところを探してしまったり、考えてしまったりする。それでは身心の感覚は変化しないし、ましてや身心の状態は変化しない。ロジャーズの三条件、そして「プレゼンス」は、頭で理解して行うものではなく、身心のあり方なのである。知的な操

215

ワーク 15-4

周りの人をつうじて自分のなかに「心地よさ」を生みだす

① 4人1組で円になって座り、順番を決めます。

② 1番目の人はただそこにいて、他の3人が1番目の人のほうに体を向けます。

③ 3人は目を閉じ、「自分の内側を感じる」のワークでやったように、自分の内側に意識を向け、いまの自分の「感じ」を観察していきます。

④ 目を閉じたまま、自分の内側に意識を向け、観察する状態になったら、心のなかで次のように宣言し、「心の準備」を調えます(授業では教員等ファシリテートする人が実際に声に出して言います)。
「このあと、目を開けると、いまの自分にとって必要な何かが流れ込んでくる。その結果、私は何らかの「いい感じ」を味わうことができる」

⑤ 宣言が自分のなかに入り、「心の準備」が調ったら、目を開け、1番目の人を1秒ほど見て、すぐに目を閉じます(すでに準備ができているので、何もしなくても、1番目の人から「いまの自分にとって必要な何か」が流れ込んでくるので、それを受け入れます)。

⑥ 目を閉じたら、自分の内側の観察に戻ります。今度は、すでに流れ込んできている「いまの自分にとって必要な何か」によって起きてくる「心地よさ」の感覚に意識を向けていきます。(「心地よさ」が見つからなかったら、再び目を閉じ「心の準備」をして、あらためて1秒ほど目を開けて見ます。何度か繰り返す場合は、1回ごとに十分な間隔をとって行います。)

⑦ 何らかの「心地よさ」が自分のなかで起きていることに気づいたら、それを充分に味わいます。

⑧ その「心地よさ」を十分に満喫できたら、ゆっくり目を開け、あらためて1番目の人を見ます。

⑨ 3人が全員目を開けたら、順番にそのときの体験をシェアします。特にその「心地よさ」がどんな感覚だったのか、あらためて目を開けて1番目の人を見たときの感覚はどんなだったかについて話します。

⑩ 3人のシェアが終わったら、2番目の人に移り、順番に行います。

作ではなく、全身全霊をかけた存在の仕方なのである。全身全霊をかけて「しない」をする。「無為」の技法、プレゼンスとは、何もしないのではなく、全身全霊をかけて「しない」をするからこそ、ただそこにいるだけでクライアントは自然に癒されていき、子どもは自然に学んでいくのである。

4．おわりに

　ここまで、マインドフルネスを手がかりに、ロジャーズの三条件と「プレゼンス」をどのように獲得していったらいいかみてきた。しかし、教師がカウンセリング・マインドをもったとしても、評価者としての役割がなくなるわけではない。そして最初にも述べたようにこの二つの視点は、決して両立しえないものである。構造的にもまた教師の意識上も評価者としての視点はどうしてもついてまわる。そこに付け焼刃のカウンセリング・マインドを足したところで、嘘くさくなるだけである。おそらく教師に求められるのは、評価者としての視点とカウンセリング・マインドという二律背反の立場を、そのままに受け入れ、引き裂かれながらも、それに耐えるというあり方なのではないだろうか。無理につなげようとするのではなく、引き裂かれたままであること。それが子どもたちの主体性を引き出し、学びに導くことにつながるのではないだろうか。

注
（1）　越川房子「クライエント中心療法」中島義明他『心理学事典』有斐閣、1999 年、203 頁。
（2）　1960 年代アメリカで、「自己実現」する主体としての人間のもつ「人間性」やその潜在的な可能性を回復、開発することを目指した運動。
（3）　ただしこの言葉は和製英語であり、ロジャーズ自体が提唱したものではない。1950 年代半ばから 1980 年代にかけてワークショップの参加者たちのなかから生まれ、教育業界に流布していったものである。
（4）　Rogers, C.R.,"Client-centered Theory," In I.L.Kutash & A.Wolf（eds.）, *Psychotherapist's Casebook : Theory and Technique in the Practice of Modern Therapies*, Jossey-Bass.（H. カーシェンバウム、V.L. ヘンダーソン編（伊藤博・村山正治監訳）『ロジャーズ選集（上）──カウンセラーなら一度は読んでおきたい厳選 33 論文』誠信書房、2001 年、第 16 章）
（5）　同上、第 10 章。
（6）　Kabat-Zinn, J.,"Mindfulness-Based Interventions in Context: Past, Present, and Future," *Clinical Psychology: Science and Practice*, Vol. 10, No. 2, 2003, p.145.

（7） 日本マインドフルネス学会 HP （http://www.mindfulness.jp.net/concept.html）。

（8） マインドフル・スクールズ HP （https://www.mindfulschools.org/）。

（9） 同上。

（10） ロン・クルツ（手塚郁恵訳）『ハコミ・メソッド——からだを手がかりに無意識とつながる』春秋社、2005 年、57 頁。

（11） 人間も自然の一部であると考え、人為的な計らいを離れ、天地自然の流れに沿って生きるという、老子、荘子の思想をもとにした古代中国の、人間の生き方に関する「道（タオ）」の哲学、思想。

（12） クルツ（岡健治訳）『ハコミセラピー』星和書店、1996 年、47 頁。

（13） クルツ『ハコミ・メソッド』193 頁。

（14） マインドフルネス・イン・スクールズ・プロジェクト HP http://mindhulnessinschools.org/

【読書案内】
①高野雅司『人間関係は自分を大事にする。から始めよう』青春出版 2014 年

　ラビング・プレゼンスの基本書。人間関係の悩みを脳のクセ、心のクセから解き明かし、「心地よさ」をキーワードにそれを解決するワークを提案する。あるがままを受け入れるというマインドフルネスを一歩先に進めている。

参考文献
Kabat-Zinn, J., *Full Catastrophe Living: Using the Wisdom of Your Body and Mind to Face Stress, Pain, and Illness*, Delta Trade Paperbacks, 1991.（ジョン・カバットジン（春木豊訳）『マインドフルネスストレス低減法』北大路書房、2007 年）

Mindfulness-Based Interventions in Context: Past, Present, and Future, Clinical Psychology: Science and Practice, Vol. 10, No. 2, 2003, pp.144-156.

Kurtz, R., *Body-centered Psychotherapy: The Hakomi Method*, Life Rhythm, 1990.（ロン・クルツ（岡健治訳）『ハコミセラピー』星和書店、1996 年）

ロン・クルツ（手塚郁恵訳）『ハコミ・メソッド——からだを手がかりに無意識とつながる』春秋社、2005 年。

————（手塚郁恵訳）『ハコミを学ぶ——科学・魂の成長・サイコセラピー』春秋社、2005 年。

Johanson, G/Kurtz, R., *Grace Unfolding Psychotherapy in the Spirit of the Tao-teching*, Bell tower 1991（グレッグ・ヨハンソン／ロン・クルツ（手塚郁恵訳）『ハコミセラピー——タオイズムと心理療法』春秋社、2004 年）

第15章　なぜ教師にカウンセリング・マインドが必要なの？

カール・R・ロジャーズ（保坂亨訳）『クライアント中心療法（ロジャーズ主要著作集
　2)』岩崎学術出版社、2005年。

Rogers, C.R., "Client-centered Therapy," In Kutash, I.L & Wolf, A. (eds.),
　Psychotherapist's Casebook: Theory and Technique in the Practice of Modern Therapies,
　Jossey-Bass, 1986. (H・カーシェンバウム、V・L・ヘンダーソン編（伊藤博・村山正
　治監訳）『ロジャース選集（上）──カウンセラーなら一度は読んでおきたい厳選
　33論文』第16章、（誠信書房、2001年）

越川房子「クライエント中心療法」中島義明他『心理学辞典』有斐閣、1999年。

（小室弘毅）

第 16 章
「いまここ」の体験を言葉にするとは？
体験を表現し理解するフォーカシング・プロセス

1．フォーカシングとは

フォーカシング・プロセス

　前章で紹介されたロジャーズやロジャーズ派の研究者たちはカウンセリングの効果研究をさまざまに展開した。ロジャーズの共同研究者であったユージン・T・ジェンドリンはクライエント側の要因に着目し研究を進め、成功するクライエントに起こっている現象を記述した[1]。

　図 16-1 をご覧いただきたい。たとえクライエントがどれだけ詳細に自分の状況について説明し過去について語り考えや気持ちを述べたとしても、すでにわかっていることにとどまっていてはカウンセリングの成果は望めない（図16-1 の段階 4 までの状態）。カウンセリングが成功するには、段階 4 からさらに「体験的深さ[2]」に降りていき、カウンセリングのなかで、まさにいま感

段階	評定基準・各段階の特徴
1	ほとんど話す気がない。自分とは無関係なことを話す。最低限の応答。
2	話し手と関係のありそうな話。どういう気持ちかははっきり表明しない。
3	感情などが語られるが、ある場面に限定したもの。
4	感情が語られる。話すことによって自分がどんな人間なのか語ろうとする。
5	仮説提起をしながら自分のからだの実感に触れる。
6	気づきが起こる。
7	気づきが 1 つのことから生活のいろいろな場面までひろがっていく。

体験的深さに降りる入り口 → 段階 4

「体験的深さ」 → 段階 5・6・7

図 16-1　体験過程尺度と体験的深さ

出所）田村隆一「体験過程理論とフォーカシング」坂中正義編／田村隆一・松本剛・岡村達也著『傾聴の心理学──PCA を学ぶ』創元社、2017 年、88 頁と Gendlin, E.T., "The Experiential Response," E. Hammer (ed.), *Use of Interpretation in Treatment*, New York, Grune & Stratton, 1968, pp.208–227 をもとに筆者作成。

第16章 「いまここ」の体験を言葉にするとは？

じられつつある体験（体験過程、experiencing）に触れ、言い淀んだり言い直したりしながらしばしそこにとどまり、自分にとってしっくりくる言葉を探しながら言い表していくような話し方が必要なのだ。

　このように、ある状況にたいして自分が感じていることに注意を向け、まだ十分言葉になっていないことをしっくりくる表現を見いだしながら言語化していき、気づきが起きるプロセスに、ジェンドリンはフォーカシング（Focusing）と名前を付けた。そして、たしかに感じられているがまだあいまいで十分言葉になっていない感覚（実感、意味感覚）をフェルトセンス（felt sense）として概念化した。

表16-1　ジェンドリンのステップ

ステップ	フォーカサーがすること
1：クリアリング・ア・スペース	自分の内側（こころ）に注意を向けて、いますっきりした気分でいることを妨げている気がかりを一つひとつ上げていき、自分から離れたところに置いて、心のなかにすっきりした空間を作る。
2：フェルトセンスを見つける	取り組みたい気がかりを一つ選び、その気がかりについての自分の反応や実感、つまりフェルトセンスを感じとる。
3：ハンドルを手に入れる	フェルトセンス全体を丁寧に感じ、どのように表現できるかを探る。フェルトセンス全体を表現しつくすことはできないが、その全体をつかんでおけるような表現を見つけることはできる。そのような表現が「ハンドル」（取っ手）である。
4：共鳴させる	ステップ3で見つけたハンドルがフェルトセンスにしっくりくるかどうかを確かめる。しっくりこないときには、フェルトセンスに戻って次の表現が浮かぶのを待つ。
5：問いかける	ハンドル（の感じ）をもたらしているのは気がかりのどんなところか、心のなかで問いかけ何か浮かんでくるのを待つ。あるいは、ハンドル（の感じ）が何を伝えようとしているか、ハンドル（の感じ）は何を求めているか、など、いろいろな問いかけを用いることができる。
6：受け取る	変化や気づきやわかったことがあれば、ほんのちょっとしたことでもやさしく受け取り、しばらくそれを感じる。
7：アクション・ステップ	その気づきやわかったことと気がかりのつながり、あるいは、現実に活かすための行動やその方向に進むために必要なことは何かなどを問いかけ、現実のなかでの前向きな一歩を見つける。

出所）日笠摩子「フォーカシング指向療法」『臨床精神医学』第41巻増刊号、2012年、147-55頁をもとに筆者改変。

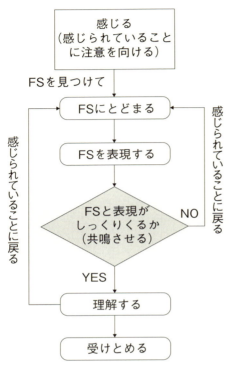

図16-2 フォーカシング・プロセスのフローチャート
(FSはフェルトセンスのこと)
出所) 筆者作成。

方法としてのフォーカシング

しかしながら、このような話し方をしないクライエントはカウンセリングで成果を得ることができない。そこでジェンドリンは、カウンセリングのなかでクライエントのフォーカシング・プロセスを助けるような教示を考え、さらに、自分でフォーカシングするやり方を学べるよう『フォーカシング[3]』(*Focusing*)(1978年)を著した。ジェンドリンによるフォーカシングの進め方の概要を表16-1に示す。

このほかにも、アン・ワイザー・コーネルをはじめ多くのフォーカシング教師がフォーカシングするやり方をさまざまに手順化している[4]。ただし、覚えておいてほしいのは、これらの手順どおりに行うのがフォーカシングではないことだ。これらの手順は、旅をするときのガイドブックあるいは地図のようなものにすぎない。手順に従うのではなく、ある状況について、いままさに感じられる感覚全体に触れ、まだはっきりしない感じにとどまり、そこからしっくりくる表現に言い表し、そうすることで理解が生まれるのがフォーカシング・プロセスである。そのエッセンスをフローチャートにして図16-2に示した。

2. 日常でのフォーカシング・プロセス

このような話し方は、日常でもみられる。何かとても感動する体験をしたと

しよう。そして、「すごい！」と呟いたとする。このときいかにすごいかはあなたのなかでまだ完成された文章になっている（すでにすべてが言葉になっている）わけではないだろう。しばらくして知り合いに会い、その感動がどのようなものであったかをなるべく誠実に話すとしたらどうだろう。あなたは「いや、すごかったんだよね……」と言いながらその体験をした状況全体を思い出し、そうして呼び起こされた感じにとどまりながらいかにすごいかを言い淀んだり（「なんていうか……」）言い直したり（「○○○……、というか△△△……」）しながら話していくだろう。感じていることがいま言葉にした言い方でよいのか、十分言い表されているのかどうかはしっくりくるかどうかという身体的感覚（実感）でわかる。このようにして「すごい！」という言葉に込められた意味が言い表されていき、あなたはその意味するところに気づき、その体験が自分にとってどのようなことであったかを理解していく。

　同様のプロセスは、創作活動をするときにもみられる。絵を描く人は何かしら表現したいことが感じられてはいるが、それはすでにかたちになっているわけではない。キャンバスに向かいながら少しずつ描き、表現したいこととあっているか繰り返し確かめ、修正しつつ仕上げていくだろう。

3．フォーカシング・プロセスを理解するために

　人はこのようにして自分が感じていることについてしっかりと理解し実感をともなう気づきを得る。そのフォーカシング・プロセスを邪魔したりせずプロセスの進みを促すよう聴くためには、プロセスがどのように進んでいくかを話し手やフォーカサー（フォーカシングする人）として体験的に理解していることが必要だ。この節では、前節に掲載したフローチャートの段階に沿って、それぞれを行ったり理解したりするための助けになると思われるワークを紹介していく[5]。

　実習にあたっては、必ずその実習をいまの自分がやってもよさそうか安心感安全感を確認してほしい。これも小さなフォーカシングである。自分の実感に問い合わせ、実感からのゴーサインが感じられたら試してみよう。

感じるために――「いまここ」にいる

　感じるためには、地に足がついてしっかりと「いまここ」にいる必要がある。気持ちがそこにないという言い方や気もそぞろとか生返事とかいった言葉があるように、何かに気をとられたり考え事をしていたり空想にふけっている状態では、「いまここ」にはいられない。「いまここ」にいる感覚を体験するためのワークを紹介しよう[6]。〈　〉は、教示内容を示している（以下同様）。

┌─── **ワーク 16－1** ─────────────

しっかりといまここにいる

　〈まずは身体を緩めることから始めよう。伸びをしたりひねったりして身体全体を緩めよう。そして楽に座れる姿勢を見つけて、ただ身体に注意を向けよう。どんなふうに座っているだろうか。身体の姿勢に気づこう。

　次に、注意を身体が座面や床に支えられているところに向けよう。お尻や腿の裏側や足の裏だ。身体全体の重さを感じよう。身体はどんなふうに支えられているだろうか。座面や床の固さに身を委ねて、身体がここにあって支えられていることを味わおう。

　今度は、注意を自分の中心部分に向けよう。のどや胸、胃やお腹のあたりだ。すると呼吸を感じるかもしれない。息が出たり入ったりしていること、呼吸とともに胸が上下したりお腹が膨らんだり凹んだりしていることに気づくかもしれない。片手をそっと心臓の上あたりに置いてみよう。心臓の鼓動が感じられるかもしれない。あなたは自ずと息をして心臓が動き生きている。そのことを想おう。

　おしまいに、目を閉じていたらゆっくり目を開け、視線を上げて周囲を見回そう。部屋の様子やともにいる人たちに気づこう。〉

└────────────────────────────

　実習する前と後で、心持ちや気分に違いがあったろうか。Doing（課題解決や行動する）モードから Being（存在する）モードへの切り替えになるだろう。傾聴実習などをするときの聴き手の準備にもなる。

感じるために――間をとる（時間的な）

　加えて、感じるためには、意識的に立ち止まり時間的な間をとる必要がある。われわれの社会や教育ではしばしば早いことはよいことだと思われているし、自分自身でも多くのことをやろうとしたりやるべきことに追われたりして早い

第 16 章 「いまここ」の体験を言葉にするとは？

ことがよいことのように思っていたりする。このようななかで間を置くことは、かなり意識しなければ難しい。時間的に間をとることの効果を体験するためのワークを紹介する[7]。

---**ワーク 16 - 2**---

質問にすぐ答える／間を置いてから答える

　授業など集団で行うことを想定した実施法を示す。少人数のグループに分かれて行ってもよいし、教室全体で行ってもよいだろう。誰か 1 人質問をする人（質問者）を決めておく。実習する人が答える。答えるのは同時でかまわない。
質問の例：〈名前は？〉〈年齢は？〉〈どこに住んでいる？〉〈どこで生まれた？〉〈お母さんの名前は？〉

①〈質問したら、即座にすばやく大きい声で答えてください〉と教示する。
　質問者が質問し実習する人は答えることを、3～4 回行う。質問は、つど変える。
②〈今度は、質問をしますが、合図するまで答えないでください〉と教示する。
　合図については、たとえば促しの仕草や机を軽く叩いて音を出すなどあらかじめ決めておく。合図するまで最低 10 秒くらいは間を置く。
　質問者が①で用いた質問の一つ、たとえば〈お母さんの名前は？〉と質問し、合図を待って実習する人は答える。

---

　①と②で違いがあったろうか。どのような体験であったろう。急いで何かをするときにはそのことにしか気が向かず、何が起きたか、どんな体験だったか問われても〇〇をしたということしか言えることが見つからないかもしれない。一方、間を置くことで、お母さんの顔が思い浮かんだり、お母さんにたいする自分の気持ちが湧いてきたりするかもしれない。けれど、秒数を数えることをしていたり、合図がいつ来るか気になっていたりした人の場合は、間をとる効果はなかったかもしれない。

　「いまここ」にいて、かつ、時間的な間を置くことで、答え以上の何かが生まれそれを感じとる余地ができる。

感じて、とどまり、表現してみる

　次に、感じることをしてみよう（ワーク 16 - 3）。

　おそらく、考えた理由以上のことを実習では感じたのではないだろうか。そ

225

ワーク16-3

嫌いな人・好きな人[8]

① まず、イメージしても大丈夫な程度に嫌いであったり好きであったりする人を１人ずつ選ぶ。実際にかかわりのある人では思い当たらない場合は、有名人や小説などの登場人物でもかまわない。なぜ嫌いか、なぜ好きか理由を一つ二つ考え、メモしておこう。

② イメージを使うワークなので少しリラックスしたほうがやりやすい。自分の姿勢に注意を向け呼吸に気づいてゆったり座ろう。目を閉じたほうがよいかもしれない。

　〈この部屋の扉の外に、あなたが選んだ嫌いな人が立っているところを思い浮かべよう。その人は扉に手をかけ少し開けてなかを覗き込む。あなたがいることに気づき扉を大きく開け部屋のなかに入りゆっくりあなたのほうに近づいてくる。どんな感じがするだろう？　身体に起こる反応、感覚、気持ち、感じに気づこう。その人に言われたことやその人とのエピソードが思い浮かぶかもしれない。何か見つかったら言葉にしてみよう。あるいは仕草やポーズ、表情など、どんな形式でもかまわない。感じをとらえたら、その人のことを思い浮かべるのはやめよう。必要なら目を開けて、その人から受けた感じを払うような動作をするとよいだろう〉

③ 〈今度は好きな人の番だ。その人がこの部屋の扉の外に立っているところを思い浮かべよう。その人は扉に手をかけ少し開けてなかを覗き込む。あなたがいることに気づき扉を大きく開け部屋のなかに入りあなたのほうに近づいてくる。どんな感じがするだろう？　身体に起こる反応、感覚、気持ち、感じに気づこう。その人に言われたことやその人とのエピソードが思い浮かぶかもしれない。何か見つかったら言葉にしてみよう。あるいは仕草やポーズ、表情でもかまわない。雰囲気的なイメージかもしれない。そしてその表現でしっくりくるか実感で確かめよう。違っていたら感じに注意を向けて別の表現が浮かぶのを待とう。浮かんだらそれがしっくりくるかどうか確かめよう。そしてそんなふうに感じるんだねと心のなかで自分自身をわかってやろう。

　　では実習を終わりにするので、自分のペースで、目を閉じている人は開けて、注意をこの部屋に戻そう〉

④ 自分の体験を振り返ろう。

　振り返りのポイント

　・何か感じがつかめただろうか

　・嫌いな人と好きな人で感じは違っただろうか

第 16 章 「いまここ」の体験を言葉にするとは？

- 感じにぴったりの表現が見つかっただろうか
- そんな感じがすることをわかってやったあと気づいた、感覚や気分の変化は、何かあっただろうか
- 最初に考えた嫌い／好きな理由と感じは違っていただろうか、同じだろうか

の感じには、たんに感情以上のことが含まれていたのではないだろうか。感じるのは、感情的な質だけではない。身体感覚的な反応、イメージや色や形、比喩、セリフ的な言葉や出来事、仕草やポーズや表情、動き、オノマトペ（擬音語・擬態語）など、あらゆる表現形態でありうる。表現し尽くせない複雑さがあるが、それでも体感としてぴったりだ、しっくりくると感じる表現を見つけることができる。それがまさに「いまここ」で感じたことである。そして、それを自分自身にたいしてわかってあげると、そのときにはもう身体には次の感じが生まれている。そのようにして、人は瞬間瞬間の体験の流れ（体験過程）のなかで生きている。

表現がしっくりするか——感じていることと言葉の共鳴

感じていることがすぐに納得感のある表現になるとは限らない。その表現（言葉）がたしかにこの感じを言い表しているかどうか確かめる必要がある。次に紹介するのは、図 16-3 のようなカードを用いることで共鳴作業がしやすくなり、しっくりくる感覚を体感しやすいワークである[9]（ワーク 16-4）。

いかがだろうか。話し手の立場では、聴き手から示されたカードやそれ以外のカードを、間をとって眺めることでそれまで気づいていなかった自分の感情やニーズに気づく体験をした人がいたかもしれない。聴き手やカードの助けを借りることで、自分の気持ちに気づくことが

図 16-3　カード見本

―― ワーク 16－4 ――
感じと言葉を共鳴させるカードワーク
　図16－3で見本を示したカードを用いる。章末に示したURLからダウンロードできる。授業など多人数の集団で、合図を用いて行うことを想定し、実施法を示す。
①3人組をつくり、組ごとに行う。
　順番に話し手と聴き手をするので、話し手、聴き手をする順番を決める（以下、話し手はAさん、聴き手はBさん、Cさんとする）。話す時間は2分、1回のセッションの時間は25分とする。集団で行う場合は、話し始め、話し終わり、おしまいの5分前に合図をするとよいだろう。
②Aさんが2分間話す。
　Aさんは間をとり、最近心が動いたこと（楽しかった、嬉しかった、腹が立った、悲しかった……）でこの場で2分間で話せそうな話題を何か選ぶ。
　合図があったら、Aさんが話し始める。
　Bさん、Cさんは、静かに聴く。うなずきやあいづちを積極的にしてみよう。けれど、話の中身についての質問や意見、感想などは言わずに聴こう。
　2分経ったら合図がある。合図で即座に話をやめなくてもいいが話すのを終わりにする。
③Bさん、Cさんが感情のカードを選ぶ。
　Bさん、Cさんは、話のなかにあったAさんの感情を推測し、感情のカード（黄色枠）から3枚くらい選び、場に出してAさんに見せる。
④Aさんが感情のカードを選ぶ。
　Aさんは、Bさん、Cさんが選んだカードから自分の気持ちにあっているカードを選ぶ。Bさん、Cさんが選ばなかった、残りのカードも見て、あうものがあったら選ぶ。

ポイント）急がず間をとって行う。カードを眺めながら、カードに書かれた気持ちが自分にあるか、しっくりくるか実感で確かめる。
　そのようにして3枚に絞る（より近い、あるいはより強いものを選ぶ）。
⑤Bさん、Cさんがニーズのカードを選ぶ。

228

第16章 「いまここ」の体験を言葉にするとは？

　　Bさん、Cさんは、感情のカード（黄色枠）1枚にたいしてニーズのカード（水色枠）を2枚選ぶ。Aさんがそういう感情を覚えたのは、どういうニーズがあった（満たされた／満たされていなかった）からだろうかと推測する。

⑥Aさんがニーズのカードを選ぶ。

　　Aさんは、ニーズのカードを3枚に絞る（④と同様の手順で）。

⑦Aさんがその3枚を味わう。

　　Aさんは、間をとって3枚をゆっくり眺める。Bさん、Cさんは黙って静かに見守る。

⑧いまの体験を3人で振り返る。

　　ワークは自分にとってどんな体験だっただろうか。素朴な感想や、Aさんは自分にとってのカードを用いる意味（利点、あるいは難点）を話してみよう。

＊同様の手順で、Bさん、Cさんも体験する。

できる。また、感情やニーズが書かれたカードがたくさんあっても、しっくりくるカードがないことに気づいた人もいたかもしれない。われわれの気持ちは、カードに書かれた言葉以上に複雑なのである。

　聴き手としては、推測はあくまで推測にすぎず、話し手の気持ちは話し手に確かめてみなければわからないことを実感できるだろう。聴き手は、推測が外れていることがはっきりしたこと、話し手の気持ちがわかったことを喜ぼう。

4．フォーカシングの実例

　実際に筆者が、15分程度の時間で聴き手に聴いてもらいながら行ったフォーカシングを例として示す（表16-2）。聴き手は、その場にしっかりいてフォーカサーに耳を傾けながら、フォーカサーがフェルトセンスと表現を共鳴させる手伝いのために、聴いていて響いてくることを短く伝え返していた。加えて、聴きながらプロセスを感じており、そこから浮かんだ提案（〈　〉内）もフォーカサーに伝えている。フォーカサーが行ったこと、フォーカサーに起きたことを中心に記述した。

　フォーカシングするには、自分自身に無条件の積極的関心を向け、共感的に感じられることをすべて認め、審判的になったり変えようとしたり先へ急いだ

表 16-2　実例：あるうまくいっていない人間関係についてのフォーカシング

順序	概要
1	そのことを思い浮かべるとお腹に硬いしこりのようなものを感じた。
2	そこにとどまり感じ続けると、悲しい、がっかり、怒っているという情緒的質感があり、傷ついていることに気づいた。
3	すると怒りが火の勢いが増すように強くなり、その後悲しみが強くなった。
4	聴き手からの〈悲しみに忍耐強くいられるだろうか〉との自己共感を発揮する提案に、「悲しみがそのままいられる充分な心理的空間をやれるかは怪しい」と応えた。そして、悲しみがどんなふうに感じられているか言い表していくというアイディアが浮かんだ。
5	悲しみを感じてみると、濃い青の水の渦のイメージが浮かんだ。
6	そのイメージと事柄とのつながりを感じてみると、わかってもらえていないという想いと、がっかり感が浮かび上がってきた。
7	そのことをわかってイメージを感じることに戻ると、渦はエネルギーをもっていることに気づいた。
8	渦の周りが明るくなり、痛みはあるけれど、しこりはほぐれてきた。
9	聴き手からの〈ほぐれてきたことを感じながら、事柄を想ってみるのはどうか〉という提案を試みた。
10	二つのことが出てきた。一つは、理解してもらったり期待に応えてもらったりするためのきっかけが必要なこと。もう一つは、まだその準備はできていないが、許すこと。それらを受けとめた。
11	ほっとしたような、少しスッキリしたような、解放感、納得感を覚え、フォーカシングを終了した。

出所）フォーカサーは筆者、筆者作成。

りしない態度で穏やかに丁寧に感じていく必要がある。初心のうちは、この状態が保てなくなっていることにフォーカサーも聴き手も気づくことが難しく、苦しい感じやつらい感じのまま終了することがある。先の実例では、3のところで悲しみに圧倒されこの状態が危うくなる可能性があった。それを感じて聴き手は〈悲しみに忍耐強くいられるだろうか〉との自己共感を発揮する提案を行った。フォーカサーは、この提案をできそうにない感じがしたが、提案をきっかけに悲しみがどんなふうに感じられているか言い表していくというアイディアが浮かび、悲しみに圧倒されずにすんだ。

第 16 章　「いまここ」の体験を言葉にするとは？

5．カウンセリングにおけるフォーカシング

後期ロジャーズの共感

　ロジャーズは、フォーカシング・プロセスの発見とジェンドリンによる理論化を取り入れ、1980 年の著作『人間尊重の心理学——わが人生と思想で語る』（*A Way of Being*）では共感をカウンセラーのかかわりのプロセスとしてとらえ直している[10]。それは、次のようなことである。

- ・クライエントの主観的な世界に入り込み、クライエントが瞬間瞬間体験していることに敏感になり、本人もまだほとんど気づいていない意味まで感じとろうとする
- ・そして、自分が正確に感じとっているかどうかをクライエントに頻繁に確かめ、それにたいするクライエントの応答に導いてもらい、クライエントにぴったりとついていく
- ・また、そのようにして、クライエントが実感に注意を向け、より十分にそれが意味するところを体験できるように、そして、体験過程のなかで前に進んでいけるように助ける

　上述のような共感的傾聴は、クライエントのフォーカシング・プロセスを助け、クライエントが自己理解を深めたり気づきを得たり解決の道筋を見いだしたりすることに役立つ。それは、カウンセラーが、自分が促そうとしていることが何であるか体験的に知っていなければ行えず、フォーカシング・プロセスになじんでいる必要があるだろう。

フォーカシング指向心理療法

　ジェンドリンは、クライエントの体験的深さで起きる変化がカウンセリングを進めること、そして、それを支えるクライエントとカウンセラーの相互作用のあり方を『フォーカシング指向心理療法』をまとめている[11]。そのなかで彼は、さまざまな流派がさまざまに技法上で扱っている治療の道筋（感情、イ

231

メージ、認知、信念、記憶、夢、実際にやってみることなど）を、体験的に用いることを提案している。それは、簡潔に述べれば、クライエントにしっくりくるかどうか、そして、先に進んだという実感（体験的一歩）をともなうかどうかを指標とした統合的なやり方である。

注
（1）　田中秀男・池見陽「フォーカシング創成期の２つの流れ――体験過程尺度とフォーカシング教示法の源流」『Psychologist』関西大学臨床心理専門職大学院紀要、6、2016年、9–10頁。
（2）　Gendlin, E.T.,"The Experiential Response", in Hammer, E. (ed.), *Use of Interpretation in Treatment*, New York, Grune & Stratton, 1968, pp.208-227。
（3）　書誌事報は読書案内の②にあります。
（4）　2点のみ紹介します。アン・ワイザー・コーネル（大澤美枝子・日笠摩子訳、諸富祥彦解説）『やさしいフォーカッシング――身体は答えを知っている』創元社、2016年。読書案内内の③も参照にしてください。
（5）　ワークに関する留意点を記す。
　　・これらのワークは、教員がこの書籍をテキストとして用い授業のなかで実施する場合とフォーカシングやカウンセリングについて関心のある個人が自習することを想定している。
　　・ワークをする人の感じる力やその時々の心理的状況はさまざまである。誰かにたいして実施する場合には必ず、安全にワークをファシリテートするための学びや相手のことを思い起こし、安全に行えそうか実施者自身の実感でチェックし、必要な配慮や工夫を行ってほしい。いずれのワークもフォーカシングの理論や実践にもとづいており、実施者にはフォーカシングを体験的に学んでいることが望まれる。
　　・いずれのワークにも共通する安全を守るための最小限の約束を簡潔に記す。①ワークすることや振り返りでの発言などを自分にも人にも強いない、②守秘、③話の中身についての詮索や解釈をしない、④自分にも人にも批判をしない、⑤ワークにたいする感想ほかその場に出てくるどんな気持ちも否定せず認める。いずれのワークを実施する場合にも①〜⑤を明示し皆で共有する。詳しくは、日笠摩子「安全の約束」村山正治監修／日笠摩子・堀尾直美・小坂淑子・高瀬健一編『フォーカシングはみんなのもの――コミュニティが元気になる31の方法』創元社、2013年、9–10頁を参照。

第 16 章 「いまここ」の体験を言葉にするとは？

・個人で自習する場合は、本文で後述したように自身の実感でやってもよさそう
　か確かめてほしい。
（6）　デヴィッド・I・ローム「実習 1.1 GAP：地に支えられ気づいてここにいる」デ
　　　ヴィッド・I・ローム（日笠摩子・高瀬健一訳）『マインドフル・フォーカシング
　　　——身体は答えを知っている』創元社、2016 年、29-30 頁を筆者改変。
（7）　堀尾直美・日笠摩子「ポージング——William Hernandez "Teaching the
　　　pause" より」上掲『フォーカシングはみんなのもの——コミュニティが元気に
　　　なる 31 の方法』22 頁を筆者改変。
（8）　ビビ・サイモン、ロザ・ズビザリタ編（日笠摩子監訳、榊原佐和子・小坂淑
　　　子・高瀬健一・堀尾直美訳）「好きな人嫌いな人の実習」『フォーカシングの心得
　　　——内なる知恵の発見法』創元社、2016 年、24-25 頁を筆者改変。
（9）　ベアトリス・ブレイク「感情とニーズのポーカー——NVC の教え方を利用し
　　　てフォーカシングを教える」上掲『フォーカシングはみんなのもの——コミュニ
　　　ティが元気になる 31 の方法』30 頁と原哲也「対人支援者のための共感的コミュ
　　　ニケーション＃ 24」ワークショップ、2017 年 9 月 1 日をもとに筆者作成。
（10）　カール・ロジャーズ（畠瀬直子監訳）『人間尊重の心理学——我が人生と思想
　　　語る』創元社、1984 年。本文中の要約は原著の著者による訳にもとづいています。
　　　原著の書誌情報は次のとおりです。Rogers, C.R., *A Way of Being*, New York,
　　　Houghton Miffin Company, 1980, p.142。
（11）　E.T. ジェンドリン（村瀬孝雄・池見陽・日笠摩子監訳）『フォーカシング指向
　　　心理療法（上）——体験過程を促す聴き方』金剛出版、1998。E.T. ジェンドリン
　　　（村瀬孝雄・池見陽・日笠摩子監訳）『フォーカシング指向心理療法（下）——心
　　　理療法の統合のために』金剛出版、1998。

ワーク 16 - 4 で用いるカードの入手先　www.nakanishiya.co.jp/files/book/workcard.pdf

【読書案内】
①田村隆一「体験過程理論とフォーカシング」坂中正義編／田村隆一・松本剛・岡村
達也著『傾聴の心理学——PCA を学ぶ』創元社、2017 年。
　フォーカシングの理論（体験過程理論）がわかりやすく簡潔に説明されている。
フォーカシングを夢のワークに用いるやり方やフォーカシング指向心理療法について
も述べられている。
②ユージン・Ｔ・ジェンドリン（村山正治・都留春夫・村瀬孝雄訳）『フォーカシン
グ』福村出版、1982 年（原著 1978 年）。

233

ジェンドリンが一般市民向けにフォーカシングのやり方とそれを助ける聴き方について書いた本。

③村山正治監修／福盛英明・森川友子編『マンガで学ぶフォーカシング入門——からだをとおして自分の気持ちに気づく方法』誠信書房、2005 年。

親しみやすく、わかりやすくフォーカシングのやりかたを学べる本。フォーカシングにもとづくさまざまなワークも掲載されている。

参考文献

マルタ・スタペルツ、エリック・フェルリーデ（天羽和子監訳／矢野キエ・酒井久実代訳）『子ども達とフォーカシング——学校・家庭での子ども達との豊かなコミュニケーション』コスモス・ライブラリー、2010 年。

（堀尾直美）

第17章
あなたの悩みの原因はたんなる「思い込み」かもしれない?
論理療法で悩みを解消する

1. はじめに

　つらく苦しい悩みを抱えているとき、他者に相談するには勇気がいる。2015年の本田真大らの調査[1]によれば、悩みを他者に相談したことのある中学生418名のうち、学校の先生に相談した生徒は30名（約7%）であったという。他者に助けを求めにくいのは、児童生徒だけでない、教師もだ。学級運営や生徒指導の面でチーム援助が大切な学校カウンセリングにおいてなお、教師が他の教師に援助を求めることが難しい要因もある[2]。

ワーク17−1

他者に悩みを相談するのをためらってしまうのは、どのような気持ちがあるからだろうか。自分の経験を振り返って考えてみよう。

....

....

....

　他者に弱みを見せることが恥ずかしい、他者に迷惑がられたり嫌われたりしたくない、など、他者からの評価を気にしてしまうことが多かったのではないだろうか。
　では他者の手を煩わせずに自分の力で解決できないだろうか？　本章では、悩みに立ち向かうために自分の力、特に「考える力」、少し砕けた言い方をすれば「自分にツッコむ力」を活用する論理療法を紹介したい。論理療法とは、いま日本で行われているカウンセリングスタイルの一つである認知行動療法の一部分をなす理論である。

先に申し上げておくが、論理療法によってあらゆる悩みが自分の力だけで解決できるわけではない。当然、他者に助けを求めることが必要な場面も出てくる。その場合でも、論理療法をつかって悩みをとらえ直すことによって、他者に助けを求めるべきであるという判断が適切に下せるようになるだろう。

２．認知とは

スキーマ

　認知とは、外界の事象、目や耳から入ってくる情報のとらえ方のことである。論理療法では、人の悩みは、この認知のゆがみによって生じていると考える。置かれた状況が同じでも、認知が違えば、それが苦痛をともなう悩みとなるのか、はたまた、自分を成長させてくれる糧となるかも違ってくるというのだ。シンプルな例を挙げてみよう。図17－1をみてほしい。

　上段の「13」と、下段の「B」はじつは同じ形でありながら、前後を数字に挟まれると「13」に見えやすく、前後をアルファベットに挟まれると「B」に見えやすい。

　このような認知の違いは、スキーマによって生まれる。スキーマとは、認知するときの心構えのことである。平たくいえば、思い込み、といってもいいかもしれない。文字列を見たときに「英語だな」と心構えることを、「英語読みスキーマ」が働く、などと表現する。

　スキーマは、文字を読むときだけでなく、日常生活のあらゆる場面で働いている。たとえば、大学で授業を受けるときに働くスキーマもある。学生たちは、教員が教室に紙束をもってきて、受講生の席の最前列に置く場面を見る。すると「大学で授業を受けるスキーマ」が学生たちのなかで働き、紙束は今日の講義で使う配布物であると認知し、誰からともなく紙を1枚ずつ取っていく。も

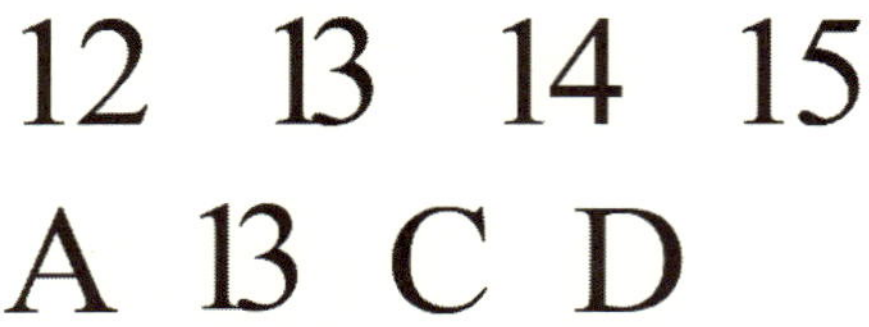

12　13　14　15
A　13　C　D

図17－1　スキーマによる文脈効果

第 17 章 あなたの悩みの原因はたんなる「思い込み」かもしれない？

しこれが、講義以外の時間であったとしたら、最前列に置かれた紙束を配布物だと認知することはなく、紙束を無断で取っていくことは起こらないだろう。あるいは、教員が自分の勉強用に図書館でコピーしてきた資料かな、などと想像することもできるかもしれない。しかし、「大学で授業を受けるスキーマ」がいったん働くと、このような他の可能性を想像しにくくなってしまう。

── ワーク 17 - 2 ──

思い込みによって物事を決めつけてみてしまうことには、ほかにどのような例があるだろうか。

....

....

....

どのような例があっただろうか。「試験勉強は面倒だ、という思い込みがあったが、実際に勉強を始めてみたら楽しかった」など、思い込みがあってもそれが裏切られた経験を思い出した人もいるかもしれない。

認知とのストレス関係

人が状況をどう認知するかは、その人がもともともっているスキーマに依存して決まってくる。状況とそれにたいする認知によって、人が日常的に感じるストレスを説明したのがラザルス（Lazarus, R., 1922-2002）のストレスモデル[3]である。このモデルによれば、同じ出来事であっても、それをストレスと感じるか感じないかは人によって違う。出来事にたいする認知が違うために、感じるストレスもまた異なるのだと考えている。

たとえば、ある生徒が学校の部活ではじめて部長を任されることになったときのことを考えてみよう。まず生徒は、この出来事がストレスになるかを判断する。これを一次的評価という。一次的評価は、当人がそれまでにしてきた経験や、もっている価値観にもとづいて行われるため、個人差がある。生徒がこれまでに他の委員長や係の長を任され成功した経験があり、部長を引き受けても成功できると予測できる場合には「ストレスでない」と感じるかもしれない。逆に、過去に委員長として苦労した経験があり、部長になることでまた苦労す

237

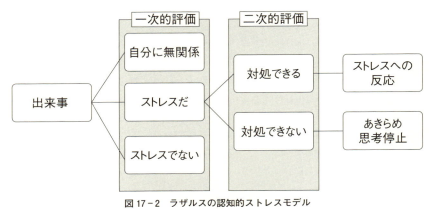

図17-2 ラザルスの認知的ストレスモデル

出所）著者作成。

ると考えてしまう場合には「ストレスだ」と感じるだろう。このような過去の経験や価値観にもとづく一次的評価は、非意識的に行われると考えられている。さきほど紹介したスキーマのような、普段からの心の構えによって、目の前の出来事にストレスを感じるかどうかが、とっさに評価されるのである。

　ストレスを感じると判断すると、次は、それに対処できるかを考える。この過程を二次的評価と呼ぶ。自分が部活をもっと頑張りたい気持ちが強ければ、苦労するかもしれないが克服していきたいと考えるかもしれない。あるいは、仲間からの強い推薦があるなど、苦労を克服できる見通しが立てば、引き受けようと覚悟を決めるかもしれない。逆に、対処できないと考えれば、かなり困惑し、それが悩みとなって心に苦痛をもたらすことになる。

　つまり、このラザルスのストレスモデルでは、同じ出来事であっても人によって感じ方が違うのは、その人がこれまでの人生で形成してきた、物事にたいする自動的な考え方（一次的評価）、そして、それにどう対処できるかの見通し（二次的評価）が異なるためだと考える。シェイクスピアのハムレットの有名な一節にある「良し悪しが存在するのではなく、考えがそれを決めるのである（there is nothing either good or bad but thinking makes it so）」の考え方と共通している。これから紹介する論理療法は、出来事をストレスと感じさせる原因となる、出来事にたいする認知にアプローチする手法である。

3．論理療法[4]

　ラザルスの理論よりもおよそ20年前にあたる1958年、ラザルスのストレスモデルと似た考え方にもとづいて心理療法を提唱した人物がすでにいた。エリス（Ellis, A., 1913-2007）である。彼は、ストレスや悩みを感じさせる原因は、出来事そのものではなく、出来事にたいする認知であると考えた（出来事にたいする認知を、エリスは「信念（Belief）」と呼んだ）。人がもつ信念は多様で、すべてが筋のとおった合理的なものとは限らない。なかには、その人を苦しめ悩ませるような不合理な信念（irrational belief）があり、これがストレスを生じさせているという。不合理な信念を変えることこそが悩みを解消することだという論理療法を提案した。

不合理な信念

　信念とは、第2節で述べたスキーマに相当するような、その人の経験や価値観にもとづく非意識的な考え方を指している。たとえば定期試験をストレスだと感じる生徒と感じない生徒がいるとする。彼らの違いは、定期試験があるかどうか、ではない。定期試験にたいする考え方、すなわち信念の違いにある。一般に、定期試験に対してもつ信念には、たとえば以下のようなものがある。

　　①「100点をとらなければ、勉強する意味がない」
　　②「悪い点をとると、友人からバカにされる」
　　③「前回の試験で失敗したから、今回も失敗するかもしれない」
　　④「100点をとるに越したことはない」
　　⑤「悪い点をとると友人からバカにされるだろうが、友情はなくならないだろう」
　　⑥「前回の試験で失敗したから、今回は反省を活かして、いい点をとれるはずだ」

　①～⑥のうち、①～③は不合理な信念と呼ばれるもので、このような考え方

をもつ人は定期試験にストレスを感じやすい。

ワーク 17-3

あなたは試験に臨むとき、どんなことを考えているだろうか。それは、どのような信念にもとづいているだろうか。

　試験にたいする自分の考えと信念をあぶりだせただろうか。①～⑥のような試験そのものへの思い込みだけでなく、たとえば「試験が終わったら友達とカラオケに行こう」という前向きな考えもありうる。この考えの裏には、自分が試験を満足に終えられるという自信、あるいは、試験勉強のあとはストレス発散のために遊びたくなるはずだ、という信念があるかもしれない。

　不合理な信念の特徴は、「ねばならない」思考と呼ばれるような、強すぎるこだわりである。その特徴は、完璧主義、柔軟性に欠ける、事実に即していない、論理的でない、客観性に欠ける、などが挙げられる。

　①「100点をとらなければ、勉強する意味がない」は、少しもミスが許されないという完璧主義である。また、○○でなければ意味がないというのは、全か無かという極端な思考で、柔軟性のない信念である。

　②「悪い点をとると、友人からバカにされる」は、必ずしも事実に即した信念ではない。友人がバカにするかどうかは、悪い点をとってみないとわからないはずである。

　③「前回の試験で失敗したから、今回も失敗するかもしれない」は、悪いことが起こるのは、いつも・何でも・自分のせいだと考える悲観主義的な信念である。学習した範囲が違えば前回と同じ問題がでるわけではないし、自分の実力も前回と同じとは限らない。一つの悪いことを過度に汎化させる悲観主義的な信念は、ストレスを感じさせやすい。

　一方で、④～⑥は合理的な信念と呼ばれる考え方である。④は、①でみられたような完璧主義的な考え方ではなく、あくまで「～に越したことはない」と目標として掲げるにとどめている点が合理的である。⑤⑥は、②③の不合理な

240

第 17 章　あなたの悩みの原因はたんなる「思い込み」かもしれない？

信念と同じように、友人からバカにされることや、今回も失敗するかもしれないことを想定している点は共通である。しかし、⑤はバカにされたその先に破滅的な未来がないことを確信している点、⑥は前回起こった悪いことをひきずらない対策をしようという前向きな考え方である点、がそれぞれ合理的な信念といえよう。

　ただし、ここで注意しておかなければならないのは、不合理な信念を掲げることが、一見、正しく立派にみえることである。たとえば、不合理な信念である①「100点をとらなければ、勉強する意味がない」は、絶対に100点をとりたい、99点では納得しないという強い気持ちの表れとも考えられる。一流のスポーツ選手のなかにも、大きな目標をマスメディアの前で口にすることで自分を鼓舞し、大舞台で活躍する人がいる。しかし、高い目標を目指し続けるためには、息切れしないようなタフな精神力が必要となる。さらに、争う相手がいたり序列がつくような物事の場合は、目標をつねに達成し続けることは、よほどの能力がない限りは不可能である。人間の精神力や能力には限界があるのがふつうであるから、目標を達成できない場合も当然ある。目標を達成できないことで、落ち込んだり、やけになったり、無気力になることもありうる。したがって、強い気持ち、大きな目標を掲げるときには「（100点をとら）ねばならない」という不合理な信念のかたちではなく、「（100点をとる）に越したことはない（が、100点に満たない場合もある）」という合理的な信念のかたちで心に置いておくのがよいだろう。

　これまでみてきたように、不合理な信念をもつことで、出来事が悩みの種であるかのようにみえてくるのである。では、不合理な信念は、どう変えていくことができるのだろうか。

ABC モデル

　論理療法では、人が出来事を悩みの種ととらえ、不合理な信念がそれを生じさせている様子を ABC モデル[5] として表す。

　A（Activating events、悩みを誘発する出来事）は adversity と書かれることもあるように、つらい状況、逆境である。B（Beliefs、信念）は、出来事に対する認知である。C（Consequences, 結果）は、出来事 A に対して信念 B をも

241

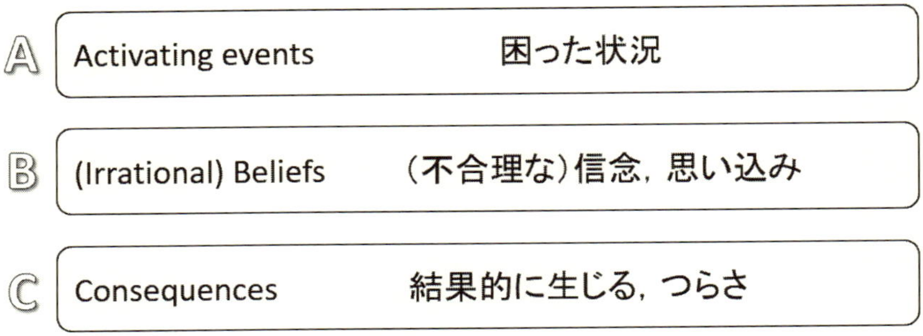

| Ⓐ | Activating events | 困った状況 |

| Ⓑ | (Irrational) Beliefs | （不合理な）信念，思い込み |

| Ⓒ | Consequences | 結果的に生じる，つらさ |

図 17-3　ＡＢＣ図式

出所) 著者作成。

つ結果であり、つらさ、不安などのネガティブな感情である。

　日常的には、人がストレスを感じるときは、出来事Ａ→つらさＣと考える
だろう。「定期試験があるから、憂鬱だ」「部活で部長を任されるから、つらい」
というように、出来事がストレスを生じさせていると信じる人が多い。だから
出来事Ａが起こってしまった以上、つらさＣを変えることはできないとあき
らめてしまう。しかしエリスは、出来事Ａに対する信念ＢこそがつらさＣを
生じさせている原因であると考える。先ほどと同じく定期試験の例でいえば、

　　A：定期試験が１週間後に迫っている
　　→　C：焦る、不安になる

と考えるのではなく、ＡとＣの間に入るＢを考え、

　　A：定期試験が１週間後に迫っている
　　→　B：死ぬ気で勉強しなければ間に合わない
　　→　C：焦る、不安になる

　と、とらえるのだ。このとき、信念Ｂは、一つとは限らない。たとえば、
「死ぬ気で勉強しなければ間に合わない」「間に合わなければ落第してしまう」
「落第すると親に迷惑をかけてしまう」というように、複数のＢが連鎖したり、
絡まりあっていることもあるだろう。信念Ｂに何が入るのか、普段あまり考

242

第17章 あなたの悩みの原因はたんなる「思い込み」かもしれない？

えたことがないうちは、ピンとこないかもしれない。何度か練習してみると、慣れてくるだろう。

Bを考えるときのコツの一つは、成績が悪いことによって、次に何が起こるかを細かく分割して考えてみることだろう。成績が悪いことで影響を受けるのは誰か？その影響が、どのように自分にかえってくるか？など、自分の周囲の人の顔を思い浮かべて考えてみよう。今回の例であれば、たとえば家族の顔を思い浮かべれば「家族は自分の高得点を期待しているはずだ」「家族の期待を裏切ってはいけない」、塾の先生の顔を思い浮かべれば「塾の先生からは有能な生徒だと思われなくてはならない」「成績が上がらなければ塾をやめなくてはならない」などが出てくるだろう。

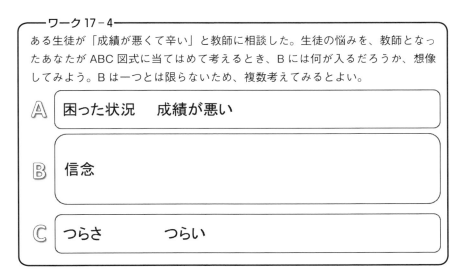

Disputation：反論と Effective new philosophy：効果的な新しい人生哲学

ここまでで、つらさCの原因は、出来事Aにたいする認知、すなわち信念Bであることがわかっただろう。そもそも、起きてしまった出来事Aをなかったことにはできない以上、出来事Aについて悩んでいても仕方のない場合もある。それよりも、自分の内側にある信念Bを変えることで、つらさCを減らせるとすれば、何とかして信念Bを変えたいと考えるだろう。そこでエリ

スは、信念Bを変えるために、ABCモデルに、DとEを加えることを提案している。

DはDisputation、反論、反駁という意味である。反論Dは、不合理な信念Bがつらさを引き起こすもとになっていることを相談者自身に気づかせることから始める。そして、不合理な信念Bがいかに論理的でないか、柔軟性に欠けるか、事実に即していないかということを突き詰め、反論していくのである。

反論Dを考えるためには以下四つの視点が有効であろう。

①合理的信念のかたちに言い換える：「～ねばならない」を「～に越したことはない」に言い換えられるか？
②客観的な証拠はあるか？
③別の考え方ができないか？
④思い込みが本当だったときに何が起こるか？

先ほどの例でいえば

　　A：定期試験が1週間後に迫っている
　→　B：死ぬ気で勉強しなければ間に合わない
　→　C：焦る、不安になる

のBに対する反論Dは

①「死ぬ気で勉強するに越したことはない」と言い換えてみる
②試験範囲となっている教科書のページ数を数えてみたことがあるか？
③死ぬ気で勉強した結果、何か得られるものがあるのではないか？

244

第17章　あなたの悩みの原因はたんなる「思い込み」かもしれない？

④もし間に合わなかったら、どんな恐ろしいことが起こるか？

などが考えられる。

これらの反論Dの先には、EとしてEffective new philosophy、効果的な新しい人生哲学を考える。哲学というと大げさに聞こえるかもしれないが、つまりは、反論Dにたいする回答である。たとえば、

②教科書のページ数は15ページしかない。5日で間に合いそうだ
③このピンチを乗り切れれば、部活でも踏ん張りがきくようになる
④もし間に合わなくても、0点を取るほどではないだろう

などが挙げられるだろう。

┌─**ワーク17−5**─────────────────────────
│ワーク17−4で考えた信念Bについて反論のための四つの視点を参考にしなが
│ら一つひとつ反論してみよう。
│
│⋯⋯⋯⋯⋯⋯⋯⋯⋯⋯⋯⋯⋯⋯⋯⋯⋯⋯⋯⋯⋯⋯⋯⋯⋯⋯⋯⋯⋯⋯⋯⋯⋯⋯⋯⋯⋯⋯
│
│⋯⋯⋯⋯⋯⋯⋯⋯⋯⋯⋯⋯⋯⋯⋯⋯⋯⋯⋯⋯⋯⋯⋯⋯⋯⋯⋯⋯⋯⋯⋯⋯⋯⋯⋯⋯⋯⋯
│
│⋯⋯⋯⋯⋯⋯⋯⋯⋯⋯⋯⋯⋯⋯⋯⋯⋯⋯⋯⋯⋯⋯⋯⋯⋯⋯⋯⋯⋯⋯⋯⋯⋯⋯⋯⋯⋯⋯
└──────────────────────────────────

ワーク17−4の例で挙げた「家族の期待を裏切ってしまうはずだ」という例であれば、

①「家族の期待を裏切ってはいけない」を「家族の期待を裏切らないに越したことはない」と言い換える。
②家族から直接「期待しているぞ」などと明言されてはいないことを思い出す
③自分がつねに優秀な成績をとれるわけではないことを受容してもらうチャンスだ、と考える
④もし家族の期待を裏切ったとしても、家族の一員から外されるわけではない、と安心する

245

などが考えられるだろう。

　このように反論できれば、相談者自身の悩みが軽くなる第一歩である。エリスはここからさらに、相談者が合理的な信念にもとづいて行動できるような手法をいくつか提案しているが、ここでは紙幅の都合上一つだけ述べて終わる。その一つは、エリス自身が体験した羞恥心克服エクササイズ[6]である。若かりしころのエリスは非常に内気で、人前で話すことが苦手だったという。これを克服するために、19歳の夏、ニューヨークにあるブロンクス植物園で、ベンチに1人で座っている100人の女性に話しかけることを自らに課した。その結果、130人に接近し、30人に逃げられたが、100人の女性と話すことに成功した。100人のうち1人はデートの約束までしてくれたが、結局デートの日には現れなかったという。しかしエリスは大きな成果を得た。女性は誰もその場で嘔吐しなかったし、警察を呼ばなかったことを確認できたことだ。この体験は、エリスがもっていた不合理な信念「女性に話しかけると逃げられる、何か大変なことが起こる」にたいして、女性に話しかけても何ひとつ最悪な事態は起きないという反証を与え、エリスの羞恥心を克服させることとなった。

── ワーク 17−6 ──

羞恥心克服エクササイズとして、ほかにどのようなものがあるだろうか。「晴れている日に傘をさす」「コンビニでアイスを温めてもらう」など、自由に考えてみよう。

　ただし、ここで案を挙げてもらったエクササイズを実践する前には、誰かに相談するなどして、突飛な行動をとることのないように十分に留意してほしい。エリスは女性から嘔吐されなかったとしても、現代日本では不審者として警察に通報されることもあるかもしれない。仲の良かった友人からも、突飛な奴だと距離を置かれる可能性もある。もし実践する場合は、自分以外の人に迷惑をかけない範囲にとどめること。

第17章　あなたの悩みの原因はたんなる「思い込み」かもしれない？

---ワーク17-7---

以下のワークシートを埋めながら、自分の悩みを論理療法の考えに沿って理解してみよう。シートの各欄は、以下の順番で記入するとよい。

あなたの悩み

A　困った状況（ニュースのように事実だけを書く）

B　信念（「〜ねばならない」「〜してしまった、もう終わりだ」など）

C　つらさ（出来事に遭遇した瞬間の気持ち）

D ▷ E　反論と、得られる新しい人生哲学

①A：困った状況

　ここでは悩んでいることをニュースのように客観的な言葉で書く。自分の主観的な判断が混じるような修飾語（「ひどい事件が起きた」、「嫌な友達が現れた」の下線部のような言葉）が入らないように注意する。

②C：つらさ

　Aの状況に置かれたとき、自分がとっさに感じた気持ちを書く。「ムカついた」というおおざっぱな言い方だけでなく、「悔しかった」「寂しかった」「切なかった」「見捨てられたと思った」など、感情を表す言葉をなるべくたくさん書くことで、気持ちがはっきりしてくる。

247

③B：信念

　なぜ A から C が生じたかを客観的に分析し、自分の信念を想像して書いてみる。3 の「不合理な信念」の項を参考にし、自分のなかの「～するはずだった」「～になってはいけない」などの思い込みをいくつも想像し、書いてみよう。

④D と E：反論と得られる新しい人生哲学

　B の信念に対して、第三者の目線で反論してみよう。3 の 3「Disputation：反論と Effective new philosophy：効果的な新しい人生哲学」、反論のための四つの視点を参考にし、「物事がつねにうまくいくはずがない」「皆が自分を喜ばせようと考えてくれるはずがない」など、B の一つひとつを言い負かしていく。

　さらに E では、反論 D によって得られる新しい考え方を具体的に書いていく。「物事がつねにうまくいくはずがない」という反論 D に続けて、「だから今回はたまたまうまくいかなかったのだ」「一度うまくいかないことを恥じる必要はない」など、自分に言い聞かせるような口調で、考え方を説明する。

4．おわりに

　本章では、認知行動療法の基礎になった論理療法について紹介した。元来の論理療法は、カウンセリングの場面でカウンセラーと二人三脚で進めるものとして考えられている。しかし、第 1 節で述べたように、他者に悩みを相談できないときは、自分で進めていくこともできるだろう。悩みを生み出している自分の信念 B を見つけだし、それに自分で反論するというのは、まさに「自分にツッコむ」ことにほかならない。

　ただし、論理療法の向かない場合もあることに注意してほしい。たとえば考えても仕方がないとわかっていながらも他人に悩みを話したいだけの場合は、反論などせず話だけ聞いてもらうほうがよいこともあるだろう。あるいは、論理的に物事を考えることが好きでない場合、理詰めで論駁していくことで気持ちが追い詰められてしまう場合もあるかもしれない。

　思春期には、他者に相談することはもちろん重要であるが、1 人で悶々と考え続けるしかない悩みもあるだろう。それがもし、答えを出さなければならない悩みならば、この論理療法が、悩みを効率的に解きほぐすヒントになれば幸

第17章 あなたの悩みの原因はたんなる「思い込み」かもしれない？

いである。

注

（１） 本田真大・新井邦二郎・石隈利紀「援助要請行動から適応感に至るプロセスモデルの構築」『カウンセリング研究』第48巻、2015年、65–74頁。

（２） 水野治久「第4章 チーム援助を学校に定着させる——教師の被援助志向性から考える」水野治久『子どもと教師のための「チーム援助」の進め方』金子書房、2014年、43–52頁。

（３） リチャード・S・ラザルス、スーザン・フォルクマン（本明寛・春木豊・織田正美監訳）「第2章 認知的評価のプロセス」『ストレスの心理学——認知的評価と対処の研究』実務教育出版、1991年、25–52頁。

（４） 石隈利紀「第4章 論理療法の哲学・理論・技法」日本学生相談学会編『論理療法にまなぶ』川嶋書店、1989年、31–59頁。

（５） Ellis, A.,"The revised ABC's of rational-emotive therapy（RET）," *Journal of Rational-Emotive and Cognitive-Behavior Therapy*, 9, 1991, pp. 139–172.

（６） 石隈利紀「第4章 論理療法の哲学・理論・技法」日本学生相談学会編『論理療法にまなぶ』川嶋書店、1989年、34–35頁。

【読書案内】

①マイケル・ニーナン、ウェンディ・ドライデン（石垣琢磨・丹野義彦監訳）『認知行動療法100のポイント』金剛出版、2010年。

　論理療法は、認知行動療法というより大きな理論の中核に位置づけられている。この本のPart1では認知行動療法の基礎理論を学ぶことができ、Part2では認知行動療法の誤解されやすい点についてわかりやすく解説してある。

②小山望・早坂三郎監修『人間関係ハンドブック』福村出版、2017年。

　人間関係について広くまとめられた本であり、特に第4章「教育と人間関係」が参考になるだろう。第7章には認知行動療法以外のカウンセリングアプローチについてもまとめられている。

③シルビア・レーケン（岡本朋子訳）『内向型人間のための人生戦略大全』CCCメディアハウス、2014年。

　エリスが内向的な自分の性格を修正しようと試みたように、内向的な人は外向的な人よりも活躍しづらいと考える人もいるかもしれない。しかし近年は世界的に成功を収めた人には内向的な人が多いことが指摘されており、この本には内向的な人の長所

を活かして社会で活躍するための秘訣が書かれている。

参考文献

日本学生相談学会編『論理療法にまなぶ』川嶋書店、1989 年。

小山望『わかりやすい臨床心理学入門』福村出版、2010 年。

丹野義彦監訳『認知臨床心理学入門――認知行動アプローチの実践的理解のために』東京大学出版会、1996 年。

市川寛子「第 10 章　なんだかいやな気持ち――ストレスと心の病気」金沢創・市川寛子・作田由衣子『ゼロからはじめる心理学・入門』有斐閣、2015 年。

（市川寛子）

第18章
「個人」の「問題」にとらわれないカウンセリングとは？
もののの見方・かかわり方の工夫

１．ブリーフセラピー

　運動をしていて怪我をしたとき、私たちはどうするだろうか。傷があれば、傷口の消毒をして絆創膏を貼るかもしれない。痛みが酷い場合には病院に行き、レントゲンなどにより、骨折しているかどうかを確認し、必要な処置をうけるだろう。では、携帯電話やスマートフォンが故障したらどうやって直すのか？修理のプロたちはきっと、故障の原因を探しだし、壊れたところを直すか、新しい部品に交換するだろう。私たちの周りには、問題の原因を探し出して、その原因をなおす（治す・直す）ことで解決する問題がたくさんある。

　しかし、実生活のなかで生じる悩み事や、メンタルヘルスの問題は、何が原因かをつきとめようがない場合や、原因だと考えられることがたくさんある場合、原因がまったくわからない場合も少なくない。原因がそのまま問題に直接つながっていない場合や、すでに原因はなくなっている場合、さまざまな出来事が影響しあっている場合もあるかもしれない。

　このように考えたとき、ブリーフセラピーの要素が役に立つことになるだろう。ブリーフセラピーにはさまざまな理論や技法があるが、今回は解決志向アプローチとシステムズアプローチの二つの理論を中心に、学校カウンセリングで教師や児童生徒に役立つという観点からその要点を紹介する。

２．解決志向な考え方

　「これから変わった質問をします。今晩あなたが帰宅して、床につくと思ってください。あなたが眠っている間に、奇跡が起こるとします。今日あなたが

相談にこられた問題が解決するという奇跡です。でもあなたは眠っているので、奇跡が起きたことがわからないのです。明日の朝、あなたが目覚めてから、奇跡が起きて問題が解決したことに気づく、最初の事柄はどんなことでしょうか？　どのような違いから、問題が解決したことがわかるでしょうか？」

　これは「ミラクル・クエスチョン」と呼ばれている解決志向アプローチの代表的な質問である。クライエントにたいしてこのような質問をすることで、クライエントが希望していることや、クライエントにとって重要なことが具体的にイメージされることにつながる。解決志向アプローチでは、さまざまな質問や、その前提となるカウンセラーの考え方・姿勢からのかかわりをとおして、将来や解決に焦点を当てた会話がクライエントとの協働で展開されていく。

　これから解決志向な考え方になじんでいくために、次の簡単なワークを体験してみたい。この数週間で起こった「嬉しい」「ホッとした」「いい気分になった」ような出来事を探してみよう。大きな出来事でなくていいので、ちょっとした、ささやかな出来事を探し、書き出してみよう。

── ワーク 18－1 ──

1－1.　この数週間の間で、「嬉しい」「よかった」「安心した」「たすかった」「いい気分になった」という、ちょっとした出来事を探してみよう。そして、2〜3人組になって、それらを共有してみよう。

....

....

1－2.「1」で挙げた出来事のうち一つを選んで、その出来事が起こった理由・原因を探してみよう。その出来事が起こったのは、あなたが何をしたからだろうか。あなたが何をもっているからだろうか。

....

....

　どうだろうか。すぐには思いつきにくかったかも知れないが、些細なことでもいいと割り切ってみると、いくつかは見つけることができたのではないか。また、他者の話がヒントになって思い出したこともあっただろう。このようにあらためて探してみると、普段は気づかないような小さな幸せやうまくいっていることが、私たちの生活にはたくさんあることに気づく。

第18章 「個人」の「問題」にとらわれないカウンセリングとは？

しかし、普段の生活のなかで、嫌なことや落ち込んだことを探し続けていると、なかなか嬉しいことは見つかりにくいものである。ほんの少し見方を変えるだけで、ずいぶんと世界は変わることもある。

問題志向と解決志向

数学で計算問題を間違えた場合には、どこで計算を間違えたのかを探し出すことで、正しい答えにたどり着くことができる。しかし、数学が嫌いな生徒について、どうして嫌いなのかと原因を探ってみたとしても、数学が好きになるとは限らない。クラス替えのたびに新しい環境になじむことに苦労する生徒も「どうしてなじめないのか？」と原因を考えてみても、スムーズな問題解決にはつながりにくい。このようなものの見方や考え方を、ここでは問題志向と呼ぶことにする。問題志向で取り組んでいると問題が解決しにくい場合があるだけでなく、あれこれと自分の欠点や過去の失敗などを思い出して、すっかり自信をなくしてしまう可能性も考えられる。

そのような場合には特に、解決志向で取り組んでみることでスムーズに変化が起こることが多い。解決志向とは、「どうなりたいか？」「どんなときはうまくやれているか？」など解決のイメージについて考えたり、問題が起こっていないとき（これを「例外」という。詳しくは後述する）を探したりする対応である。

```
━━ワーク 18−2━━
困っていることを解決志向でとらえてみる
2−1．大学生活を送っているなかで、うまくできずに困っていることは？（例：
レポートなど課題の取り組みを先延ばしにしてしまう）
┄┄┄┄┄┄┄┄┄┄┄┄┄┄┄┄┄┄┄┄┄┄┄┄┄┄┄┄┄┄┄┄┄┄┄┄┄┄┄┄┄┄┄┄┄┄┄┄
┄┄┄┄┄┄┄┄┄┄┄┄┄┄┄┄┄┄┄┄┄┄┄┄┄┄┄┄┄┄┄┄┄┄┄┄┄┄┄┄┄┄┄┄┄┄┄┄

2−2．それがどうなれば「大丈夫だ」と思えるか？　どんな状態になればよい
と思えるかを考えてみよう。（「何がいけないのか？」を考えるのではなく）
┄┄┄┄┄┄┄┄┄┄┄┄┄┄┄┄┄┄┄┄┄┄┄┄┄┄┄┄┄┄┄┄┄┄┄┄┄┄┄┄┄┄┄┄┄┄┄┄
┄┄┄┄┄┄┄┄┄┄┄┄┄┄┄┄┄┄┄┄┄┄┄┄┄┄┄┄┄┄┄┄┄┄┄┄┄┄┄┄┄┄┄┄┄┄┄┄
```

───ワーク 18－3───
困り事や悩み事について、問題志向で考える場合と解決志向で考える場合では、どのように違うだろうか？　話し合ってみよう。

....

....

解決志向な考え方・姿勢

　次に、解決志向アプローチの基本的な考え方について、その一部を紹介していく。

　①変化は絶えず起こっており、必然である。

　②小さな変化が大きな変化につながる。

　本人が気づいていなかったとしても、変化はつねに起こり続けているのだと考える。また、一つの小さな変化はさまざまな方向に影響をおよぼして波及していく。それが大きな変化につながるのである。①②いずれも単純だが重要な考え方・姿勢である。

　③クライエントは彼らの問題を解決するためのリソース（資源）をもっている。

　リソースとは、解決のために役に立つもののことである。その人の長所・特技や持ち味などと考えるとイメージがしやすいだろう。これまでのさまざまな体験（厳しい部活、大変な受験勉強）を何とかやってこられたのは、あなたが何をもっているからだろう？　いま現在の生活（大学生活、アルバイトなど）を続けることができているのは、あなたにどんなリソースがあるからだろう？まずは身近な人物から始めて、リソース探しをしてみよう。

───ワーク 18－4───
リソース探し
4－1.　友人や家族など親しい人のリソースを探してみよう。

....

....

4－2.　自分自身のリソースを探してみよう。

....

....

④例外を探す。

例外とは、問題に関する例外のことである。つまり、問題が起きていないときや、いつもよりも問題が軽いとき、あるいはうまくいっている状態などを指す。悩み事について考え込んでいるとき、私たちは問題や困り事がいつも起こっていて、自分はその苦痛の真っ最中にいると感じ取りやすい。しかし実際には、本人が見落としていたり、重要視していないだけで、すでにうまくいっているときや問題が軽くなっているときが必ずあるものなのだ。

⑤クライエントが専門家である。

クライエントは問題の解決に必要なリソースをもっているだけではない。クライエントの生活について、どんなことで困っていて、どうなったらよいのかを知っているのはカウンセラーではなくクライエント自身なのである。カウンセラーはカウンセリングについての専門家であり、クライエントはクライエントについての専門家である。そのため、カウンセラーはクライエントから教わりながら協働で変化をつくっていくことになる。

3．解決志向なかかわり方

前節の冒頭で示したミラクル・クエスチョンのほかにも、解決に向けた有効な質問がある。それらについて紹介していく。

アウトカム・クエスチョン

ミラクル・クエスチョンと同じように、問題が解決した状態について尋ねる質問である。「この相談で、どんなことが得られたらいいですか？」「もう大丈夫だと思えるころには、いまとどんなところが違っているでしょうか？」などと質問することができる。カウンセリングを進めていくうえで、解決のイメージをもつことは非常に役に立つ。

例外を探す質問

クライエントが望む解決のイメージが共有できたら、以下のような質問をすることができる。「そのような状態（解決のイメージ）に少しでも似たような

ことは、最近どんなときに起こりましたか？」「最近で、ほんの少しでも問題がそれほどひどくなかったのは、いつでしたか？　そのときのことを詳しく教えてもらえますか？」などである。このようにして、クライエントが例外（すでに起こっている解決）を見つけることを支援するのである。

コーピング・クエスチョン

　これまでにクライエントが行ってきた行動について尋ねる質問である。たとえば例外について語られた場合には、「どんな工夫をしたのですか？」「何をしたのがよかったのでしょうか？」と尋ねることで、クライエントがすでに実行している解決のための行動や工夫が明確になる。

　あるいは、「そんなにも大変なことがあるのに、これまでいったいどうやって何とかやってこられたのですか？」などの質問により、クライエントのリソースを見いだすことにつながる。

━ワーク18−5━

ワーク18−2で取り上げた「困っていること」について、この三つの質問を用いてみよう。
3人組になって、質問をする人、質問を受ける人、観察する人になって体験してみよう。時間があれば、役割を交代して全員が体験してみよう。

コンプリメント（ねぎらい・称賛）

　クライエントの努力や工夫、うまくいっていることについて、ねぎらいや称賛の気持ち・言葉を伝えることをコンプリメントと呼んでいる。クライエント

━ワーク18−6━

自分にコンプリメントしてみよう。ワーク18−5の相手にコンプリメントしてみよう（たっぷりと）。

256

第18章 「個人」の「問題」にとらわれないカウンセリングとは？

が行っているポジティブな側面を確認することになり、彼らの希望や自信を強くすることにつながる。

　解決志向アプローチには、ほかにも重要な考え方や質問の仕方などがたくさんある。章末の読書案内や参考図書にある文献で理解を深めることができる。

4．カウンセリングは個人にたいして行うものか？

システムとは何か？

　さてここからは、学校カウンセリングにたいして、システムという観点から述べてみる。システムとは、「要素同士が相互作用しながら一定の動きを示す全体」のことであり、物事をセットでとらえる方法である。たとえば「OSアップデート」はオペレーティング・システム（OS）を改善するプログラムのことである。スマートフォンやパソコンを駆動するさまざまな仕組みのセットがオペレーティング・システムであった。

　ただし、システムはたんなるセットにとどまらない。ラーメンにライスを追加する。ラーメンセットである。セットで注文することで、ラーメン単品より口のなかにひろがる味わいと満足度は格段に増加する。このように、全体は部分の単純な総和にとどまらない。1 + 1 は、2 にも 10 にも 100 にもなる。こうした性質はシステムの創発特性と呼ばれる。

┌─**ワーク 18−7**─────────────────
│ 身の周りにある創発特性について議論してみよう。
│ ....
│ ....
│ ....
└────────────────────────────

システムズアプローチとは？

　システムという視点が対人支援やカウンセリングに導入されたのは、20 世紀中葉のことである。そのころ、統合失調症の家族研究から家族療法が誕生した。家族療法は患者と患者の身近にいる家族とが相互に影響しあう、その局面を重視した。その後、対象を家族に限定せず、担任、友人、同僚、上司など、より広範な人間関係を視野に入れる「システムズアプローチ」へと展開した。

257

システムズアプローチの面接は、ときに合同面接のかたちをとり、家族や関係者とともにワイワイと行われる。たとえばそのなかで、これまで語られることのなかった心情が語られると、はじめて耳にする内容に同席している関係者は驚くかもしれない。すると、他の関係者へと影響が波及し、事態が打開するきっかけになるかもしれない。

　学校生活は、友人や教職員、保護者といった多くの関係者とのかかわりのなかで営まれる。児童生徒と相談室の中で1対1のカウンセリングを行うこともできるが、当該の生徒の友人も含めて何人かでお喋りのように行う面談から意外なアイディアが思い浮かんでくるかもしれない。三人寄れば文殊の知恵、である。また生徒と担任や部活の顧問などが同席して行う面接で、カウンセラーは交通整理のような、司会者のような役割をとることがある。そのようにして関係者間の誤解がとけ相互理解が進む、それもまた一つのカウンセリングのかたちである。このように、個人を環境と切り離さず、セットで取り扱うシステムの観点は、多数の関係者が入れ替わり立ち替わり登場する学校カウンセリングにフィットするようだ。

エコシステムを把握し働きかける

　刑事ドラマで、ホワイトボードに刑事が被害者の写真を貼りつける。その周辺に関係者の写真をペタペタと貼り、事件の全容を見渡そうとする。本人を取り巻く人間関係をエコシステムといい、システムズアプローチではこれを図にして表すことがある。そうすることで、かかわるべき関係者を整理することができる。学校の中で行うカウンセリングには、多数の関係者が関与する。もちろん、すべての関係者に接触しなければならない、というわけではない。しかし、必要とあらば、支援者の側から出向いていく、そうした能動性は学校におけるカウンセリングでは不可欠である。

5．学校システムとのコラボレーションはどうしたらできる？

多方面への肩入れとバリデーション

　学校におけるカウンセリングが効果を発揮するためには、教職員や生徒、保

護者といった関係者と上手に協力関係を築きコラボレーションを行わなくてはならない。学校には多様な価値観が渦巻いている。ある担任が「不登校はすぐに改善するべきだ」と考えていたとしても、同席している保護者は「不登校は急いで改善してはいけない」と思っているかもしれない。

---**ワーク18-8**---

両者と同席したとする。あなたならどうするでしょうか？

　このような板挟みの状況において、どういった態度をとるべきか？　システムズアプローチでは、特定の価値観に縛られることなく、関係者それぞれの言い分に耳を貸そうとするだろう。「なるほど、教員にしてみれば貴重な学校生活を生徒にエンジョイさせてあげたいのだろう」とか、「保護者にしてみれば学校以外にも学習機会はあるし、登校を急がせて子どもに精神的負荷をかけたくないのだろう」などというように、それぞれの善意の意向をキャッチできるよう意を砕く。誰かを悪者にすることなく関与するこのような方法を多方面への肩入れ（multidirected partiality）と呼ぶ。それぞれの言い分を妥当なものととらえる仕方はバリデーション（validation）と名づけられている。

　自分の考えが受け入れられることによって、一般に人は安心したり自信をもてたりする。すると他者の意向に耳を傾ける余地も出てくるかもしれない。こうして対立図式は緩和、許容的な雰囲気となり、やがてコミュニケーションは良循環へと変化する。システムズアプローチの一展開例である。

自分の価値観を反対側からみる

　多様な関係者のなかにあってさまざまな価値観に翻弄されないためには、目の前の関係者と話すのと同時に、支援者自身の価値観や立ち位置を自覚していなければならない。上記の例において、あなたが自覚することなく「不登校はすぐに改善するべきだ」という価値観を頭のどこかにもっていたとしよう。すると、気づかないうちに担任寄りのスタンスをとってしまい、担任とタッグを組んで保護者に説論をしてしまうかもしれない。そうなれば学校側に理解され

なかったと感じた保護者は学校への反感を強め、学校と保護者の関係が悪化する、などということにもなりかねない。自分の価値観、主義・主張を自覚的に把握しコントロールすることは大変重要である。

── ワーク 18-9 ──

大事な価値観を書いてみよう。

あなたにとっての教育における大切な価値観を書いてみよう（たとえば「グループワークは素晴らしい」「創造性が何より大事」など）。

_____

_____

それとは反対の意見をもつ人がいます。その人になりきって、その人の主張の根拠を書いてみましょう。

_____

_____

　日常生活において、自分の意見と反対の意見に遭遇し、腹を立てたり、イライラしたりすることがあるかもしれない。上記ワークのように、自分にとっての大事な価値観にたいして、あえて反対意見を思い浮かべてみる、などということは通常あまり行わない。しかし、自分の価値観に支配されてしまわないように、日々このような作業を繰り返すことをつうじて、価値観の相対化を図ることが必要である。声高に自分の主張だけをしていては、システムの一員として学校に溶け込みコラボレーションすることはできないからである。

非言語的なペースを合わせる

　システムズアプローチには支援対象者の価値観や振る舞い方にあわせるジョイニングと呼ばれる概念がある。ジョイニングの下位分類の一つ、ミメーシス（mimesis）は、支援対象者の非言語的なペースにあわせる方法である。相手の話の内容に注意を払うだけでなく、相手のペースにあわせて話を聞くことは、話の内容にあわせること以上にカウンセリングの有効性を高めることがある。コミュニケーションを円滑に進めるにあたって、話し方や身体の動きといった非言語的要素が果たす役割は思いのほか大きい。あなたが好ましく思う人物を思い浮かべてみてほしい。その人が話す内容というより、その人の雰囲気に魅

第18章 「個人」の「問題」にとらわれないカウンセリングとは？

力を感じていたりはしないだろうか？

━━ワーク 18 - 10━━

非言語的なペースをあわせてみよう。

①3人組になりましょう。

②話し手、聞き手（1）、聞き手（2）に別れましょう。

③話し手は「私の好きな食べ物」の話を1分間してください。話をしながら、ひそひそ声にしたり、大声にしたり、声量のボリューム調整を行ってください。

④聞き手（1）は話し手のボリュームにあわせて、「うんうん」とうなずくときの声を大きくしたり小さくしたりしてみましょう。

⑤聞き手（2）に交替します。1分間、同じ話題を、今度は話し手のボリューム変化にあわせず聞きましょう。

⑥三人で聞き手（1）と聞き手（2）を比較してみましょう。

　声量だけでなく、早口の人には早口で、身ぶり手ぶりが派手な人には聞き手も派手に、などと具体的な動きを同期してみる。ミメーシスはたんなるテクニックにとどまらず、相手の体験する世界を承認し追体験する行為だと考えることができる。あまりわざとらしくなると逆効果になるが、さりげなく話し手の世界にあわせることは関係形成を後押ししてくれるかもしれない。

6．ブリーフセラピーには長い時間が必要か？

　学校におけるカウンセリングは、時々刻々動き続ける学校という動的なシステムのなかで行われる。システム全体を見渡すことも大事だが、変わり続けるシステムのなかにあって、立ち止まってシステムについて考えているだけでは支援にはならない。関与しながら、動きながら、いまここでのやりとりを積み上げていくイメージが有用だろう。

　学校におけるカウンセリング的な関与は、面接室で行う1対1のコミュニケーションに限定されない。ブリーフセラピーのブリーフには、短時間（brief）という意味がある。ブリーフセラピーは、時間をたっぷりかけて話をすることだけがカウンセリングであるとは考えない。廊下で児童生徒と立ち話になったときのことを考えてみよう。学校におけるきわめて日常的な場面であるが、そ

ワーク 18-11

コミュニケーションを次々に発生させてみよう。
教室内のできるだけ多くの人に「好きな食べ物」を聞いてください。制限時間は2分間です。

んな折にカウンセリング的かかわりをすることもできる。たとえば、「今日もいい顔してるね！」などと、先に「解決志向なかかわり方」で挙げたコンプリメントをイメージして声かけをしてみる。一瞬のことであっても、それがかえって児童生徒の印象に残り、意欲向上へとつながることもあるだろう。ブリーフセラピーにはそのような短いかかわり方のヒントが多数備わっている。ブリーフセラピーは学校現場で折に触れて小さなカウンセリング的かかわりを重ねていくのに、使い勝手がよい方法といえるだろう。

　このように考えてみると、人間がかかわるシステムの要素は、人間というよりコミュニケーションとするのが適当なのかもしれない。家庭内別居状態の夫婦は往々にして、コミュニケーションが断絶している。そうなると、戸籍上は夫婦であっても、もはや夫婦の体をなしていない。想像してみてほしい、会話やメールなどのコミュニケーションがいっさい途絶えた学校を。外観がいくら整っていてもそれはもはや学校ではなく、いわば学校の抜け殻である。かように、コミュニケーションが継続的に生じていくことが、システムを形づくる。うまくいかないことや気まずいことがあったとしても、各所で小さく短いコミュニケーションを続けてみる、そうした行動指針は学校カウンセリングを有益なかたちで展開するうえでの一助となるかもしれない。

【読書案内】
①森俊夫・黒沢幸子『〈森・黒沢のワークショップで学ぶ〉解決志向ブリーフセラ

ピー』ほんの森出版、2002年。

　本章前半の解決志向アプローチについて、わかりやすく書かれている。前提となる考え方や技法などについて、実際に習っているようなつもりになって読むことができる。

②吉川悟編『システム論からみた学校臨床』金剛出版、1999年。

　システム論の基本的な考え方、学校におけるシステム論の具体的運用などについて、システムズアプローチの著名なセラピストたちが豊富な事例をまじえながら執筆にあたっている。

③坂本真佐哉・黒沢幸子編『不登校・ひきこもりに効くブリーフセラピー』日本評論社、2016年。

　第1部「支援に役立つ発想と技法」と第2部「さまざまな実践」に分かれており、計11名が分担執筆している。不登校やひきこもりといった学校教育と密接な問題に対するブリーフセラピーの適用の仕方を学ぶことができる。

参考文献

De Jong, P. & I. K. Berg, *Interviewing for Solutions*, Fourth Edition, 2013.（桐田弘江、住谷祐子、玉真慎子訳『解決のための面接技法［第4版］ソリューション・フォーカストアプローチの手引き』金剛出版、2016年）

Berg, I. K. & S. D. Miller, *Working with the Problem Drinker: A Solution Focused Approach*, W. W. Norton, 1992.（白木孝二・田中ひな子・信田さよ子訳『飲酒問題とその解決——ソリューション・フォーカスト・アプローチ』金剛出版、1995年）

日本家族研究・家族療法学会編『家族療法テキストブック』金剛出版、2013年。

『こころの科学　176　特別企画：家族療法とブリーフセラピー』日本評論社、2014年。

（松浦真澄・田中究）

人名索引

あ

石隈利紀　*148*
ウィニコット、Winnicott, D.　*23, 31, 32*
ウェストマン、Westman, J.C.　*177-179*
エリス、Ellis, A.　*239, 246*
岡田美智雄　*65*

か

カバットジン、Kabat-Zinn, J.　*208*
河合隼雄　*83, 85*
ギリガン、Gilligan, C.　*66, 95, 101*
クルツ、Kurtz, R.　*210*

さ

斎藤嘉孝　*179, 180, 185, 188, 189*
ジェンドリン、Gendlin, E.T.　*221, 222, 231, 233*
相馬伸一　*67*

た

ティスロン、Tisseron, S.　*71*

な

中村雄二郎　*64*
ノディングス、Noddings, N.　*66, 95*

は

フッサール、Husserl, E.　*124*
ボウルビィ、Bowlby, J.　*7*

ま

メイヤロフ、Mayeroff, M.　*66*

や

ユング、Jung, C.G.　*84*

ら

ラザルス、Lazarus, R.　*237-239*
ロジャーズ、Rogers, C.R.　*206-208, 212, 215, 217, 220, 231, 233*

わ

鷲田清一　*65*

事項索引

あ

アウトカム・クエスチョン　*255*
アセスメント　*8, 155, 157*
アタッチメント　*7*
甘え　*31*
あるがままの自分　*130, 136*
安心毛布　*23*
育児期　*180, 182, 185, 186*
移行対象　*23, 24, 31, 32*
依存　*22, 31*
一途主義　*59, 61*

居場所　*130-133, 135-137, 143, 144*
異文化理解　*167*
　　——教育　*167*
イニシエーション　*32*
受け容れ　*131, 136, 140, 142, 143*
ABCモデル　*241*
SNS　*39, 81, 87, 97*
エピソード　*119*
大人になること　*19, 26, 31*
おやじの会　*200, 201*
親育ち　*176, 179, 180, 186-189*

265

親の発達段階　180, 188, 189
　　──説　185, 188
親への準備教育　179, 188, 189

か
解決志向アプローチ　251, 252, 254, 257
外国人児童生徒　161-168, 171-174
　　──教育　172
「外国人児童生徒受入の手引き」　164
「外国人児童生徒のための就学ガイドブック」
　164, 173
外国にルーツをもつ子ども　161
カウンセラー　231
カウンセリング　220, 222, 231, 232
　　──能力　108
　　──・マインド　206, 208
　　異文化間──　167, 174
　　開発的──　4
　　問題解決的──　4
　　予防的──　4
課外活動　48, 60
学習スキル教育　152
学童親期　180, 183, 185, 186
学年主任　91, 98, 99
学力偏重の教育観　97
影　82
仮想世界　97
家　族　4, 14, 20, 24, 57, 76, 82, 83, 85, 86, 99,
　100, 156, 162, 185, 245, 254, 257
価値観　52, 55, 59
学校教育法　104
学校恐怖症　76
学校コミュニティ　97, 98
学校臨床心理学　3, 4
空の巣症候群　184
関係論　4
慣習　48
感情のコーチング　9
気づき　221, 223, 231
キャラ　39-41, 45
ギャング集団　82
教育関係論　95

教育実践　105
教育相談　106, 109-112, 114
共感　5, 74, 206, 208, 214, 229, 231, 233
　　──的理解　107, 206, 207, 210
教師研修マニュアル　164
『桐島、部活やめるってよ』　35
クライエント　206, 207, 212-216, 220, 222, 231,
　232, 255, 256
ケア　66, 95
　　──する／される　96
　　──の思想　94, 101
　　──の倫理　95, 101
　　心の──　95, 100, 102
ケアリング　66, 95, 96, 100, 102
傾聴　224, 231, 233
ケース会議　99
健康　54, 55, 60, 105
　　──相談　106-108, 111, 112, 115
原体験　181, 182, 186-189
　　──期（幼少・青年期）　180, 181
行為の価値　29-31
コーディネート力　111
コーピング・クエスチョン　256
国際的　48, 57, 60
子ども理解のカンファレンス　13
コミュニケーション力　35
コミュニティー・スクール構想　93
コラボレーション　259, 260
コンサルテーション　10
コンプリメント（ねぎらい・称賛）　256,
　262

さ
参籠（インキュベーション）　86
JSLカリキュラム　164
支援　4, 94, 99, 100, 125, 131, 133-136, 138, 142,
　143, 163, 166, 169, 180, 188
ジェンドリンのステップ　221
自己愛　101
自己肯定感　8, 101, 130, 136, 137, 143
自己効力感　8
自己触発　124, 125, 127

自殺未遂　99
自死　99
指示的予防　147, 148, 157
思春期　19-21, 24, 26, 30
システムズアプローチ　251, 257-260
実感　221, 223, 226, 228, 229, 231, 232
実践的な理解　118, 119, 122, 123, 127
社会関係資本　14
社会教育関係団体　193
社会教育法　193
社会的欲求　8
自立　22, 24, 31
集団型教育　101
主体的な学び　55, 59, 60
受容　31, 107, 143, 206, 207, 210
ジョイニング　260
上下関係　50, 52
象徴　22
　　——性　21, 25
深化した「弱さ」　74
人権学習　97
身体　133-138, 140-142, 144
　　——的感覚　223
心理教育的援助サービス　148
スキーマ　236-238
スクールカウンセラー　31, 84, 92, 97, 99-
　102, 112, 149
スクールカースト　34-36, 42
スクールソーシャルワーカー　92, 97, 112,
　156
巣立ち期　180, 184
ストレスモデル　237-239
「ずらす」こと　123-125, 129
正義の倫理　95
成長論　4
生徒指導　100
　　——主任　91, 99, 100
青年親期　180, 184
選択的予防　147, 148, 155-157
先輩後輩関係　50, 52
相談的対応　107
ソーシャルスキルトレーニング　148

存在の意味　29-31

た
体験過程　221, 227, 231-233
体験的深さ　220, 231
退部　48, 59
多元的自己　37
多方面への肩入れ　259
担任　31, 90, 91, 98, 99, 114, 187
チーム学校　93, 94, 97, 99, 100, 129
チーム支援　92
チームプレー　91, 93
チャムシップ　82
中1ギャップ　78, 81
中央教育審議会　93
直前期（妊娠期）　180, 181
通過儀礼 (initiation)　20, 21, 31, 32
DLA　164
適格性を有する親　177-179
　　——になる権利　179
登校拒否　76
道徳教育　97
特別支援教育　94

な
日本養護教諭教育学会　105
ニューカマー　172
任意加入団体　196
人間観
　　人格としての——　27, 28
　　人材としての——　26-28
人間形成　97, 98
人間性を育んでいく教育観　97
ネットゲーム　97

は
発達障がい　81, 83, 110, 156
バリデーション　259
反論　243-246, 248
『ピーナッツ』　23
被援助志向性　143
被害感情　120-122, 127

PTA
——活動内容の煩雑さ　195, 197-199
——加入問題　193, 195, 196, 201
——役員選出方法　193, 195-197, 201
フェミニズム　95
フェルトセンス　221
フォーカシング　220-223, 229, 231-234
——プロセス　220, 222, 223, 231
——指向心理療法　231, 233
不合理な信念　239-241, 244, 248
不就学　164, 165, 173
不登校　3, 11, 14, 19, 59, 76-89, 109, 145, 146, 148, 152, 259, 263
普遍的予防　147, 148
ブリーフセラピー　251, 262
プレゼンス　208, 212, 215, 216
文化相対主義　169
偏愛マップ　43, 44
暴力的　117-119, 127
保護者　23, 91, 92, 99, 112, 166, 167, 171, 176, 177, 185, 190, 191
ほんとうの自分　39, 40

ま
マインドフルネス　208-210, 212, 213, 217
『魔女の宅急便』　19-21, 23-26, 29, 31
身の置き所のなさ　130, 135, 142
ミメーシス　260, 261
ミラクルクエスチョン　252
無条件の積極的関心　229
モデリング　150
喪の作業　79
モンスターペアレント　176, 183

や
ゆるす　130, 137, 140-144
ゆるめる　139-141
養護　104, 105
——教諭　31, 84, 99, 103, 104, 108-114
弱いロボット　65, 66
弱さ　62-74

ら
ライナスの毛布　23
ラビング・プレゼンス　213-215
ラベリング　155, 156
理解　4, 5, 9, 12, 13, 38, 45, 118, 119, 137, 138, 140, 142
リソース（資源）　255
例外　253, 255, 256
——を探す質問　255
レジリエンス　70-74
ロールプレイ　91
ロールプレイング　150
論理療法　235, 239, 248

・執筆者一覧 （＊は編者、執筆順）

羽野ゆつ子（はの・ゆつこ）　第 1 章
京都大学大学院教育学研究科博士課程修了。博士（教育学）。現在、大阪成蹊大学教育学部教授。『あなたと創る教育心理学——新しい教育課題にどう応えるか』（共編著、ナカニシヤ出版、2017 年）、『あなたと生きる発達心理学——子どもの世界を発見する保育のおもしろさを求めて』（共編著、ナカニシヤ出版、2019 年）、『ワークで学ぶ道徳教育』（分担執筆、ナカニシヤ出版、2016 年）、『ワークで学ぶ教職概論』（分担執筆、ナカニシヤ出版、2017 年）、『絶対役立つ　教養の心理学』（分担執筆、ミネルヴァ書房、2009 年）、他。

井谷信彦（いたに・のぶひこ）　第 2 章
京都大学大学院教育学研究科博士後期課程研究指導認定退学。博士（教育学）。現在、武庫川女子大学教育学部教育学科講師。『臨床の知——心理臨床学と教育人間学からの問い』（共著、創元社、2010 年）、『存在論と宙吊りの教育学——ボルノウ教育学再考』（京都大学学術出版会、2013 年）、『災害と厄災の記憶を伝える——教育学は何ができるのか』（共著、勁草書房、2017 年）、『臨床教育学』（共著、協同出版、2017 年）、他。

＊井藤 元（いとう・げん）　第 3 章
京都大学大学院教育学研究科博士課程修了。博士（教育学）。現在、東京理科大学教育支援機構教職教育センター准教授。『シュタイナー 「自由」への遍歴——ゲーテ・シラー・ニーチェとの邂逅』（京都大学学術出版会、2012 年）、『笑育——「笑い」で育む 21 世紀型能力』（監修、毎日新聞出版、2018 年）、『ワークで学ぶ教育学』（編著、ナカニシヤ出版、2015 年）、『ワークで学ぶ道徳教育』（編著、ナカニシヤ出版、2016 年）、『ワークで学ぶ教職概論』（編著、ナカニシヤ出版、2017 年）、『ワークで学ぶ教育課程論』（共編著、ナカニシヤ出版、2018 年）、他。

尾見康博（おみ・やすひろ）　第 4 章
東京都立大学大学院人文科学研究科博士課程中退。博士（心理学）。現在、山梨大学大学院総合研究部教育学域教授。『日本の部活——文化と心理・行動を読み解く』（ちとせプレス、2019 年）、『*Lives and Relationships: Culture in Transitions between Social Roles*』（共編著、Information Age Publishing、2013 年）、『好意・善意のディスコミュニケーション——文脈依存的ソーシャル・サポート論の展開』（アゴラブックス、2010 年）、『心理学におけるフィールド研究の現場』（共編著、北大路書房、2001 年）、『心理学論の誕生——「心理学」のフィールドワーク』（共著、北大路書房、2000 年）、他。

池田華子（いけだ・はなこ）　第 5 章
京都大学大学院教育学研究科博士課程修了。博士（教育学）。現在、天理大学人間学部総合教育研究センター教職課程准教授。『ワークで学ぶ道徳教育』（共著、ナカニシヤ出版、2016 年）、『災害と厄災の記憶を伝える——教育学は何ができるのか』（共著、勁草書房、2017 年）、『臨床教育学』（共著、共同出版、2017 年）、他。

井上嘉孝（いのうえ・よしたか）　第 6 章
京都大学大学院教育学研究科臨床教育学専攻博士課程修了。博士（教育学）。臨床心理士、公認心理師。現在、帝塚山学院大学人間科学部心理学科准教授。『吸血鬼イメージの深層心理学——ひとつの夢の分析』（創元社、2013 年）、『京大心理臨床シリーズ〈10〉心理療法における「私」との出会い——心理療法・表現療法の本質を問い直す』（共著、創元社、2014 年）、『臨床の知——臨床心理学と教育人間学からの問い』（共著、創元社、2010 年）、論　文「Contemporary Consciousness as Reflected in Images of the Vampire」（*JUNG JOURNAL: Culture & Psyche*、2011 年）、他。

坂井祐円（さかい・ゆうえん）　第 7 章
京都大学大学院教育学研究科博士課程修了。博士（教育学）。現在、仁愛大学人間学部心理学科准教授。『仏教からケアを考える』（法蔵館、2015 年）、『お坊さんでスクールカウンセラー』（法蔵館、2018 年）、『ケアの根源を求めて』（共著、晃洋書房・2017 年）、『スクールカウンセラーのビリーフとアクティビティ』（共著、金子書房、2018 年）、他。

畠山 大（はたけやま・だい）　第 8 章
東北大学大学院教育学研究科博士課程後期単位取得退学。修士（教育学）。現在、岩手県立大学高等教育推進センター教育実践研究部講師。『ワークで学ぶ教育課程論』（分担執筆、ナカニシヤ出版、2018 年）、『ワークで学ぶ教職概論』（分担執筆、ナカニシヤ出版、2017 年）、『ワークで学ぶ道徳教育』（分担執筆、ナカニシヤ出版、2016 年）、『子どもと共に育ちあうエピソード保育者論』（分担執筆、みらい、2016 年）、『ワークで学ぶ教育学』（分担執筆、ナカニシヤ出版、2015 年）、他。

大塚 類（おおつか・るい）　第 9 章
東京大学大学院教育学研究科博士課程修了。博士（教育学）。現在、東京大学大学院教育学研究科講師。博士（教育学）。『施設で暮らす子どもたちの成長——他者と共に生きることへの現象学的まなざし』（東京大学出版会、2009 年）、『家族と暮らせない子どもたち——児童福祉施設からの再出発』（共著、新曜社、2011 年）、『エピソード教育臨床——生きづらさを描く質的研究』（編著、創元社、2014 年）、『あたりまえを疑え——臨床教育学入門』（共著、新曜社、2014 年）、『生きづらさへの処方箋』（分担執筆、ナカニシヤ出版、2019 年）、他。

遠藤野ゆり（えんどう・のゆり）　第 10 章
東京大学大学院教育学研究科博士課程修了。博士（教育学）。現在、法政大学キャリアデザイン学部准教授。『虐待された子どもたちの自立——現象学から見た思春期の意識』（東京大学出版会、2009 年）、『現象学から探る豊かな授業』（共著、多賀出版、2010 年）、『家族と暮らせない子どもたち』（共著、新曜社、2011 年）、『教育を原理する』（共著、法政大学出版局、2013 年）、『あたりまえを疑え！　臨床教育学入門』（共著、新曜社、2014 年）、『エピソード教育臨床——生きづらさを描く質的研究』（共編著、創元社、2014 年）、『ベストを尽くす教育実習』（共編著、有斐閣、2017 年）、他。

小栗貴弘（おぐり・たかひろ）　第11章

立教大学大学院文学研究科心理学専攻博士課程前期課程修了。修士（心理学）。現在、跡見学園女子大学心理学部准教授。専門は学校臨床心理学、コミュニティ心理学、特別支援教育。『コミュニティ・アプローチの実践──連携と協働とアドラー心理学』（分担執筆、遠見書房、2016年）、『障がい児保育の基本と課題』（分担執筆、学文社、2016年）、他。

渡辺忠温（わたなべ・ただはる）　第12章

北京師範大学心理学院発展心理研究所博士課程修了。博士（教育学）。現在、東京理科大学非常勤講師、一般財団法人発達支援研究所主席研究員。『子どもとお金おこづかいの文化発達心理学』補章（高橋登・山本登志哉編、東京大学出版会、2016年）、他。

帖佐尚人（ちょうさ・なおと）　第13章

早稲田大学大学院教育学研究科博士後期課程単位取得退学。修士（教育学）。現在、鹿児島国際大学福祉社会学部児童学科准教授。『ワークで学ぶ道徳教育』（分担執筆、ナカニシヤ出版、2016年）、『ワークで学ぶ教職概論』（分担執筆、ナカニシヤ出版、2017年）、『幼児・初等教育入門』（分担執筆、ラグーナ出版、2018年）、「完全義務／不完全義務区分からみた我が国の道徳教育の特徴と問題点」（『倫理道徳教育研究』第2号、2019年）、他。

＊**竹尾和子**（たけお・かずこ）　第14章

白百合女子大学大学院文学研究博士課程修了。博士（心理学）。現在、東京理科大学理学部第一部教養学科准教授。『子どもとお金──おこづかいの文化発達心理学』（分担執筆、東京大学出版会、2016年）、『発達心理学事典』（分担執筆、発達心理学会、2014年）、「PTAの学際的可視化の試み──歴史・文化・当事者の視覚から」（『教育と医学』766号、2017年）、「お金をめぐる友だち関係──日韓中越比較研究から見えてきた日本の子どものお金の使い方から」（『児童心理』2017年6月号）、他。

小室弘毅（こむろ・ひろき）　第15章

東京大学大学院教育学研究科博士課程単位取得退学。修士（教育学）。現在関西大学人間健康学部准教授。『人間形成と修養に関する総合的研究』（分担執筆、野間教育研究所、2012年）、『ワークで学ぶ教育学』（分担執筆、ナカニシヤ出版、2015年）、『ワークで学ぶ道徳教育』（分担執筆、ナカニシヤ出版、2016年）、『やさしく学ぶ道徳教育』（分担執筆、ミネルヴァ書房、2016年）、『ワークで学ぶ教職概論』（分担執筆、ナカニシヤ出版、2017年）、『ワークで学ぶ教育課程論』（分担執筆、ナカニシヤ出版、2018年）、他。

堀尾直美（ほりお・なおみ）　第16章

日本女子大学大学院文学研究科博士課程前期修了。修士（文学）。現在、フォーカシング・ネットワーク代表トレーナー、桜美林大学大学院心理学研究科臨床心理学専攻非常勤講師。『フォーカシングはみんなのもの』（共編著、創元社、2013年）、『人間性心理学ハンドブック』（分担執筆、創元社、2012年）、『私とパーソンセンタード・アプローチ』（共著、新曜社、2019年）、他。

市川寛子（いちかわ・ひろこ）　第17章
筑波大学大学院人間総合科学研究科博士一貫課程修了。博士（行動科学）。現在、東京理科大学理工学部准教授。『ゼロからはじめる心理学・入門』（編著、有斐閣、2015年）、『改訂版　乳幼児心理学』（分担執筆、放送大学教育振興会、2016年）、『人間関係ハンドブック』（分担執筆、福村出版、2017年）、『教育・学校心理学』（分担執筆、建帛社、2019年）、他。

松浦真澄（まつうら・ますみ）　第18章
東京学芸大学大学院教育学研究科修士課程修了。修士（教育学）。現在、東京理科大学工学部教養准教授。（医社）こころとからだの元気プラザ　こころの健康相談室スーパーバイザー。『心理職の組織への関わり方——産業心理臨床モデルの構築に向けて』（分担執筆、誠信書房、2016年）、他。

田中　究（たなか・きわむ）　第18章
慶應義塾大学大学院社会学研究科修士課程修了。修士（社会学）。現在、関内カウンセリングオフィス代表、跡見学園女子大学、大妻女子大学、東北福祉大学等非常勤講師。『不登校・ひきこもりに効くブリーフセラピー』（分担執筆、日本評論社、2016年）、他。

ワークで学ぶ学校カウンセリング

2019 年 7 月 26 日　　　初版第 1 刷発行	(定価はカヴァーに 表示してあります)

編　者　　竹尾和子・井藤　元

発行者　　中西　良

発行所　　株式会社ナカニシヤ出版

〒606-8161　京都市左京区一乗寺木ノ本町 15 番地
TEL075-723-0111　FAX075-723-0095
http://www.nakanishiya.co.jp/

装幀＝宗利淳一デザイン
イラスト＝月代あつと
印刷・製本＝亜細亜印刷
©K. Takeo, G. ITo *et al.* 2019
＊落丁・乱丁本はお取替え致します。
Printed in Japan.
ISBN978-4-7795-1391-6　C1037

本書のコピー、スキャン、デジタル化等の無断複製は著作権法上での例外を除き禁
じられています。本書を代行業者等の第三者に依頼してスキャンやデジタル化する
ことはたとえ個人や家庭内での利用であっても著作権法上認められておりません。

●「ワークで学ぶ」シリーズ
ワーク課題で教育学の基本を学ぶ

ワークで学ぶ教育学
井藤　元［編］　何が正しい教育なのか、良い先生とはどんな先生なのか。ワーク課題を通じて創造的思考を養っていこう。　　　　　　　　　　　　　　　　　2600円

ワークで学ぶ道徳教育
井藤　元［編］　学校で道徳を教えることはできるのか、そもそも道徳とは何か。ワーク課題を通じて道徳をめぐる問いと向き合っていこう。　　　　　　　2600円

ワークで学ぶ教職概論
井藤　元［編］　教師になるとはどのようなことか。理想の教師像なんてあるのか。ワーク課題を通じて「教育観」を磨いていこう。　　　　　　　　　　　　2500円

ワークで学ぶ教育課程論
尾崎博美・井藤　元［編］　好評シリーズ第4弾。ワーク課題と授業案を通じて、「授業を受ける立場」から「授業をつくる立場」へと視点を転換していこう。　2600円

【表示は本体価格です。以下続刊予定。】